奥数经典500例

计　算

陈拓　著

電子工業出版社
Publishing House of Electronics Industry
北京 · BEIJING

内容提要

《奥数经典 500 例　计算》共有 108 个知识点及相关解题方法，按照“计算”自身的特点和逻辑关系由易到难进行编排。从“六九手指算”开始，到“对数与加减法”结束。每个知识点都是一把“神器”，帮助读者快速理解知识的由来，掌握知识的运用方法。每个“神器”的名称都很鲜明，采用诙谐的顺口溜总结知识要点，通过“神器溯源”，让读者知其然，更知其所以然。每个“神器”都配有“例题精讲”和“针对性练习”栏目，希望读者通过对典例的学习和对应性练习，能把一颗颗精美的知识明珠串在一起，进而形成完整的知识体系。

本书适合小学中高年级和初中及以上学生进行培优学习，也可作为数学竞赛者的专题培训教材。

图书在版编目(CIP)数据

奥数经典 500 例. 计算 / 陈拓著. —— 北京 ：电子工业出版社，2025. 1. —— ISBN 978－7－121－49328－7

Ⅰ. G634.603

中国国家版本馆 CIP 数据核字第 2024KE8482 号

责任编辑：崔汝泉　　特约编辑：陈　迪
印　　刷：三河市良远印务有限公司
装　　订：三河市良远印务有限公司
出版发行：电子工业出版社
　　　　　北京市海淀区万寿路 173 信箱　邮编：100036
开　　本：787×1092　1/16　印张：22.75　　字数：633 千字
版　　次：2025 年 1 月第 1 版
印　　次：2025 年 6 月第 2 次印刷
定　　价：98.00 元

凡所购买电子工业出版社图书有缺损问题，请向购买书店调换。若书店售缺，请与本社发行部联系，联系及邮购电话：(010)88254888，88258888。

质量投诉请发邮件至 zlts@phei.com.cn，盗版侵权举报请发邮件至 dbqq@phei.com.cn。

本书咨询联系方式：(010)88254407。

丛书前言

如何提高学生的解题能力？这是一个非常复杂的问题。有人提出了“问题教学法”，在教学中设置一些问题情境，让学生在反复失败中探索数学真知，但有些学生耗费了大量时间，却在成功之前就丧失了信心。有人提出了“讲授法”，但这种方法往往被称为“填鸭式”教学，有些学生往往是被动接受的，一般不会深入思考。有人则提出了“练习法”，通过刷题提高解题能力，找到题感。这些方法都各有优缺点，应根据学习的具体内容及学生的年龄特征合理选用。

学习的主体是学生，充分发挥学生的主观能动性才是学习之道和传授之道。只有先让学生学会自学，学会阅读，理清知识点的来龙去脉，然后去做例题，对照解题过程总结经验，慢慢地形成自己的学习方法、学习习惯，才能更好地提高学习效率。这就是“自学阅读法”。

那么问题来啦，学生学习数学，应阅读什么？又应如何阅读？为学生提供一套较好的数学阅读学习资料，且要兼顾例题和练习，的确不是一件容易的事。我在平时的教学中，反复思索这个问题，从知识点入手，从解题方法入手或许是一条捷径。基于此想法，我倾心编写了“奥数经典 500 例”丛书，把初等数学知识按照知识体系和方法由浅入深、环环相扣地编写出来。每例都是一个知识点——瑰丽的宝石；每例都是一个“神器”——秒杀的秘诀。为了让学生能掌握各知识点，特设置了“神器溯源”栏目，力争让学生知其然，又知其所以然；既知道公式的结构，又知道公式的推导过程；既知道定理，又掌握定理的证明；既知道数学家的贡献，又了解数学家的故事。为了进一步帮助学生掌握各知识点，我把各知识点浓缩提炼成合辙押韵的顺口溜（这里需要声明一下，有人说，顺口溜太多，学生记不住。我只想说，让学生背顺口溜，本身就是不合时宜的，顺口溜是知识点的精华，其作用是帮助学生理解知识点）。为了帮助学生加深对各知识点的理解，我针对每个知识点精心编写了 2～6 个例题，来帮助学生加深理解与巩固。为了让学生学有所用，我针对每个知识点由易到难编写了 3～10 个练习题。总之，学生通过认真阅读、学习例题、完成练习，基本能掌握所学的知识点。

根据数学的特点，“奥数经典 500 例”丛书分成 6 册出版，每册一个专题，分别是计算专题、应用题专题、数论专题、几何专题、计数专题、构造论证专题。

由于编写时间紧，难免有错漏之处，恳请各位读者斧正。

陈　拓

奥数经典 500 例答疑群

前言

数的扩充与计算的升级，创造并发展了数学，数学水平高低的重要评价指标之一就是计算能力的高低。数学好与坏，计算定成败，计算有其严谨的底层逻辑，也有速算的技巧。计算能力的高低决定着今后在数学方面能走多远。

按计算的对象分类，把计算分为整数计算、小数计算、分数计算、代数式运算等；按计算的级别分类，有一级的加减运算、二级的乘除运算、三级的乘方、开方、对数运算。

第一部分是"乘除法速算"。在掌握四则运算的基础上，注重速算的技巧和规律，力争做到"既对又快"。每节内容都注重知识的简洁化，同时融入学习论和记忆学，谐音、类比、联系、统一使得各个知识点串成一个知识链条。如"首同尾和十""尾同首合十""相同与合十"三者的速算方法得到统一，更便于记忆和使用："首×首同，放在前，尾×尾两位写后边""不够两位也常有，前面添 0 赶快凑"。有的知识点与神话联系起来，如走马灯数和哪吒的乾坤圈联系起来，升级走马灯数和哪吒的风火轮联系起来，一下子把冷面孔的数学变得有趣起来。

第二部分是"整数数列求和"。从等差数列的项数开始，由浅入深地学习一阶、二阶、三阶等差数列求和的知识点和方法。从整体阐明数列求和的两种基本思想：一是平均的思想，由异化同；二是抵消的思想，构造逆运算，一级运算的"抵消"，二级运算的"约去"，三级运算的"碰撞"，都能通过运算，把数打回"原形"。为了便于记忆，一些公式并没有写成"标准形式"，而是按规律表达，从而使得连续奇数的平方和公式、连续偶数的平方和公式、自然数列颠倒乘公式三者的形式得到统一。最后是对两类特定的递推数列求和方法的探讨。

第三部分是"分数计算"。从"分数基本性质"开始，学习了分数与小数的互化、分数的四则运算、繁分数的化简、分数的裂项、分数比较大小等方法，涉及缩放与近似等内容。

第四部分是"三级运算"。涉及乘方、开方和对数，从各种运算的联系入手，完全有别于初中、高中相关内容的编排，介绍各种运算加入"运算大家庭"的"礼貌之举"（定义与法则）。收入本部分内容，使得"计算"更加系统和完善，使其成为一本名副其实的"计算"专题教材。

在《奥数经典 500 例　计算》的编写过程中，杨莹、张大可、郭立法、刘春芳、李子灵等老师都提出了宝贵的修改建议，石荣才和杨永东老师于百忙之中对本书稿件进行了校对，他们对本书的顺利出版作出了很大贡献，在此顺致谢意。

由于计算问题内容庞杂、表浅内深、应用广泛，谬误之处恳请读者批评指正。

陈　拓

2024 年 10 月 18 日

目录

一　乘除法速算

二　整数数列求和

三 分数计算

四　三级运算

标注“★”为选学内容。

一　乘除法速算

JS-01　六九手指算

神器内容	(1)开始学习乘法的学生,可以先背会五五乘法表。 (2)两个乘数都大于 5 的乘法可用手指算: ①把大于 5 的数字减去 5,得到的差是几就伸出几个手指。 ②伸出的手指加,放在十位;弯下的手指乘,放在个位(满十进一)。 (3)其他可用公式算。
要点说明	刚学乘法哭翻天,死记硬背真是难。 算式太多容易乱,常常算错还很慢。 背会五五较简单,六九之间手指算。 日后熟背小九九,手指算法功不朽。

神器溯源

开始学习乘法时,尽量先把乘法算式表达转化为加法算式表达,待二者产生联系后,就可以把口诀记下来。一位数的乘法要想达到脱口而出、既对又快,绝非一日之功。一位数的乘法一般被称为“大九九”。因为乘法满足交换律,所以只需背会第一个乘数小、第二个乘数大的“小九九”,这就减少了背诵量。

但是,“小九九”仍有 45 个算式。在一周之内能背会且能熟练运用,大部分学生是无法完成的。为了减少短期的背诵任务,降低难度,可以先背诵五五乘法表,两个乘数都大于 5 的乘法可用手指算,其他可用公式算。

(1)五五乘法表。

$1\times1=1$				
$1\times2=2$	$2\times2=4$			
$1\times3=3$	$2\times3=6$	$3\times3=9$		
$1\times4=4$	$2\times4=8$	$3\times4=12$	$4\times4=16$	
$1\times5=5$	$2\times5=10$	$3\times5=15$	$4\times5=20$	$5\times5=25$

(2)不大于5的数字与大于5的数字的乘法。

$a\times b=\overline{a0}-a\times(10-b)$。

例如:$4\times8=40-4\times2=32$。

口诀:末位先添0,朋友来相乘。(两个数之和为10,则互称好朋友。)

(3)两个乘数都大于5的乘法手指算。

①每个大于5的数字减去5,得到的差是几就伸出几个手指。

②伸出的手指加,放在十位;弯下的手指乘,放在个位(满十进一)。

例如:$7\times8=$________。

解:1)$7-5=2$,左手伸出2个手指。

2)$8-5=3$,右手伸出3个手指。

3)如图1,伸出加:$2+3=5$;弯下乘:$3\times2=2\times3=6$。所以$7\times8=56$。

口诀:先减5,伸手指;伸出加,弯下乘,满十进一记心中,初学乘法真是灵。

手指算熟练掌握后,可以按列填写九九乘法表,寻求同列的乘积规律,同时使用谐音记忆关键算式。

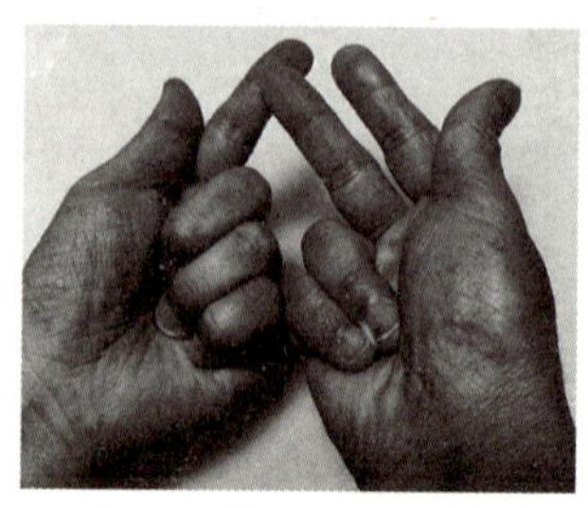

图1

1×□=□

+2

1×□=□　2×□=□　珊珊得救 +3

1×□=□　2×□=□　3×□=□　思思石榴 +4

1×□=□　2×□=□　3×□=□　4×□=□

1×□=□　2×□=□　3×□=□　4×□=□

1×□=□　2×□=□　3×□=□　4×□=□

1×□=□　2×□=□　3×□=□　4×□=□

1×□=□　2×□=□　3×□=□　4×□=□

1×□=□　2×□=□　3×□=□　4×□=□

五五二和五 +5

5×□=□　六六山石流 +6

5×□=□　6×□=□　琪琪四个舅 +7

5×□=□　6×□=□　7×□=□　爸爸有点事 +8

5×□=□　6×□=□　7×□=□　8×□=□　九九八十一难

5×□=□　6×□=□　7×□=□　8×□=□　9×□=□

注释：

珊珊得救：3×3=9，珊珊溺水，救生员把珊珊救出来了。

思思石榴：4×4=16，思思爱吃石榴。

五五二和五：5×5=25，25 就是二和五。

六六山石流：6×6=36，6 月 6 日，天降暴雨，引发了泥石流。

琪琪四个舅：7×7=49，琪琪有 4 个舅舅。

爸爸有点事：8×8=64。

九九八十一难：9×9=81，唐僧师徒四人西天取经，历经了九九八十一难。

例题精讲

例题 1-1 计算：(1)3×4=________；　　(2)4×5=________。

【解答】 (1)3×4=4+4+4 (=3+3+3+3)=12；

(2)4×5=5+5+5+5 (=4+4+4+4+4) =20。

例题 1-2 计算：(1)4×9=________；　　(2)5×8=________。

【解答】 (1)4×9=40−4×1 (9 的朋友是 1)=36；

(2)5×8=50−5×2 (8 的朋友是 2)=40。

例题 2 计算：(1)$9\times8=$______；　　(2)$6\times7=$______。

【解答】 (1)$9\times8=8\times9$。
如图 2，$3+4=7$，$2\times1=2$，
$9\times8=8\times9=72$。

(2)如图 3，$1+2=3$，$4\times3=12$，
$6\times7=42$。

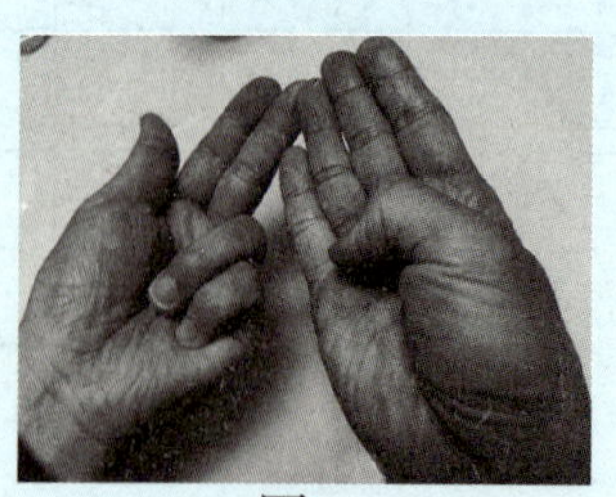
图 2

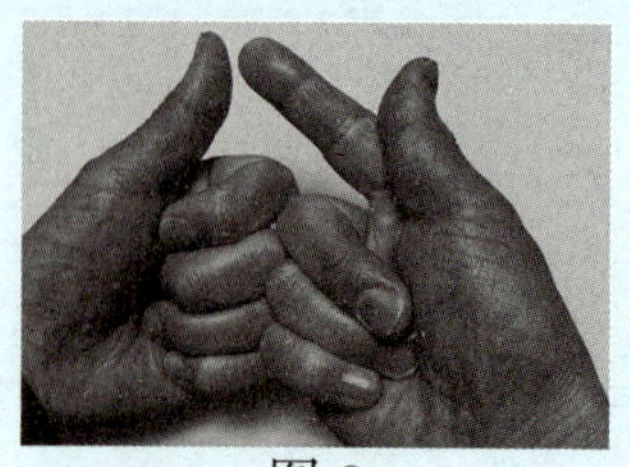
图 3

针对性练习

练习❶ 计算：

(1)$2\times4=$______；　(2)$4\times4=$______；　(3)$3\times5=$______。

练习❷ 计算：

(1)$2\times8=$______；　(2)$3\times9=$______；　(3)$4\times7=$______。

练习❸ 计算：

(1)$6\times8=$______；　(2)$6\times9=$______；　(3)$7\times7=$______。

练习❹ 计算：

(1)$8\times7=$______；　(2)$8\times8=$______；　(3)$9\times7=$______。

知识体系

6×6=36	6×7=42	6×8=48	6×9=54
1+1=2 4×4=16 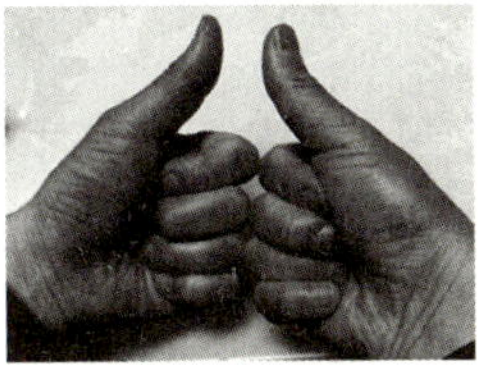	1+2=3 4×3=12 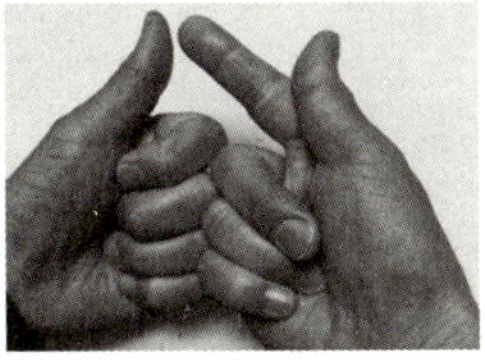	1+3=4 4×2=8 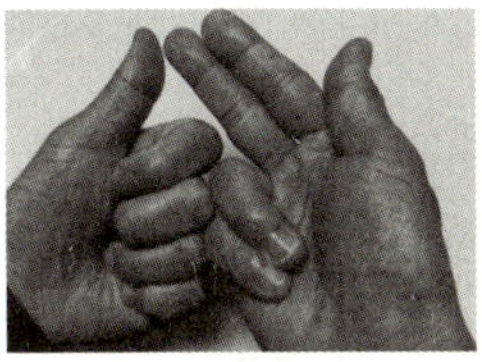	1+4=5 4×1=4 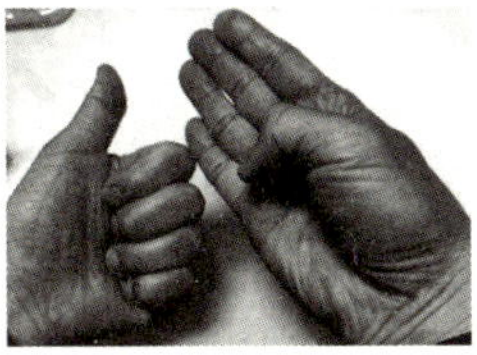
7×7=49	7×8=56	7×9=63	8×8=64
2+2=4 3×3=9 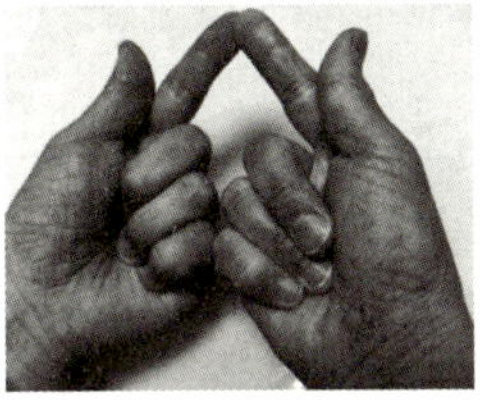	2+3=5 3×2=6 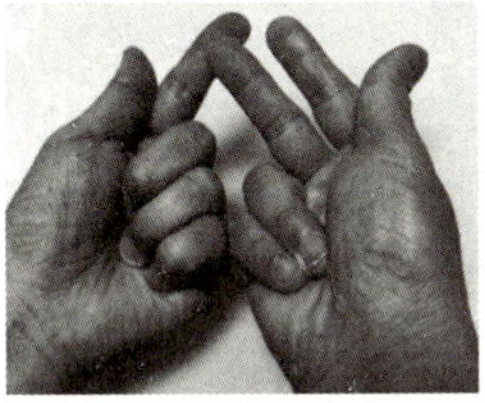	2+4=6 3×1=3 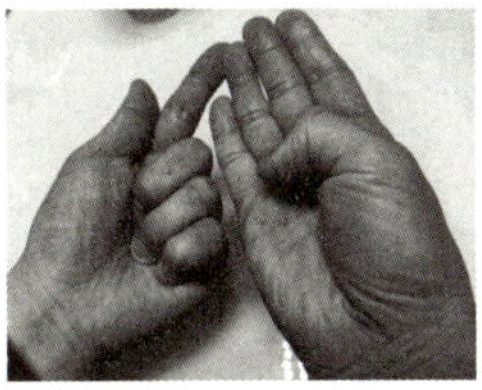	3+3=6 2×2=4 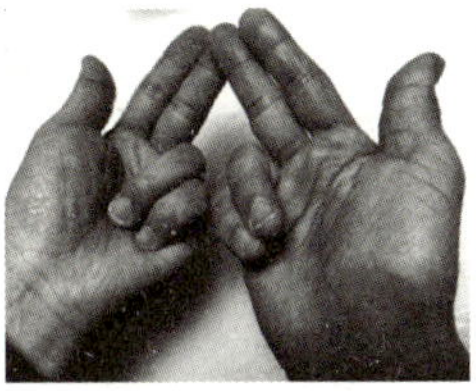
8×9=72	9×9=81		
3+4=7 2×1=2 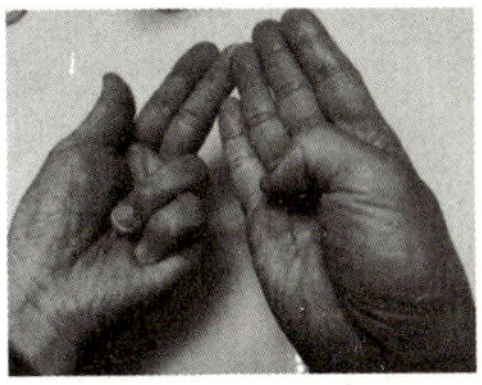	4+4=8 1×1=1 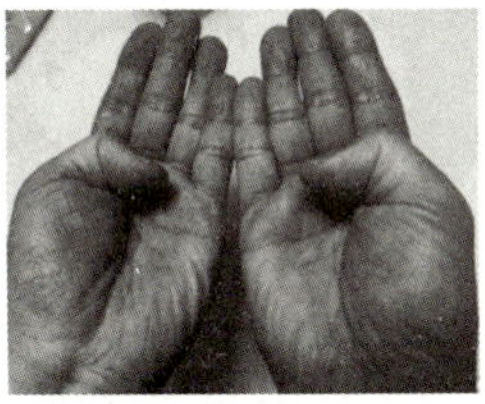		

练习参考答案

练习题号	练习 1	练习 2	练习 3	练习 4
参考答案	(1)8,(2)16,(3)15	(1)16,(2)27,(3)28	(1)48,(2)54,(3)49	(1)56,(2)64,(3)63
解答提示	背会算式	先添 0,朋友乘	手指算	手指算

JS-02　弟兄×9

神器内容	$\overline{a(a+1)}\times 9=\overline{a0(9-a)}$。
要点说明	两位弟兄来乘 9,弟在哥的前面走。 哥哥乘 9 积拉开,中间把 0 补出来。 弟弟一定写前头,个位与它来凑 9。 中间是 0 谁都有,练习伸出手指头。 注:弯下哥哥(手指)算为 0。

神器溯源

拟人化地表达数的大小关系:如果两个数相差 1,把较大的数视为"哥哥",把较小的数视为"弟弟"。

两位数"弟兄"×9 的手指算技巧:

$\overline{a(a+1)}\times 9=(10a+a+1)\times 9=99a+9=a\times 100+0\times 10+(9-a)\times 1=\overline{a0(9-a)}$。

例题精讲

例题 1 计算:(1)12×9=________;　　(2)23×9=________。

【解答】 如图 1,12×9=108;　　如图 2,23×9=207。

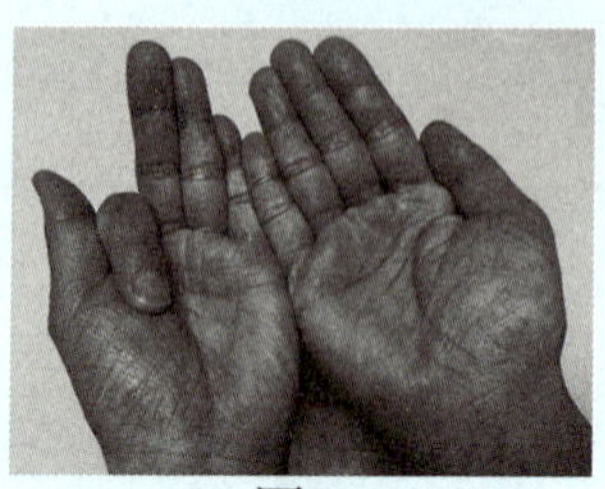
图 1

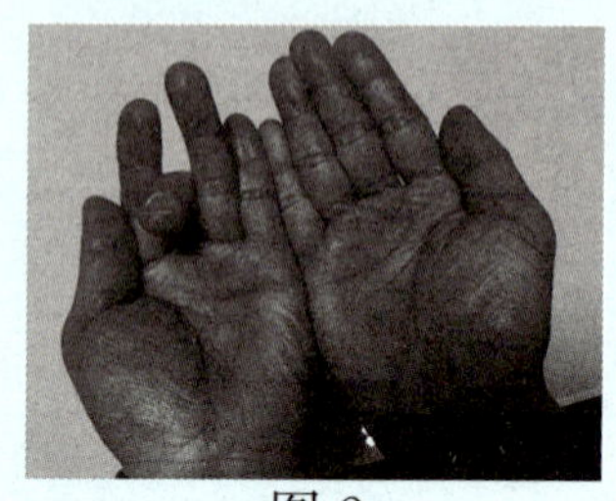
图 2

例题 2 计算:(1)34×9=________; (2) 45×9=________。

【解答】 (1)如图 3,34×9=306; (2)如图 4,45×9=405。

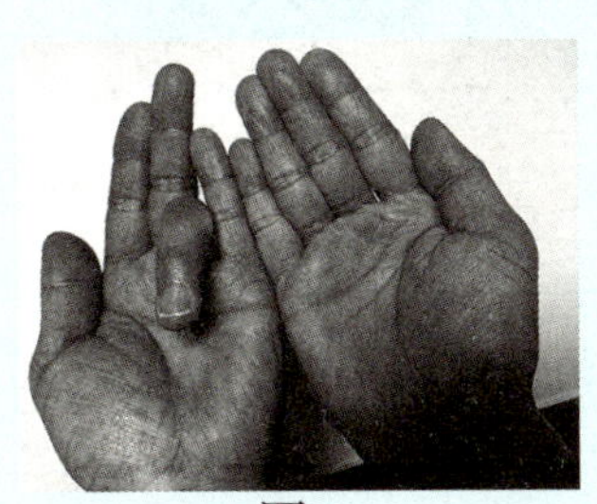
图 3

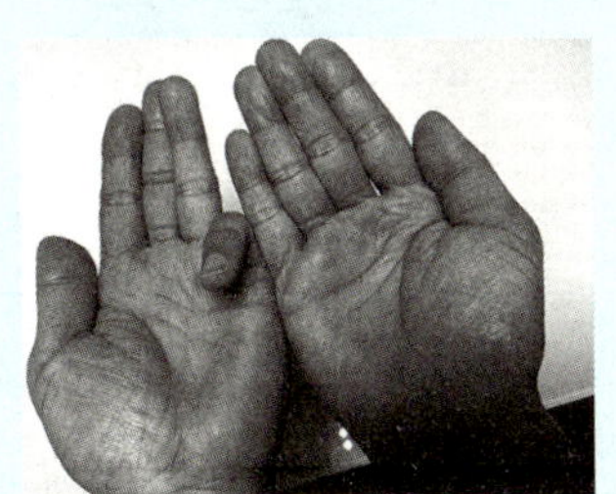
图 4

针对性练习

练习❶ 计算:

(1)56×9=________; (2)67×9=________。

练习❷ 计算:

(1)78×9=________; (2)89×9=________。

知识体系

12×9=108	23×9=207	34×9=306	45×9=405
56×9=504	67×9=603	78×9=702	89×9=801

练习参考答案

练习题号	练习 1	练习 2
参考答案	(1)504,(2)603	(1)702,(2)801
解答提示	手指算	手指算

JS-03　连续上升数×9

神器内容	$\overline{a(a+1)(a+2)\cdots(a+b)}\times 9=\overline{a\underbrace{11\cdots1}_{(b-1)\text{个}1}0(10-a-b)}$ $(1\leqslant a\leqslant 8,1\leqslant b\leqslant 8$，且 $2\leqslant a+b\leqslant 9)$。
要点说明	上升数，还连续，乘 9 结果有规律。 首位数字写在前，后面多个 1 相连。 1 的个数是几何？它比位数少 2 个。 1 后添上一个 0，个位凑 9 来提醒。 注："个位凑 9 "指个位数字与前面各数位上的数字和为 9。

神器溯源

上升数：一个多位数，从左边第一个数字开始，相邻数字右边不小于左边，这样的多位数叫作上升数。如 148，1235，1166 等。

连续上升数：一个多位数，从左边第一个数字开始，相邻数字右边都比左边大 1，这样的多位数叫作连续上升数。如 123，3456 都是连续上升数，而 1235，1166 都不是连续上升数，仅是上升数。

连续上升数×9 的计算技巧：

$\overline{a(a+1)(a+2)\cdots(a+b)}\times 9=\overline{a\underbrace{11\cdots1}_{(b-1)\text{个}1}0(10-a-b)}$ $(1\leqslant a\leqslant 8,1\leqslant b\leqslant 8$，且 $2\leqslant a+b\leqslant 9)$。

推导：

$$\begin{array}{cccccccc} a & (a+1) & (a+2) & (a+3) & \cdots & (a+b-1) & (a+b) & 0 \\ - & a & (a+1) & (a+2) & \cdots & (a+b-2) & (a+b-1) & (a+b) \\ \hline a & \underbrace{1 \quad 1 \quad 1 \quad \cdots \quad 1}_{(b-1)\text{个}1} & & & & & 0 & (10-a-b) \end{array}$$

。

例题精讲

例题 1-1 计算：(1)123×9=________；　　(2)345×9=________。

【解答】 (1)123×9=1107；　　(2)345×9=3105。

例题 1-2 计算：(1)1234×9=________；　　(2)3456×9=________。

【解答】 (1)1234×9=11106；　　(2)3456×9=31104。

例题 2 计算：(1)12345×9=________；　　(2)345678×9=________。

【解答】 (1)12345×9=111105；　　(2)345678×9=3111102。

针对性练习

练习❶ 计算：

(1)456×9=________；　　(2)567×9=________。

练习❷ 计算：

(1)45678×9=________；　　(2)56789×9=________。

练习❸ 计算：

(1)345678×9=________；　　(2)123456789×9=________。

知识体系

12×9=108	123×9=1107	1234×9=11106	12345×9=111105	123456×9=1111104	1234567×9=11111103
23×9=207	234×9=2106	2345×9=21105	23456×9=211104	234567×9=2111103	2345678×9=21111102
34×9=306	345×9=3105	3456×9=31104	34567×9=311103	345678×9=3111102	3456789×9=31111101
45×9=405	456×9=4104	4567×9=41103	45678×9=411102	456789×9=4111101	
56×9=504	567×9=5103	5678×9=51102	56789×9=511101		
67×9=603	678×9=6102	6789×9=61101			
78×9=702	789×9=7101				
89×9=801					

12345678×9=111111102　123456789×9=1111111101

23456789×9=211111101

练习参考答案

练习题号	练习 1	练习 2	练习 3
参考答案	(1)4104,(2)5103	(1)411102,(2)511101	(1)3111102,(2)1111111101
解答提示	三位数上升数×9	五位数上升数×9	上升数×9

JS-04　兄弟×9

神器内容	$\overline{(a+1)a}\times9=\overline{a8(10-a)}$。
要点说明	两位数兄弟乘 9，哥在弟的前面走。 弟弟一定写前头，个位就是它朋友。 中间是 8 谁都有，秒杀真是牛牛牛。

神器溯源

一个两位数，如果十位数字比个位数字大 1，十位数字是哥哥，个位数字是弟弟。如 32，76 都是兄弟数，而 53，66 则不是兄弟数。

两位数“兄弟”×9 的计算技巧：

$\overline{(a+1)a}\times9=\overline{a8(10-a)}$。

推导：$\overline{(a+1)a}\times9=(10a+10+a)\times9=99a+90=a\times100+8\times10+(10-a)\times1=\overline{a8(10-a)}$。

例题精讲

例题 1 计算：(1)21×9=________；　　(2)32×9=________。

【解答】 (1)21×9=189；　　(2)32×9=288。

例题 2 计算：(1)343×9=________；　　(2)454×9=________。

【解答】 (1)343×9=3087；　　(2)454×9=4086。

针对性练习

练习❶ 计算：

(1)65×9=________；　　(2)76×9=________。

练习❷ 计算：

(1)676×9=________；　　(2)787×9=________。

练习❸ 计算：

(1)767×9=________；　　(2)878×9=________。

知识体系

21×9=189	32×9=288	43×9=387	54×9=486
65×9=585	76×9=684	87×9=783	98×9=882

练习参考答案

练习题号	练习 1	练习 2	练习 3
参考答案	(1)585,(2)684	(1)6084,(2)7083	(1)6903,(2)7902
解答提示	兄弟×9	弟兄弟×9	兄弟兄×9

JS-05 连续下降数×9

神器内容	$\overline{a(a-1)(a-2)\cdots(a-b)}\times9=\overline{(a-1)\underbrace{88\cdots8}_{b个8}(10-a+b)}$ $(2\leqslant a\leqslant9,1\leqslant b\leqslant8$,且 $2\leqslant a-b\leqslant8)$。
要点说明	下降数,还连续,乘 9 结果有规律。 首位数字减去 1,站在前头才可以。 后面跟着几个 8? 位数减 1 记住它。 个位到底写上啥? 数字相加弃九法。

神器溯源

下降数:一个多位数,从左边第一个数字开始,相邻数字都是右边不大于左边,这样的多位数叫作下降数。如 532,663,7521 都是下降数。

连续下降数:一个多位数,从左边第一个数字开始,相邻数字右边都比左边小 1,这样的多位数叫作连续下降数。如 321,6543 都是连续下降数,而 531, 6611 都不是连续下降数,仅是下降数。

连续下降数×9 的计算技巧:

$\overline{a(a-1)(a-2)\cdots(a-b)}\times9=\overline{(a-1)\underbrace{88\cdots8}_{b个8}(10-a+b)}$ $(2\leqslant a\leqslant9,1\leqslant b\leqslant8$,且 $2\leqslant a-b\leqslant8)$。

推导:

$$\begin{array}{rcccccccc} & a & (a-1) & (a-2) & (a-3) & \cdots & (a-b+1) & (a-b) & 0 \\ - & & a & (a-1) & (a-2) & \cdots & (a-b+2) & (a-b+1) & (a-b) \\ \hline & (a-1) & \underbrace{8 & 8 & 8 & \cdots & 8 & 8}_{b个8} & (10-a+b) \end{array}$$。

例题精讲

例题 1 计算:(1)321×9=________; (2)543×9=________。

【解答】 (1)321×9=2889； (2)543×9=4887。

例题 2 计算：(1)54321×9=________； (2) 876543×9=________。

【解答】 (1)54321×9=488889； (2)876543×9=7888887。

针对性练习

练习❶ 计算：

(1)654×9=________； (2)765×9=________。

练习❷ 计算：

(1)87654×9=________； (2)76543×9=________。

练习❸ 计算：

(1)765432×9=________； (2)98765432×9=________。

知识体系

21×9=189　321×9=2889　4321×9=38889　54321×9=488889　654321×9=5888889

32×9=288　432×9=3888　5432×9=48888　65432×9=588888　765432×9=6888888

43×9=387　543×9=4887　6543×9=58887　76543×9=688887　876543×9=7888887

54×9=486　654×9=5886　7654×9=68886　87654×9=788886　987654×9=8888886

65×9=585　765×9=6885　8765×9=78885　98765×9=888885

76×9=684　876×9=7884　9876×9=88884

87×9=783　987×9=8883

98×9=882

7654321×9=68888889　87654321×9=788888889　987654321×9=8888888889

8765432×9=78888888　98765432×9=888888888

9876543×9=88888887

练习参考答案

练习题号	练习 1	练习 2	练习 3
参考答案	(1)5886,(2)6885	(1)788886,(2)688887	(1)6888888,(2)888888888
解答提示	三位下降数×9	五位下降数×9	下降数×9

JS-06　山峰数×9

神器内容	$\overline{a(a+1)(a+2)\cdots(a+b)\cdots(a+2)(a+1)a}\times 9=$ $\overline{a\underbrace{11\cdots1}_{(b-1)个1}0\underbrace{88\cdots8}_{b个8}(10-a)}$ $(1\leqslant a\leqslant 8,1\leqslant b\leqslant 8$,且 $2\leqslant a+b\leqslant 9)$。
要点说明	山峰数乘 9,乘积秒杀真是牛。 首位仍然写前头,个位就是它朋友。 依次插入 1,0,8,中间独 0 先记下。 1 比 8,少一个,8 的个数看山坡。 其中规律自琢磨,还要押韵把辙合。

神器溯源

山峰数:从左边开始,向右数字依次连续增大,达到某个数字时,再依次连续减小。如 12321,3456543 等。

山峰数×9 的计算技巧:

$$\overline{a(a+1)(a+2)\cdots(a+b)\cdots(a+2)(a+1)a}\times 9=\overline{a\underbrace{11\cdots1}_{(b-1)个1}0\underbrace{88\cdots8}_{b个8}(10-a)}$$

$(1\leqslant a\leqslant 8,1\leqslant b\leqslant 8$,且 $2\leqslant a+b\leqslant 9)$。

推导:

$$\begin{array}{cccccccccc} & a & (a+1) & (a+2) & \cdots & (a+b) & \cdots & (a+2) & (a+1) & a & 0 \\ - & & a & (a+1) & \cdots & (a+b-1) & \cdots & (a+3) & (a+2) & (a+1) & a \\ \hline & a & \underbrace{1 & 1 & \cdots}_{(b-1)个1} & 0 & \underbrace{\cdots & 8 & 8 & 8}_{b个8} & (10-a) \end{array}$$

。

例题精讲

例题 1 计算:(1)121×9=________;　　(2)787×9=________。

【解答】 (1)121×9=1089;　　(2)787×9=7083。

计算：(1)12321×9=________； (2)345676543×9=________。

【解答】 (1)12321×9=110889； (2)345676543×9=3111088887。

针对性练习

练习❶ 计算：

(1)565×9=________； (2)56765×9=________。

练习❷ 计算：

(1)456787654×9=________； (2)34567876543×9=________。

练习❸ 计算：

(1)3456789876543×9=________； (2)12345678987654321×9=________。

练习❹ 计算：

(1)123321×9=________； (2)34566543×9=________。

知识体系

121×9=1089　12321×9=110889　1234321×9=11108889　123454321×9=1111088889

232×9=2088　23432×9=210888　2345432×9=21108888　234565432×9=2111088888

343×9=3087　34543×9=310887　3456543×9=31108887　345676543×9=3111088887

454×9=4086　45654×9=410886　4567654×9=41108886　456787654×9=4111088886

565×9=5085　56765×9=510885　5678765×9=51108885　567898765×9=5111088885

676×9=6084　67876×9=610884　6789876×9=61108884

787×9=7083　78987×9=710883

898×9=8082

12345654321×9=111110888889　1234567654321×9=11111108888889　123456787654321×9=1111111088888889

23456765432×9=211110888888　2345678765432×9=21111108888888　234567898765432×9=2111111088888888

34567876543×9=311110888887　3456789876543×9=31111108888887

45678987654×9=411110888886

12345678987654321×9=111111110888888889

练习参考答案

练习题号	练习 1	练习 2	练习 3	练习 4
参考答案	(1)5085， (2)510885	(1)4111088886， (2)311110888887	(1)31111108888887， (2)111111110888888889	(1)1109889， (2)311098887
解答提示	山峰数×9	山峰数×9	山峰数×9	山峰数变形类比

JS-07　山谷数×9

神器内容	$\overline{a(a-1)(a-2)\cdots(a-b)\cdots(a-2)(a-1)a}\times 9=\overline{(a-1)\underbrace{88\cdots8}_{(b-1)\text{个}8}9\underbrace{11\cdots1}_{(b-1)\text{个}1}0(10-a)}$ $(1\leqslant a\leqslant 8,1\leqslant b\leqslant 8$，且 $2\leqslant a+b\leqslant 9)$。
要点说明	山谷数来乘 9，乘积秒杀牛牛牛。 首位减 1 写前头，个位一起能凑 9。 8，9，1，0 中间插，9，0 各一先写下。 8 和 1，一样多，个数加 2 是山坡。

神器溯源

山谷数：从左边开始，向右数字依次连续减小，到达某个数字时，再依次连续增大。如 32123，6543456 等。

山谷数×9 的计算技巧：

$$\overline{a(a-1)(a-2)\cdots(a-b)\cdots(a-2)(a-1)a}\times 9=\overline{(a-1)\underbrace{88\cdots8}_{(b-1)\text{个}8}9\underbrace{11\cdots1}_{(b-1)\text{个}1}0(10-a)}(1\leqslant a\leqslant 8,1\leqslant b\leqslant 8\text{，且 }2\leqslant a+b\leqslant 9)。$$

推导：

$$\begin{array}{cccccccccc} & a & (a-1) & (a-2) & \cdots & (a-b) & \cdots & (a-2) & (a-1) & a & 0\\ - & & a & (a-1) & \cdots & (a-b+1) & \cdots & (a-3) & (a-2) & (a-1) & a\\ \hline & (a-1) & 8 & 8 & \cdots & 9 & \cdots & 1 & 1 & 0 & (10-a)\end{array}$$

其中 8 共 $(b-1)$ 个，1 共 $(b-1)$ 个。

例题精讲

例题 1 计算：(1)212×9________；　　(2)656×9＝________。

【解答】 (1)212×9＝1908；　　(2)656×9＝5904。

例题 2 计算：(1)32123×9=________； (2)765434567×9=________。

【解答】 (1)32123×9=289107； (2)765434567×9=6888911103。

针对性练习

练习❶ 计算：(1)434×9=________；

(2)76567×9=________。

练习❷ 计算：(1)765434567×9=________；

(2)98765456789×9=________。

练习❸ 计算：(1)8765432345678×9=________；

(2)98765432123456789×9=________。

练习❹ 计算：(1)432234×9=________；

(2)876543345678×9=________。

知识体系

212×9=1908　32123×9=289107　4321234×9=38891106　543212345×9=4888911105

323×9=2907　43234×9=389106　5432345×9=48891105　654323456×9=5888911104

434×9=3906　54345×9=489105　6543456×9=58891104　765434567×9=6888911103

545×9=4905　65456×9=589104　7654567×9=68891103　876545678×9=7888911102

656×9=5904　76567×9=689103　8765678×9=78891102　987656789×9=8888911101

767×9=6903　87678×9=789102　9876789×9=88891101

878×9=7902　98789×9=889101

989×9=8901

65432123456×9=588889111104　7654321234567×9=68888891111103

76543234567×9=688889111103　8765432345678×9=78888891111102

87654345678×9=788889111102　9876543456789×9=88888891111101

98765456789×9=888889111101

876543212345678×9=7888888911111102　98765432123456789×9=888888889111111101

987654323456789×9=8888888911111101

9876543210123456789×9=88888888891111111101

练习参考答案

练习题号	练习 1	练习 2	练习 3	练习 4
参考答案	(1)3906， (2)689103	(1)6888911103， (2)888889111101	(1)78888891111102， (2)888888889111111101	(1)3890106， (2)7888890111102
解答提示	山谷数×9	山谷数×9	山谷数×9	山谷数变形类比

JS-08　双胞胎×9

神器内容	$\overline{aa}\times9=\overline{(a-1)9(10-a)}$。
要点说明	双胞胎，手拉手，两位一起来乘 9。 一个乘 9 积拉开，中间把 9 补出来。 其实不管几胞胎，一个乘 9 积拉开。 补 9 个数要明白，胞数少 1 别胡来。 注：11×9=99，无法拉开并在中间补 9。

神器溯源

拟人化表达：由相同数字组成的两位数，称作“双胞胎”；由相同数字组成的三位数，称作“三胞胎”。当然还有“四胞胎”“五胞胎”。如 11，222，4444，55555 等。

双胞胎×9 的计算技巧：

$$\overline{aa}\times9=\overline{aa}\times10-\overline{aa}=\overline{aa0}-\overline{aa}=\overline{(a-1)9(10-a)}。$$

推导：

$$\begin{array}{rccccccc} & a & a & a & \cdots & a & a & 0 \\ - & & a & a & \cdots & a & a & a \\ \hline & (a-1) & 9 & 9 & \cdots & 9 & 9 & (10-a) \end{array}。$$

例题精讲

例题 1 计算：(1)33×9=________；　　(2)66×9=________。

【解答】 (1)33×9=297；　　(2)66×9=594。

例题 2 计算：(1)444×9=________；　　(2)66666×9=________。

【解答】 (1)444×9=3996；　　(2)66666×9=599994。

针对性练习

练习❶ 计算：

(1)55×9=________；　　(2)88×9=________。

练习❷ 计算：

(1)333×9=________；　　(2)999×9=________。

练习❸ 计算：

(1)22222×9=________；　　(2)777777×9=________。

知识体系

11×9=99	111×9=999	1111×9=9999	11111×9=99999	…
22×9=198	222×9=1998	2222×9=19998	22222×9=199998	…
33×9=297	333×9=2997	3333×9=29997	33333×9=299997	…
44×9=396	444×9=3996	4444×9=39996	44444×9=399996	…
55×9=495	555×9=4995	5555×9=49995	55555×9=499995	…
66×9=594	666×9=5994	6666×9=59994	66666×9=599994	…
77×9=693	777×9=6993	7777×9=69993	77777×9=699993	…
88×9=792	888×9=7992	8888×9=79992	88888×9=799992	…
99×9=891	999×9=8991	9999×9=89991	99999×9=899991	…

练习参考答案

练习题号	练习 1	练习 2	练习 3
参考答案	(1)495,(2)792	(1)2997,(2)8991	(1)199998,(2)6999993
解答提示	双胞胎×9	三胞胎×9	多胞胎×9

JS-09　乘数 11

神器内容	$\overline{ab}\times 11=\overline{a(a+b)b}$。
要点说明	乘 11,用何法？两边拉,中间加。 相加超 9 你可会？一定想到去进位。 最多两位加,相邻连用它。 前后各补“○”,相邻和写成。

神器溯源

乘数 11 有其特殊的性质,可以把另一个多位乘数首尾拉开,然后相邻两个数字相加依次写出来。先从两位数乘 11 开始探索规律,得到“两边拉,中间加”。

两位数×11 的计算技巧：

$\overline{ab}\times 11=\overline{a(a+b)b}$。

推导：$\overline{ab}\times 11=(10a+b)\times 11=110a+11b=a\times 100+(a+b)\times 10+b\times 1=\overline{a(a+b)b}$。

例题精讲

例题 1 计算：(1)35×11=________；　　(2)27×11=________。

【解答】 (1)35×11=385；　　(2)27×11=297。

例题 2 计算：(1)57×11=________；　　(2)87×11=________。

【解答】 (1)57×11=5(12)7=627；　　(2)87×11=8(15)7=957。

注：如果出现一个数位上数字和大于 9,需要满十进一。

例题 3 计算：(1)243×11=________；　　(2)1324×11=________。

【解答】 (1)243×11=○243○×11=2673；

(2)1324×11=○1324○×11=14564。

注：前后各添 1 个“○”,“○”代表 0,凑够后连续相邻两位加。

针对性练习

练习❶ 计算：

(1)16×11=________；　　(2)62×11=________。

练习❷ 计算：

(1)47×11=________；　　(2)95×11=________。

练习❸ 计算：

(1)423×11=________；　　(2)627×11=________。

练习❹ 计算：

(1)2027×11=________；　　(2)13268×11=________。

练习参考答案

练习题号	练习 1	练习 2
参考答案	(1)176,(2)682	(1)517,(2)1045
解答提示	两位数×11(不进位)	两位数×11(进位)
练习题号	练习 3	练习 4
参考答案	(1)4653,(2)6897	(1)22297,(2)145948
解答提示	三位数×11(不进位)	多位数×11(注意进位)

JS-10　乘数 111

神器内容	$\overline{ab}\times111=\overline{a(a+b)(a+b)b}$。
要点说明	乘数 111,速算有技巧。 前后一拉开,相加和重来。 连续三位加,就是瞪眼法。 前后各添 2 个"∘",统一形式好轻松。

神器溯源

两位数×111 的计算技巧:

$\overline{ab}\times111=\overline{a(a+b)(a+b)b}$。

推导:$\overline{ab}\times111=(10a+b)\times111=1110a+111b=a\times1000+(a+b)\times100+(a+b)\times10+b=\overline{a(a+b)(a+b)b}$。

乘数 111 的速算技巧:把另一个多位乘数首尾各添加 2 个小小的"∘","∘"代表 0,然后依次三位来相加,相加的和依次写出来。添"∘"起到占位作用,为的是都能统一成三位相加的形式。

例题精讲

例题 1 计算:(1)35×111=________;　　(2)27×111=________。

【解答】 (1)35×111=∘∘35∘∘×111=3885;

(2)27×111=∘∘27∘∘×111=2997。

例题 2 计算:(1)123×111=________;　　(2)1324×111=________。

【解答】 (1)123×111=∘∘123∘∘×111=13653;

(2)1324×111=∘∘1324∘∘×111=146964。

针对性练习

练习❶ 计算：

(1)16×111=________；　　(2)62×111=________。

练习❷ 计算：

(1)312×111=________；　　(2)326×111=________。

练习❸ 计算：

(1)2021×111=________；　　(2)10234×111=________。

练习参考答案

练习题号	练习 1	练习 2	练习 3
参考答案	(1)1776,(2)6882	(1)34632,(2)36186	(1)224331,(2)1135974
解答提示	两位数×111	三位数×111	多位数×111

JS-11 乘数$\underbrace{11\cdots1}_{n个1}(2\leqslant n\leqslant 9)$

神器内容	$\underbrace{11\cdots1}_{n个1}\times\underbrace{11\cdots1}_{n个1}=\overline{123\cdots(n-1)n(n-1)\cdots321}(2\leqslant n\leqslant 9)$。
要点说明	从 1 开始小到大，从大到小把山下。 1 的个数在中间，两边对称一座山。

神器溯源

乘数 $\underbrace{11\cdots1}_{n个1}(2\leqslant n\leqslant 9)$ 自乘的计算技巧：

$\underbrace{11\cdots1}_{n个1}\times\underbrace{11\cdots1}_{n个1}=\overline{123\cdots(n-1)n(n-1)\cdots321}(2\leqslant n\leqslant 9)$。

推导：

```
                      1 … 1 1 1 1 1
                    1 1 … 1 1 1 1
                  1 1 1 … 1 1 1
                1 1 1 1 … 1 1
                      … …

        1 … 1 1 1 1 1
      1 1 … 1 1 1 1
    1 1 1 … 1 1 1
+ 1 1 1 1 … 1 1
―――――――――――――――――――――――――――――――――――――――――――――。
  1 2 3 4 … … … … … … … … … … … … … … 4 3 2 1(最多 17 位)
```

例题精讲

例题 1 计算：(1)111×111=________；　　(2)11111×11111=________。

【解答】 (1)111×111=12321；

(2)11111×11111=123454321。

例题 2 计算：(1)1111×111=________；　　(2)111111×11111=________。

【解答】 (1)1111×111=123321；

(2)111111×11111=1234554321。

注：$\underbrace{11\cdots1}_{(n+1)个1}\times\underbrace{11\cdots1}_{n个1}=\overline{123\cdots(n-1)nn(n-1)\cdots321}(2\leqslant n\leqslant 9)$。

针对性练习

练习❶ 计算：(1)1111×1111=________；

(2)111111×111111=________。

练习❷ 计算：(1)1111111×1111111=________；

(2)11111111×11111111=________。

练习❸ 计算：(1)111111×11111=________；

(2)1111111×111111=________。

练习❹ 计算：1221÷121×123321÷12321=________。

知识体系

$$1\times1=1$$
$$11\times11=121$$
$$111\times111=12321$$
$$1111\times1111=1234321$$
$$11111\times11111=123454321$$
$$111111\times111111=12345654321$$
$$1111111\times1111111=1234567654321$$
$$11111111\times11111111=123456787654321$$
$$111111111\times111111111=12345678987654321$$

$$11\times1=11$$
$$111\times11=1221$$
$$1111\times111=123321$$
$$11111\times1111=12344321$$
$$111111\times11111=1234554321$$
$$1111111\times111111=123456654321$$
$$11111111\times1111111=12345677654321$$
$$111111111\times11111111=1234567887654321$$
$$1111111111\times111111111=123456789987654321$$

练习参考答案

练习题号	练习 1	练习 2
参考答案	(1)1234321， (2)12345654321	(1)1234567654321， (2)123456787654321
解答提示	自乘练习	自乘练习
练习题号	练习 3	练习 4
参考答案	(1)1234554321， (2)123456654321	101
解答提示	数字 1 的个数差 1 的 两个由 1 构成的数相乘	先各自分解成由数字 1 组成的 多位数相乘的式子，再计算

JS-12　乘数 101

神器内容	$\overline{ab}\times101=\overline{abab}$。
要点说明	两位数乘幺零幺，只写两次都知晓。 两位数要写几遍？只把 1 的个数看。

 神器溯源

两位数×101 的计算技巧：

$\overline{ab}\times101=\overline{abab}$。

推导：$\overline{ab}\times101=\overline{ab}\times100+\overline{ab}\times1=\overline{abab}$。

两位数乘 1010101…，中间有个 0，进位不发生，两位数可以连续写出来，两位数写的次数就是 1 的个数，可自行归纳推导。

例题精讲

例题 1 计算：(1)25×101=________；　(2)68×101=________。

【解答】 (1)25×101=2525；　(2)68×101=6868。

例题 2 计算：(1)34×10101=________；　(2)46×1010101=________。

【解答】 (1)34×10101=343434；　(2)46×1010101=46464646。

针对性练习

练习❶ 计算：

(1)18×101=________；　(2)83×101=________。

练习❷ 计算：

(1)45×10101=________；　　(2)36×1010101=________。

练习❸ 计算：

(1)123×10101=________；　　(2)306×1010101=________。

练习❹ 计算：

282828×4949－494949×2828=________。

练习参考答案

练习题号	练习 1	练习 2	练习 3	练习 4
参考答案	(1)1818，(2)8383	(1)454545，(2)36363636	(1)1242423，(2)309090906	0
解答提示	重写 2 次练习	重写多次练习	重写叠加练习	可分解出 10101 和 101

JS-13　乘数 1001

神器内容	$\overline{abc}\times1001=\overline{abcabc}$。
要点说明	1001 乘三位，速算技巧谁都会。 三位赶快写两遍，你别谦虚不会算。

神器溯源

三位数×1001 的计算技巧：

$\overline{abc}\times1001=\overline{abcabc}$。

推导：$\overline{abc}\times1001=\overline{abc}\times1000+\overline{abc}\times1=\overline{abcabc}$。

一般情况下，乘数的位数与“00…01”的位数相同，1 的个数确定乘数写的次数。如果乘数的位数不足，可以在前面补 0 按数码算。如果乘数的位数多余，数字需要叠加。

例题精讲

例题 1 计算：(1)325×1001=________；　　(2)168×1001=________。

【解答】 (1)325×1001=325325；　　(2)168×1001=168168。

例题 2 计算：(1)534×1001001=________；　　(2)57×1001001=________。

【解答】 (1)534×1001001=534534534；

(2)57×1001001=57057057。

针对性练习

练习❶　计算：

(1)189×1001=________；　　(2)836×1001=________。

练习❷ 计算：

(1)345×1001001=________； (2)1236×10001=________。

练习❸ 计算：

(1)89×1001001=________； (2)12368×100010001=________。

练习❹ 计算：

(1)69×101001=________； (2)12×1020030004=________。

练习参考答案

练习题号	练习 1	练习 2	练习 3	练习 4
参考答案	(1)189189， (2)836836	(1)345345345， (2)12361236	(1)89089089， (2)1236923692368	(1)6969069， (2)12240360048
解答提示	重写 2 次练习	重写多次练习	转化练习	变式练习

JS-14　乘数 2 和 5

神器内容	$2\times5=10$，$4\times25=100$，$8\times125=1000$，$16\times625=10000$，…。
要点说明	末尾 0，不用乘，其他结果先写成。 最后末尾才添 0，0 的个数要数清。

神器溯源

在乘法运算中，如果有乘数是 10 的倍数，则可以在另一个乘数后面添上一些 0，就可以得到乘积。因此，尽量把乘数中的 5 或 5 的特殊倍数分解出来，然后与 2 及其他对应数搭配，构造出是 10 的倍数的乘数。

$a\times10=\overline{a0}$，$a\times100=\overline{a00}$，$a\times1000=\overline{a000}$，$a\times10000=\overline{a0000}$，…。

$2\times5=10$，$4\times25=100$，$8\times125=1000$，$16\times625=10000$，…。

例题精讲

例题 1 计算：(1)$310\times200=$________；　　(2)$14\times8\times4\times125=$________。

【解答】 (1)$\because 31\times2=62$，$\therefore 310\times200=62000$；

(2)$14\times8\times4\times125=56\times1000=56000$。

例题 2 计算：(1)$12\times75=$________；　　(2)$56\times375=$________。

【解答】 (1)$12\times75=3\times4\times25\times3=900$；

(2)$56\times375=7\times8\times125\times3=21000$。

针对性练习

练习❶ 计算：

(1)$300\times20=$________；　　(2)$30\times41000=$________。

练习② 计算：

(1)125×16=________；　　(2)225×12=________。

练习③ 计算：

(1)375×48=________；　　(2)625×32=________。

练习参考答案

练习题号	练习 1	练习 2	练习 3
参考答案	(1)6000,(2)1230000	(1)2000,(2)2700	(1)18000,(2)20000
解答提示	基本练习	分解因数,构造出是10的倍数的乘数	分解因数,构造出是10的倍数的乘数

JS-15　乘数 99

神器内容	$\overline{ab}\times99=\overline{(\overline{ab}-1)(100-\overline{ab})}=\overline{(\overline{ab}-1)[99-(\overline{ab}-1)]}$。
要点说明	两位数乘 99，减 1 一定写前头。 后面就是它朋友，位数相同都凑 9。 注：两个数之和为 100，这两个数互为“好朋友”。

神器溯源

两位数×99 的计算技巧：

$\overline{ab}\times99=\overline{(\overline{ab}-1)(100-\overline{ab})}=\overline{(\overline{ab}-1)[99-(\overline{ab}-1)]}$。

推导：$\overline{ab}\times99=\overline{ab}\times(100-1)=\overline{ab00}-\overline{ab}=(\overline{ab}-1)\times100+(100-\overline{ab})=\overline{(\overline{ab}-1)(100-\overline{ab})}=\overline{(\overline{ab}-1)[99-(\overline{ab}-1)]}$。（$\overline{ab}-1$ 为两位数码。）

例题精讲

例题 1 计算：(1)27×99=________；　　(2)74×99=________。

【解答】 (1)27×99=2673；　　(2)74×99=7326。

例题 2 计算：(1)76×99=________；　　(2)99×99=________。

【解答】 (1)76×99=7524；　　(2)99×99=9801。

针对性练习

练习❶　计算：

(1)88×99=________；　　(2)34×99=________。

练习❷ 计算：

(1)99×45=________；　　(2)99×85=________。

练习❸ 计算：

(1)57×99=________；　　(2)99×63=________。

练习参考答案

练习题号	练习 1	练习 2	练习 3
参考答案	(1)8712,(2)3366	(1)4455,(2)8415	(1)5643,(2)6237
解答提示	基本练习	基本练习	基本练习

JS-16 乘数 999

神器内容	$\overline{abc}\times 999=\overline{(\overline{abc}-1)(1000-\overline{abc})}=\overline{(\overline{abc}-1)[999-(\overline{abc}-1)]}$。
要点说明	三位数乘 999,减 1 一定写前头。 后面就是它朋友,位数相同都凑 9。 此类速算规律牛,归纳类比快动手。 不管它有几个 9,此数较大才能求。 9 的个数若较多,多余快把中间隔。 另个乘数若较大,凑整减 1 基本法。 注:两个数之和为 1000,这两个数互为“好朋友”。

神器溯源

三位数×999 的计算技巧:

$\overline{abc}\times 999=\overline{(\overline{abc}-1)(1000-\overline{abc})}=\overline{(\overline{abc}-1)[999-(\overline{abc}-1)]}$。

推导:$\overline{abc}\times 999=\overline{abc}\times(1000-1)=\overline{abc000}-\overline{abc}$

$=(\overline{abc}-1)\times 1000+(1000-\overline{abc})=\overline{(\overline{abc}-1)(1000-\overline{abc})}$

$=\overline{(\overline{abc}-1)[999-(\overline{abc}-1)]}$。($\overline{abc}-1$ 为三位数码。)

例题精讲

例题 1 计算:(1)128×999=________; (2)745×999=________。

【解答】 (1)128×999=128000−128=127872;

(2)745×999=745000−745=744255。

例题 2 计算:(1)76×999=________; (2)999999×3672=________。

【解答】 (1)76×999=076×999=076000−076=075924=75924;

(2)999999×3672=(1000000−1)×3672=3671996328,

或 999999×3672=003672×999999=003671996328=3671996328。

针对性练习

练习❶ 计算：

(1)886×999=________；　　(2)347×999=________。

练习❷ 计算：

(1)9999×49=________；　　(2)9999999×654321=________。

练习❸ 计算：

(1)9999×456432=________；　　(2)$\underbrace{999\cdots9}_{100个9}$×5201314=________。

练习❹ 123456789×$\underbrace{11\cdots1}_{100个1}$的计算结果的所有数字之和为________。

练习参考答案

练习题号	练习 1	练习 2	练习 3	练习 4
参考答案	(1)885114， (2)346653	(1)489951， (2)6543209345679	(1)4563863568， (2)5201313 $\underbrace{999\cdots9}_{93个9}$4798686	900
解答提示	基本练习	提高练习	提高练习	数字和能凑成 100 个 9

JS-17　首位为 1 的两位数之积

神器内容	$\overline{1a}\times\overline{1b}=\overline{1(a+b)(ab)}$。
要点说明	个位之积写在后，超过 9 后进前头。 个位之和在中间，进位一定写前边。 百位原来它是 1，后有进位加一起。

神器溯源

首位数字为 1 的两位数乘法的计算技巧：

$\overline{1a}\times\overline{1b}=\overline{1(a+b)(ab)}$。

推导：$\overline{1a}\times\overline{1b}=(10+a)(10+b)=100+10(a+b)+ab=\overline{1(a+b)(ab)}$。

例题精讲

例题 1 计算：(1)14×12=________；　　(2)13×13=________。

【解答】 (1)4+2=6，4×2=8，14×12=168；

(2)3+3=6，3×3=9，13×13=169。

例题 2 计算：(1)16×15=________；　　(2)17×17=________。

【解答】 (1)6+5=11，6×5=30，$16\times15=\overline{1(11)(30)}=240$；

(2)7+7=14，7×7=49，$17\times17=\overline{1(14)(49)}=289$。

针对性练习

练习❶ 计算：

(1)12×12=________；　　(2)12×13=________。

练习❷ 计算：

(1)18×14=________； (2)16×16=________。

练习❸ 计算：

(1)17×15=________； (2)18×19=________。

练习参考答案

练习题号	练习 1	练习 2	练习 3
参考答案	(1)144,(2)156	(1)252,(2)256	(1)255,(2)342
解答提示	基本练习	基本练习	基本练习

JS-18 末位为 1 的两位数之积

神器内容	$\overline{a1}\times\overline{b1}=\overline{(ab)(a+b)1}$。
要点说明	首位之积加进位，写在前面要学会。 首位之和在中间，个位再把 1 来添。 首位相加超过 9，进位一定写前头。

神器溯源

末位为 1 的两位数相乘的计算技巧：

$\overline{a1}\times\overline{b1}=\overline{(ab)(a+b)1}$。

推导：$\overline{a1}\times\overline{b1}=(10a+1)(10b+1)=100ab+10(a+b)+1=\overline{(ab)(a+b)1}$。

例题精讲

例题 1 计算：(1)41×21=________； (2)31×31=________。

【解答】 (1)4×2=8，4+2=6，41×21=861；

(2)3×3=9，3+3=6，31×31=961。

例题 2 计算：(1)61×51=________； (2)71×71=________。

【解答】 (1)6×5=30，6+5=11，$61\times51=\overline{(30)(11)1}=3111$；

(2)7×7=49，7+7=14，$71\times71=\overline{(49)(14)1}=5041$。

针对性练习

练习❶ 计算：

(1)21×21=________； (2)21×31=________。

练习❷ 计算：

(1)91×41=________；　　(2)61×61=________。

练习❸ 计算：

(1)71×51=________；　　(2)81×91=________。

练习参考答案

练习题号	练习 1	练习 2	练习 3
参考答案	(1)441,(2)651	(1)3731,(2)3721	(1)3621,(2)7371
解答提示	基本练习	基本练习	基本练习

JS-19　首同尾合十

神器内容	$\overline{ab}\times\overline{a(10-b)}=\overline{(a\times a+a)[b(10-b)]}$。
要点说明	首位相同尾合十，速算技巧你要知。 首×首+同，放在前，尾×尾两位写后边。 不够两位也常有，前面添0赶快凑。 注：首同尾合十可以拓展到首同尾合百。

神器溯源

两个两位数，它们的首位数字相同，个位数字之和为10，这样的两个两位数相乘，简记为“首同尾合十”。

首同尾合十乘法的计算技巧：

$\overline{ab}\times\overline{a(10-b)}=\overline{(a\times a+a)[b(10-b)]}$。

推导：$\overline{ab}\times\overline{a(10-b)}=(10a+b)[10a+(10-b)]=100a\times a+100a+b(10-b)=\overline{(a\times a+a)[b(10-b)]}$。

例题精讲

例题 1 计算：(1)36×34=________；　　(2)67×63=________。

【解答】 (1)∵3×3+3=12，6×4=24，∴36×34=1224；

(2)∵6×6+6=42，7×3=21，∴67×63=4221。

例题 2 计算：(1)71×79=________；　　(2)49×41=________。

【解答】 (1)∵7×7+7=56，1×9=09，∴71×79=5609；

(2)∵4×4+4=20，9×1=09，∴49×41=2009。

例题 3 计算：(1)1302×1398=________；　　(2)2019×2081=________。

【解答】 (1)∵13×13+13=182，02×98=0196，∴1302×1398=1820196；

(2)∵20×20+20=420，19×81=1539，∴2019×2081=4201539。

针对性练习

练习❶ 计算：

(1)23×27=________；　　(2)34×36=________。

练习❷ 计算：

(1)51×59=________；　　(2)65×65=________。

练习❸ 计算：

(1)256×254=________；　　(2)311×389=________。

练习❹ 计算：

(1)4556×4544=________；　　(2)3131×3169=________。

练习参考答案

练习题号	练习 1	练习 2	练习 3	练习 4
参考答案	(1)621，(2)1224	(1)3009，(2)4225	(1)65024，(2)120979	(1)20702464，(2)9922139
解答提示	首同尾合十	易错练习	变形练习	拓展到首同尾合百

JS-20　尾同首合十

神器内容	$\overline{ab}\times\overline{(10-a)b}=\overline{[a(10-a)+b](b\times b)}$。
要点说明	尾数相同首合十，速算技巧一回事。 首×首＋同，放在前，尾×尾两位写后边。 不够两位也常有，前面添 0 赶快凑。 注：尾同首合十可以拓展到尾同首合百。

神器溯源

两个两位数，它们的末尾数字相同，十位数字之和为 10，这样的两个两位数相乘，简记为“尾同首合十”。

尾同首合十乘法的计算技巧：

$\overline{ab}\times\overline{(10-a)b}=\overline{[a(10-a)+b](b\times b)}$。

推导：$\overline{ab}\times\overline{(10-a)b}=(10a+b)\times[10(10-a)+b]$

$=100a(10-a)+10[ab+b(10-a)]+b\times b$

$=100a(10-a)+100b+b\times b$

$=100[a(10-a)+b]+b\times b$

$=\overline{[a(10-a)+b](b\times b)}$。

例题精讲

例题 1 计算：(1)63×43=________；　　(2)76×36=________。

【解答】 (1)∵6×4+3=27，3×3=09，∴63×43=2709；

(2)∵7×3+6=27，6×6=36，∴76×36=2736。

例题 2 计算：(1)17×97=________；　　(2)94×14=________。

【解答】 (1)∵1×9+7=16，7×7=49，∴17×97=1649；

(2)∵9×1+4=13，4×4=16，∴94×14=1316。

例题 3 计算：(1)213×9813=________；　　(2)1921×8121=________。

【解答】 (1)∵2×98+13=209,13×13=0169,∴213×9813=2090169；
(2)∵19×81+21=1560,21×21=0441,∴1921×8121=15600441。

针对性练习

练习❶ 计算：

(1)24×84=________；　　(2)56×56=________。

练习❷ 计算：

(1)32×72=________；　　(2)43×63=________。

练习❸ 计算：

(1)625×425=________；　　(2)113×893=________。

练习❹ 计算：

(1)5645×4445=________；　　(2)3131×6931=________。

练习参考答案

练习题号	练习 1	练习 2	练习 3	练习 4
参考答案	(1)2016, (2)3136	(1)2304, (2)2709	(1)265625, (2)100909	(1)25092025, (2)21700961
解答提示	尾同首合十	易错练习	变形练习	拓展到尾同首合百

JS-21　相同与合十

神器内容	$\overline{aa}\times\overline{b(10-b)}=\overline{(ab+a)[a(10-b)]}$。
要点说明	相同与合十，尾同首合十，技巧一回事。 首×首+同，放在前，尾×尾两位写后边。 不够两位也常有，前面添 0 赶快凑。 注：①相同与合十可以拓展到相同与合百。 ②首同尾合十、尾同首合十、相同与合十，三种形式统称为一种巧算。

神器溯源

两个两位数，一个数的两个数字相同，另一个数的两个数字之和为 10，这样的两个两位数相乘，简记为“相同与合十”。

相同与合十乘法的计算技巧：

$\overline{aa}\times\overline{b(10-b)}=\overline{(ab+a)[a(10-b)]}$。

推导：$\overline{aa}\times\overline{b(10-b)}=(10a+a)\times[10b+(10-b)]$

$=100ab+10[a(10-b)+ab]+a\times(10-b)$

$=100ab+100a+a(10-b)$

$=100(ab+a)+a(10-b)$

$=\overline{(ab+a)[a(10-b)]}$。

例题精讲

例题 1 计算：(1)33×64=________；　　(2)73×66=________。

【解答】 (1)∵3×6+3=21，3×4=12，∴33×64=2112；

(2)∵7×6+6=48，3×6=18，∴73×66=4818。

例题 2 计算：(1)44×91=________；　　(2)55×66=________。

【解答】 (1)∵4×9+4=40，4×1=04，∴44×91=4004；

(2)∵5×6+6=36，5×6=30，∴55×66=3630。

例题3 计算:(1)298×1313=________;　　(2)8119×2121=________。

【解答】 (1)∵2×13+13=39,98×13=1274,∴298×1313=391274;
(2)∵81×21+21=1722,19×21=0399,∴8119×2121=17220399。

针对性练习

练习❶ 计算:

(1)19×44=________;　　(2)77×55=________。

练习❷ 计算:

(1)64×22=________;　　(2)33×73=________。

练习❸ 计算:

(1)5644×4545=________;　　(2)3131×6931=________。

练习参考答案

练习题号	练习 1	练习 2	练习 3
参考答案	(1)836,(2)4235	(1)1408,(2)2409	(1)25651980,(2)21700961
解答提示	相同与合十	易错练习	拓展到相同与合百

JS-22　乾坤圈，走马灯

神器内容	142857×2=285714，142857×3=428571， 142857×4=571428，142857×5=714285， 142857×6=857142，142857×7=999999。 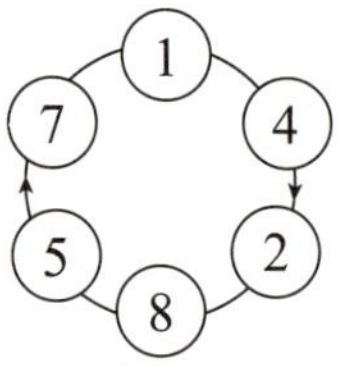 （1 → 4 → 2 → 8 → 5 → 7）图1
要点说明	乾坤圈，真好算，相邻顺序都不变。 走马灯，来乘几，个位数字最好记。 后面数字写在前，掌握方法也不难。

神器溯源

如图 1，把 142857 首尾相接，形成走马灯数，酷似如图 2 所示的哪吒的乾坤圈。142857 具有以下特点：

图 2

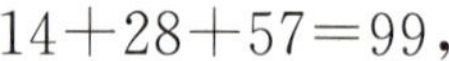

14+28+57=99，　　142+857=999。

142857×2=285714，　　142857×3=428571，　　142857×4=571428，

142857×5=714285，　　142857×6=857142，　　142857×7=999999。

例题精讲

例题 1 计算：(1)142857×3=________；　　(2)142857×6=________。

【解答】 (1)因为 7×3=21 的个位数字是 1，故 1 在个位，4 在首位，所以 142857×3=428571；

(2)因为 7×6=42 的个位数字是 2，故 2 在个位，8 在首位，所以 142857×6=857142。

例题 2 下面数字谜中相同汉字代表相同数字，不同汉字代表不同数字，那么六位数"$\overline{计算秒杀神器}$"=________。

```
    计 算 秒 杀 神 器
×                 器
─────────────────────
    好 好 好 好 好 好
```

【解答】 因为 142857×7=999999，所以$\overline{\text{计算秒杀神器}}$=142857。也可以从“器”的取值进行讨论。

针对性练习

练习❶ 计算：

(1)142857×4=________； (2)285714×3=________。

练习❷ 计算：

(1)142857×7=________； (2)285714×21=________。

练习❸ 下面的数字谜中相同的汉字代表相同的数字，不同的汉字代表不同的数字，那么六位数“$\overline{\text{勤动脑数学好}}$”=________。

```
    勤 动 脑 数 学 好
×                爱
────────────────────
    数 学 好 勤 动 脑
```

练习参考答案

练习题号	练习 1	练习 2	练习 3
参考答案	(1)571428，(2)857142	(1)999999，(2)5999994	142857
解答提示	基本练习	拓展练习	走马灯数应用

JS-23　风火轮，升级走马灯

神器内容	076923×2=153846 076923×3=230769 076923×4=307692 076923×5=384615 076923×6=461538 076923×7=538461 076923×8=615384 076923×9=692307 076923×10=769230 076923×11=846153 076923×12=923076 076923×13=999999	153846×2=307692 153846×3=461538 153846×4=615384 153846×5=769230 153846×6=923076 0 7 6 9 2 3　　1 5 3 8 4 6 图1
要点说明	风火轮，真好算，相邻顺序都不变。 双轮数，都六位，间隔两位九来配。 如何双轮来驱动？酷似升级走马灯。 风火轮，来乘几，个位数字最好记。 后面数字写在前，掌握方法真不难。 双轮数字随时换，都是顺时转圈圈。	

神器溯源

双轮驱动的升级走马灯数，就是根据数字顺时针排成双轮数(码)076923和153846。个位数字确定，后面的数字就是乘积的首位数字，依次按顺时针顺序写出六位数。把076923和153846首尾相接，酷似如图2所示的哪吒的一副风火轮。

图2

076923→07+69+23=99，

076923→076+923=999，077×999=076923，

076923×13=077×999×13=1001×999=999999。

153846→15+38+46=99，

153846→153+846=999，154×999=153846。

例题精讲

例题 1 计算：(1)076923×3=________；　(2)076923×11=________；

(3)153846×3=________；　(4)153846×6=________。

【解答】 (1)如图 1，

∵3×3=9 的个位数字是 9，在左轮驱动，故 9 在个位，2 在首位。

∴076923×3=230769。

(2)∵3×1=3 的个位数字是 3，首位又不可能为 0，在右轮驱动，故 3 在个位，8 在首位。

∴076923×11=846153。

(3)如图 1，

∵6×3=18 的个位数字是 8，在右轮驱动，故 8 在个位，4 在首位。

∴153846×3=461538。

(4)∵6×6=36 的个位数字是 6，首位又不可能为 1，在左轮驱动，故 6 在个位，9 在首位。

∴153846×6=923076。

例题 2 下面的数字谜中相同汉字代表相同的数字，不同汉字代表不同的数字，那么六位数“$\overline{\text{计算秒杀神器}}$”=________。

	计	算	秒	杀	神	器
×						神
	器	计	算	秒	杀	神

【解答】 ∵142857×5=714285，153846×4=615384，∴$\overline{\text{计算秒杀神器}}$=142857 或 153846。

针对性练习

练习❶ 计算：

(1)076923×7=________；　(2)076923×9=________。

练习② 计算：

(1)153846×2=________；　　(2)153846×5=________。

练习③ 下面的横式数字谜中相同的汉字代表相同的数字，不同的汉字代表不同的数字，那么六位数“$\overline{\text{数学好勤动脑}}$”=________。

$$\overline{\text{数学好勤动脑}}\div\overline{\text{乐学}}=\overline{\text{动脑数学好}}。$$

练习参考答案

练习题号	练习 1	练习 2	练习 3
参考答案	(1)538461,(2)692307	(1)307692,(2)769230	923076
解答提示	基本练习	拓展练习	923076÷12=76923

JS-24　平方差公式

神器内容	$a^2-b^2=(a+b)(a-b)$。
要点说明	两个数，好精明，作和作差再相乘。 这种乘积有方法，各自平方再求差。 这个公式咋证明？平方面积是数形。

神器溯源

平方差公式：$a^2-b^2=(a+b)(a-b)$。

图解：（见下图）

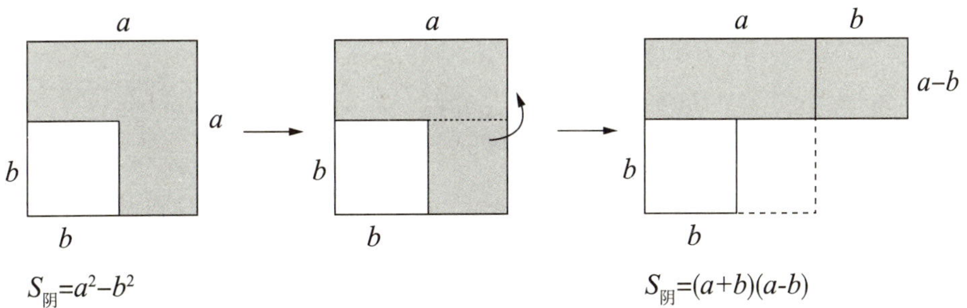

$S_{阴}=a^2-b^2$　　$S_{阴}=(a+b)(a-b)$

例题精讲

例题 1-1 计算：(1)$42\times38=$________；　(2)$58\times52=$________。

【解答】 (1)$42\times38=(40+2)(40-2)=40^2-2^2=1600-4=1596$；

(2)$58\times52=(55+3)(55-3)=55^2-3^2=3025-9=3016$。

例题 1-2 计算：(1)$47^2-3^2=$________；　(2)$86^2-14^2=$________。

【解答】 (1)$47^2-3^2=(47+3)(47-3)=50\times44=2200$；

(2)$86^2-14^2=(86+14)(86-14)=100\times72=7200$。

例题 2 计算：(1)$951\times949-46\times54=$________；

(2)$3\times5\times17\times257-244\times244=$________。

【解答】 (1)原式$=(950+1)(950-1)-(50-4)(50+4)$

$=950^2-1^2-50^2+4^2$

$=(950+50)(950-50)+15$

$=900015$；

(2)原式$=(16^2-1)(16^2+1)-244^2$

$=256^2-1-244^2$

$=(256+244)(256-244)-1$

$=500\times12-1$

$=5999$。

针对性练习

练习1 计算：

(1)$32\times28=$________；　　(2)$103\times97=$________。

练习2 计算：

(1)$35^2-5^2=$________；　　(2)$112^2-12^2=$________。

练习❸ 计算：$100^2-99^2+98^2-97^2+96^2-95^2+\cdots+2^2-1^2=$________。

练习❹ 计算：$100^2+99^2-98^2-97^2+96^2+95^2-94^2-93^2+\cdots+4^2+3^2-2^2-1^2=$________。

知识体系

1000 以内的平方数						
$0^2=0$	$1^2=1$	$2^2=4$	$3^2=9$	$4^2=16$	$5^2=25$	$6^2=36$
$7^2=49$	$8^2=64$	$9^2=81$	$10^2=100$	$11^2=121$	$12^2=144$	$13^2=169$
$14^2=196$	$15^2=225$	$16^2=256$	$17^2=289$	$18^2=324$	$19^2=361$	$20^2=400$
$21^2=441$	$22^2=484$	$23^2=529$	$24^2=576$	$25^2=625$	$26^2=676$	$27^2=729$
$28^2=784$	$29^2=841$	$30^2=900$	$31^2=961$			

练习参考答案

练习题号	练习 1	练习 2	练习 3	练习 4
参考答案	(1)896,(2)9991	(1)1200,(2)12400	5050	10100
解答提示	公式逆运用	公式正运用	两个一组，平方差	四个一组，两两平方差

JS-25　完全平方公式

神器内容	$(a\pm b)^2=a^2+b^2\pm 2ab$。
要点说明	首平方，尾平方，首尾 2 倍不能忘。 位置可以随便放，前面符号一个样。

神器溯源

完全平方公式：$(a\pm b)^2=a^2+b^2\pm 2ab$。

图解$(a+b)^2=a^2+b^2+2ab$：（见下图）

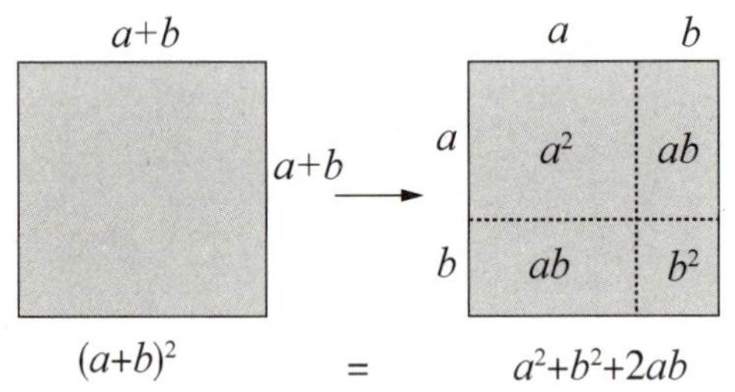

例题精讲

例题 1 计算：(1)$42\times 42=$________；　　(2)$49\times 49=$________。

【解答】 (1)$42\times 42=(40+2)^2=40^2+2^2+2\times 40\times 2=1600+4+160=1764$；

(2)$49\times 49=(50-1)^2=50^2+1^2-2\times 50\times 1=2500+1-100=2401$。

【速算】 (1)$4\times 4=16$，$2\times 2=04$，$4\times 2\times 2=16$，$42\times 42=1764$，见表 1；

(2)$4\times 4=16$，$9\times 9=81$，$4\times 9\times 2=72$，$49\times 49=2401$，见表 2。

表 1

1	6	0	4
	1	6	
1	7	6	4

表 2

1	6	8	1
	7	2	
2	4	0	1

例题 2 计算：(1)$123^2+246\times77+77^2=$________；

(2)$2019^2-3038\times2019+1519^2=$________。

【解答】 (1)原式$=123^2+2\times123\times77+77^2=(123+77)^2=200^2=40000$；

(2)原式$=2019^2-2\times1519\times2019+1519^2=(2019-1519)^2=500^2=250000$。

针对性练习

练习❶ 计算：

(1)$61\times61=$________；　　(2)$68\times68=$________。

练习❷ 计算：

(1)$72^2=$________；　　(2)$88^2=$________。

练习❸ 计算：$9876^2+9876\times248+124^2=$________。

练习参考答案

练习题号	练习 1	练习 2	练习 3
参考答案	(1)3721，(2)4624	(1)5184，(2)7744	100000000
解答提示	基本练习	基本练习	套用公式

JS-26　两位数乘法的万能公式

神器内容	$\overline{ab}\times\overline{cd}=\overline{(ac)(ad+bc)(bd)}$。
要点说明	两位乘两位，万能要学会。 首首之积写在前，是否增加看后面。 交叉相乘再求和，结果就在中间坐。 是否进位或增加，前后看看别出差。 尾尾相乘放在后，进位一定到前头。 十字交叉或列表，两种方法都挺好。 注：列表求解时，个位数的乘积不够两位时，前面要补 0。

神器溯源

根据位值原则，两位数乘法都可采用此方法。

两位数乘法的万能公式：

$\overline{ab}\times\overline{cd}=\overline{(ac)(ad+bc)(bd)}$。

推导：$\overline{ab}\times\overline{cd}=(10a+b)\times(10c+d)=\overline{ac}\times100+(ad+bc)\times10+bd=\overline{(ac)(ad+bc)(bd)}$。（列表求解时，$bd$ 占两位。）

如图 1，通用公式可写成竖式的十字相乘的形式，也可如表 1 进行列表速算。

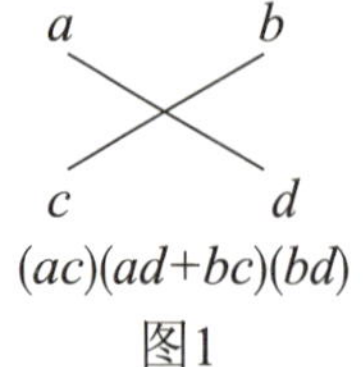

图1

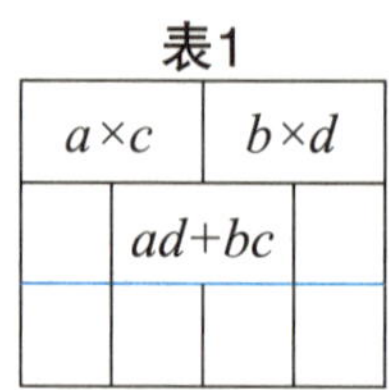

例题精讲

例题 1 计算：(1)23×13=________；　　(2)17×31=________。

【解答】 (1)如图 2，∵2×1=2，2×3+3×1=9，3×3=9，∴23×13=299。或者如表 2，23×13=209+90=299。

(2)如图 3,∵1×3=3,1×1+3×7=22,7×1=7,∴17×31=3(22)7=527。或者如表 3,17×31=307+220=527。

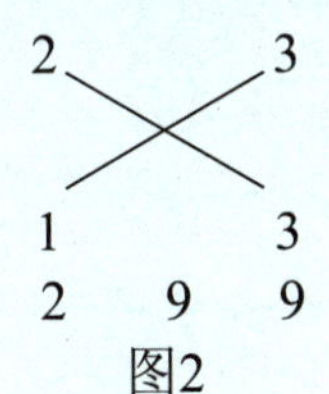

图2

表2

	2	0	9
+	9		
	2	9	9

1 7

3 1

3 (22) 7

5 2 7

图3

表3

	3	0	7
+	2	2	
	5	2	7

例题 2 计算:(1)63×45=________; (2) 89×73=________。

【解答】 (1)如图 4,∵6×4=24,6×5+3×4=42,3×5=15,∴63×45=24(42)(15)=2835;

(2)如图 5,∵8×7=56,8×3+9×7=87,9×3=27,∴89×73=56(87)(27)=6497。

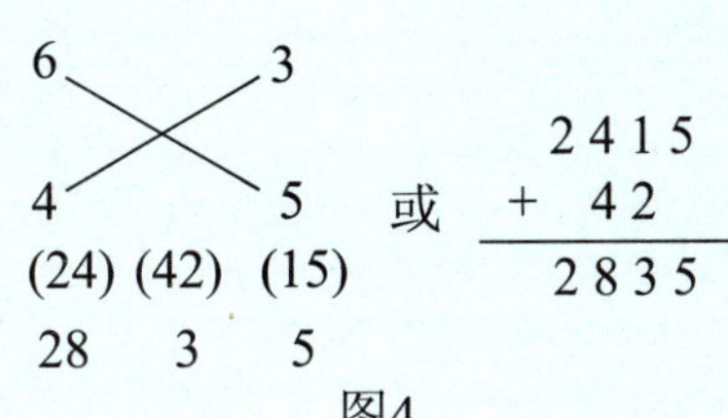

图4

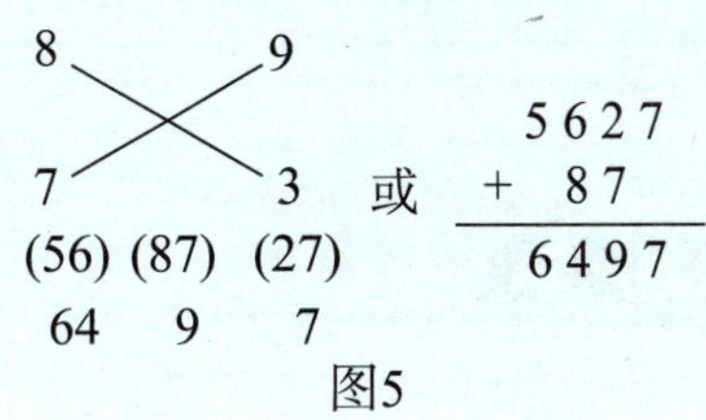

图5

针对性练习

练习❶ 计算:

(1)21×12=________; (2)32×31=________。

练习❷ 计算:

(1)56×78=________; (2)76×57=________。

练习❸ 计算:

(1)63×98=________; (2)47×85=________。

练习参考答案

练习题号	练习 1	练习 2	练习 3
参考答案	(1)252,(2)992	(1)4368,(2)4332	(1)6174,(2)3995
解答提示	基本练习	基本练习	基本练习

JS-27 三位数的平方公式

神器内容	$\overline{abc}^2=\overline{a^2b^2c^2}+\overline{(2ab)(2bc)0}+\overline{(2ac)00}$。
要点说明	三位数，来自乘，如何速算方法灵？ 每个数字各平方，依次排列在一行。 各自乘积扩 2 倍，有个技巧叫错位。 每个乘积要两位，不够两位 0 占位。 错位表达用等式，末尾添 0 试一试。 注：a^2 不够两位，不用前面补 0。

神器溯源

三项式平方公式：$(a+b+c)^2=a^2+b^2+c^2+2ab+2bc+2ac$。

图解：（见下图）

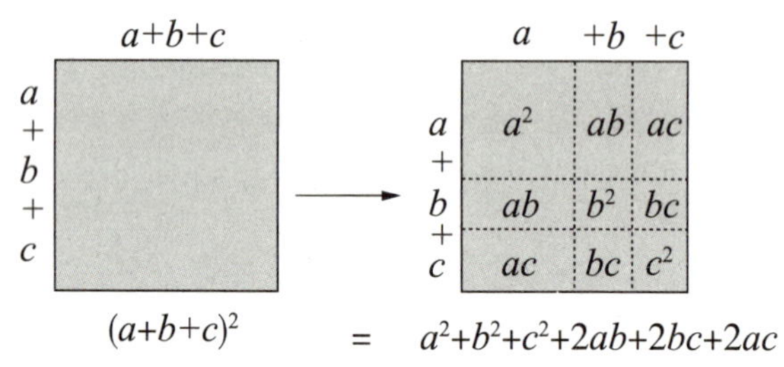

三位数的平方公式：$\overline{abc}^2=\overline{a^2b^2c^2}+\overline{(2ab)(2bc)0}+\overline{(2ac)00}$。

推导：$\overline{abc}^2=(100a+10b+c)^2$

$=10000a^2+100b^2+c^2+2\times100a\times10b+2\times10b\times c+2\times100a\times c$

$=10000a^2+100b^2+c^2+1000\times2ab+10\times2bc+100\times2ac$

$=\overline{a^2b^2c^2}+\overline{(2ab)(2bc)0}+\overline{(2ac)00}$。（$b^2$，$c^2$，$2bc$ 均占两位。）

如下表所示，三位数的平方也可以进行列表速算。两位数的平方，就是 $a=0$ 的特殊情况。

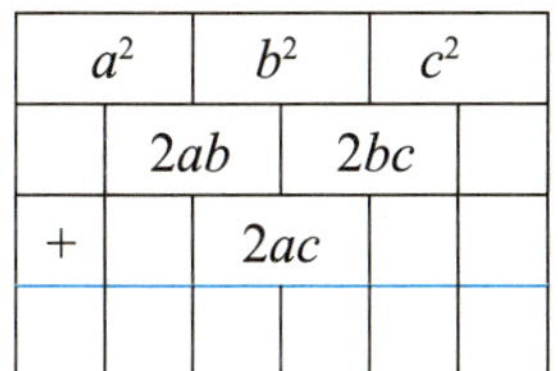

a^2		b^2		c^2	
	$2ab$		$2bc$		
+		$2ac$			

例题精讲

例题1 计算：(1)123×123=________；　　(2)562^2=________。

【解答】 (1)$1^2=1$，$2^2=04$，$3^2=09$。

$2\times1\times2=4$，$2\times2\times3=12$。

$2\times1\times3=6$。

123×123=15129。（见下表）

	1	0	4	0	9
		4	1	2	
+		6			
	1	5	1	2	9

(2)$5^2=25$，$6^2=36$，$2^2=04$。

$2\times5\times6=60$，$2\times6\times2=24$。

$2\times5\times2=20$。

$562^2=315844$。（见下表）

2	5	3	6	0	4
	6	0	2	4	
+		2	0		
3	1	5	8	4	4

例题2 计算：(1)267×267=________；　　(2) 489^2=________。

【解答】 (1)$2^2=4$，$6^2=36$，$7^2=49$。

$2\times2\times6=24$，$2\times6\times7=84$。

$2\times2\times7=28$。

267×267=71289。

$$\begin{array}{r} 43649 \\ 2484 \\ +\quad 28 \\ \hline 71289 \end{array}$$

(2)$4^2=16$，$8^2=64$，$9^2=81$。

$2\times4\times8=64$，$2\times8\times9=144$。

$2\times4\times9=72$。

$489^2=239121$。

$$\begin{array}{r} 166481 \\ 6544 \\ +\quad 72 \\ \hline 239121 \end{array}$$

针对性练习

练习❶ 计算：

(1)32×32=________；　　(2)46^2=________。

练习❷ 计算：

(1)$306\times306=$________； (2)$234^2=$________。

练习❸ 计算：

(1)$573\times573=$________； (2)$687^2=$________。

练习参考答案

练习题号	练习 1	练习 2	练习 3
参考答案	(1)1024,(2)2116	(1)93636,(2)54756	(1)328329,(2)471969
解答提示	两位数的平方	基本练习	基本练习

JS-28　积的扩倍与缩小

神器内容	$a\times b=\begin{cases}(a\times c)\times(b\div c)(c\neq 0)\\(a\div d)\times(b\times d)(d\neq 0)\end{cases}$。
要点说明	两个数，来相乘，扩倍缩小同时用。 扩倍缩小积不变，相互抵消是关键。 扩缩之后易相乘，最好末尾出现 0。

神器溯源

两个数相乘，如果一个乘数扩大几倍，那么另一个乘数就缩小为原来的几分之一，乘积不变。

$$a\times b=\begin{cases}(a\times c)\times(b\div c)(c\neq 0)\\(a\div d)\times(b\times d)(d\neq 0)\end{cases}。$$

例题精讲

例题 1 计算：(1)74×33=________；　　(2)37×69=________。

【解答】 (1)74×33=(74×3)×(33÷3)=222×11=2442；

(2)37×69=(37×3)×(69÷3)=111×23=2553。

例题 2 计算：(1)51×67=________；　　(2)482×501=________。

【解答】 (1)51×67=(51÷3)×(67×3)=17×201=3417；

(2)482×501=(482÷2)×(501×2)=241×1002=241482。

针对性练习

练习❶ 计算：

(1)38×44=________；　　(2)83×77=________。

练习❷ 计算：

(1)$27\times148=$________； (2)$67\times81=$________。

练习❸ 计算：

(1)$412\times45=$________； (2)$136\times31=$________。

练习参考答案

练习题号	练习 1	练习 2	练习 3
参考答案	(1)1672,(2)6391	(1)3996,(2)5427	(1)18540,(2)4216
解答提示	基本练习	基本练习	提高练习

JS-29 去多补少凑整乘

神器内容	当一个乘数接近整十、整百、整千时，可以去多补少，凑成整十、整百、整千的数，再计算。
要点说明	乘数末尾出现0，非常容易来相乘。 去多补少来凑整，秒杀目标能达成。 速算技巧多多用，称霸一方好英雄。

神器溯源

乘法是相同加数连加的简便运算，一个乘数是加数，另一个乘数就是加数的个数。如 38×97 表示 97 个 38 连加，可以调整为 100 个 38 连加，然后减去 3 个 38。38×97=38×100−38×3=3800−114=3686。

两数相乘，如果乘数接近整十、整百、整千时，可以去多补少地凑成整十、整百、整千的数，再进行巧算。

例题精讲

例题 1 计算：(1)163×98=________；　　(2)562×799=________。

【解答】 (1)163×98=163×(100−2)=16300−163×2=16300−326=15974；

(2)562×799=562×(800−1)=562×800−562=449600−562=449038。

例题 2 计算：(1)583×201=________；　　(2)4724×5002=________。

【解答】 (1)583×201=583×(200+1)=583×200+583=116600+583=117183；

(2)4724×5002=4724×(5000+2)=4724×5000+4724×2=23620000+9448=23629448。

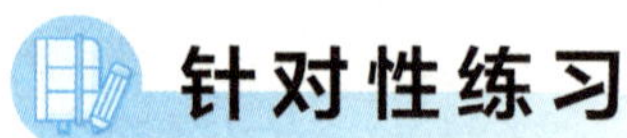

针对性练习

练习❶ 计算：

(1)67×99=________； (2)82×98=________。

练习❷ 计算：

(1)58×102=________； (2)167×201=________。

练习❸ 计算：

(1)328×997=________； (2)3004×218=________。

练习参考答案

练习题号	练习 1	练习 2	练习 3
参考答案	(1)6633,(2)8036	(1)5916,(2)33567	(1)327016,(2)654872
解答提示	基本练习	基本练习	提高练习

JS-30　避免进位分组乘

神器内容	在乘法运算中,进位时很容易出错,可以熟记多位数乘一位数的口算结果,来规避进位。
要点说明	多位数乘一位数,式子太长不清楚。 可把多位来分组,出现0时最舒服。 两位分组口算出,从左到右快写数。

神器溯源

在乘法运算中,进位时很容易出错,可以熟记多位数乘一位数的口算结果,来规避进位。适当分组后,会出现“0”或两位、三位的较小数,易于口算。

例题精讲

例题 1 计算:(1)10203×8=________;　　(2)30201×26=________。

【解答】 (1)10203×8=1(02)(03)×8=81624;

(2)30201×26=3(02)(01)×26=785226。

例题 2 计算:(1)4003×218=________;　　(2)251416×6=________。

【解答】 (1)4003×218=4(003)×218=872654;

(2)251416×6=(25)(14)(16)×6=1508496。

针对性练习

练习❶　计算:

(1)20401×8=________;　　(2)6007×17=________。

练习❷ 计算：

(1)3.14×7=________；　　(2)3.14×8=________。

练习❸ 计算：

(1)11324×4=________；　　(2)21516×14=________。

练习参考答案

练习题号	练习 1	练习 2	练习 3
参考答案	(1)163208,(2)102119	(1)21.98,(2)25.12	(1)45296,(2)301224
解答提示	基本练习	圆周率分组乘	提高练习

JS-31 商的扩倍与缩小

神器内容	$a \div b = \begin{cases} (a \times c) \div (b \times c)\ (c \neq 0) \\ (a \div d) \div (b \div d)\ (d \neq 0) \end{cases}$。
要点说明	两个数，来相除，扩倍缩小记清楚。 扩倍缩小商不变，相互抵消是关键。 扩缩之后易相除，最好末尾有 0 出。

神器溯源

两个数相除，被除数与除数同时扩大相同的倍数，或同时缩小为原来的几分之一，得到的商不变。

$$a \div b = \begin{cases} (a \times c) \div (b \times c)\ (c \neq 0) \\ (a \div d) \div (b \div d)\ (d \neq 0) \end{cases}。$$

例题精讲

例题 1 计算：(1)98÷14=________；　　(2)832÷16=________。

【解答】 (1)98÷14=(98÷2)÷(14÷2)=49÷7=7；

(2)832÷16=(832÷8)÷(16÷8)=104÷2=52。

例题 2 计算：(1)3.92÷0.49=________；　　(2)448.8÷3.74=________。

【解答】 (1)3.92÷0.49=392÷49=56÷7=8；

(2)448.8÷3.74=44880÷374=22440÷187=2040÷17=120。

针对性练习

练习❶ 计算：

(1)238÷14=________；　　(2)684÷38=________。

练习② 计算：

(1)22.5÷0.5=________；　　(2)18.24÷0.25=________。

练习③ 计算：

(1)62.32÷1.9=________；　　(2)6.165÷0.45=________。

练习参考答案

练习题号	练习 1	练习 2	练习 3
参考答案	(1)17,(2)18	(1)45,(2)72.96	(1)32.8,(2)13.7
解答提示	基本练习	分别同时扩大 2 倍和 4 倍	提高练习

JS-32 小数点的移动

神器内容	(1)$\overline{a.bcd}\times\overline{efg.h}=\overline{ab.cd}\times\overline{ef.gh}=\overline{abc.d}\times\overline{e.fgh}$。 (2)$\overline{a.bcd}\div\overline{ef.gh}=\overline{ab.cd}\div\overline{efg.h}=\overline{abc.d}\div\overline{efgh}$。
要点说明	小数点,左右移,扩倍缩小要谨记。 两个小数来相乘,移动位数都相同。 移动方向要相反,得到乘积才不变。 两个小数来相除,同向移动看清楚。 移动位数都一样,否则做错会上当。

神器溯源

两个小数相乘,一个乘数的小数点向左移动多少位,另一个乘数的小数点就向右移动多少位,乘积不变。

$\overline{a.bcd}\times\overline{efg.h}=\overline{ab.cd}\times\overline{ef.gh}=\overline{abc.d}\times\overline{e.fgh}$。

两个小数相除,被除数和除数小数点同时向左移动多少位,或者同时向右移动多少位,所得商不变。

$\overline{a.bcd}\div\overline{ef.gh}=\overline{ab.cd}\div\overline{efg.h}=\overline{abc.d}\div\overline{efgh}$。

例题精讲

例题 1 计算:(1)12.5×240=________;　　(2)2680×0.02=________。

【解答】 (1)12.5×240=125×24=1000×3=3000;

(2)2680×0.02=26.8×2=53.6。

例题 2 计算:(1)2.56÷0.064=________;　　(2)403÷0.31=________。

【解答】 (1)2.56÷0.064=2560÷64=40;

(2)403÷0.31=40300÷31=1300。

针对性练习

练习❶ 计算：

(1)31.4×0.25=________；　　(2)843×0.01=________。

练习❷ 计算：

(1)1.56×1000=________；　　(2)13.6÷0.068=________。

练习❸ 计算：

(1)36.86÷3.686=________；　　(2)2014÷0.25=________。

练习参考答案

练习题号	练习 1	练习 2	练习 3
参考答案	(1)7.85,(2)8.43	(1)1560,(2)200	(1)10,(2)8056
解答提示	乘积不变	乘积不变,商不变	商不变

JS-33　提取公因数

神器内容	$ab+ac-ad=a(b+c-d)$。
要点说明	四则混合算，加减能分片。 混合不同级，法宝只有一。 相同赶快提，符号看清晰。 分步或分组，一般能提出。

神器溯源

加减法是一级运算，乘除法是二级运算。如果算式中既有一级运算，又有二级运算，那么这样的算式为跨级运算(或四则混合运算)。

跨级运算的一般计算顺序：先算乘除，再算加减，括号优先。

跨级运算中，使用的技巧就是提取公因数。如果没有公因数，可以通过去多补少、扩大缩小、分解因数等方法去构造公因数，创造提取公因数的条件。

$ab+ac-ad=a(b+c-d)$。

例题精讲

例题 1 计算：$36\times83+36\times16+57\times128-57\times29=$________。

【解答】 跨级巧算就一宝，提取公因都知道。分组提取公因数，如此巧算真舒服。

$\underline{36\times83}+\underline{36\times16}+\underline{\underline{57\times128}}-\underline{\underline{57\times29}}$

$=36\times(83+16)+57\times(128-29)$

$=36\times99+57\times99$

$=99\times(36+57)$

$=99\times93$

$=9207$。

例题 2 计算：$78\times37+83\times94+78\times46-172\times33=$________。

【解答】 分步提取公因数，没有公因怎么办？最好不算抄一遍。

$\underline{78\times37}+83\times94+\underline{78\times46}-172\times33$

$=78\times(37+46)+83\times94-172\times33$

$=\underline{78\times83}+\underline{83\times94}-172\times33$

$=83\times(78+94)-172\times33$

$=\underline{83\times172}-\underline{172\times33}$

$=172\times(83-33)$

$=172\times50$

$=8600$。

针对性练习

练习❶ 计算：(1)$26\times28+26\times37+26\times35=$________；

(2)$72\times83+93\times72-72\times75=$________。

练习❷ 计算：(1)$38\times47+62\times43+38\times43+62\times47=$________；

(2)$48\times52+52\times54+47\times19+47\times83=$________。

练习❸ 计算：(1)$48\times52+52\times54+102\times36=$________；

(2)$27\times36+99\times54+27\times63+81\times103=$________。

练习❹ 计算：(1)$72.8\times15.6+3.64\times1688=$________；

(2)$20.29\times16+202.9\times9.2-0.08\times2029=$________。

练习参考答案

练习题号	练习 1	练习 2	练习 3	练习 4
参考答案	(1)2600,(2)7272	(1)9000,(2)10098	(1)8976,(2)16362	(1)7280,(2)2029
解答提示	基本练习	分组提取公因数	分步提取公因数	构造公因数

JS-34　提取公除数

神器内容	$a\div d+b\div d-c\div d=(a+b-c)\div d$。
要点说明	四则混合算，加减能分片。 混合不同级，法宝只有一。 除数都一样，提取放后方。 除数不一样，分组想一想。 公共被除数，千万别糊涂。 不能提取算，出错不周全。

神器溯源

在含有除法的跨级运算中，也可以像提取公因数一样，提取公除数。如果没有公除数，可以根据商的不变性扩倍或缩小构造出公除数，然后再提取公除数。

$a\div d+b\div d-c\div d=(a+b-c)\div d$。

需要特别提醒，不能提取公共的被除数。如 $10\div2+10\div5\neq10\div(2+5)$。

例题精讲

例题 1 计算：(1)$119\div7-49\div7=$________；

(2)$83\div11+93\div11+231\div11=$________。

【解答】 (1)$\underline{119\div7}-\underline{49\div7}$

$=(119-49)\div7$

$=70\div7$

$=10$；

(2)$\underline{83\div11}+\underline{93\div11}+\underline{231\div11}$

$=(83+93+231)\div11$

$=407\div11$

$=37$。

例题 2 计算：$421\div17+632\div23-126\div23+89\div17=$________。

【解答】 分组提取公除数。

$\underline{421\div17}+\underline{\underline{632\div23}}-\underline{\underline{126\div23}}+\underline{89\div17}$

$=(421+89)\div17+(632-126)\div23=510\div17+506\div23=30+22=52$。

针对性练习

练习❶ 计算：(1)29÷8+35÷8=________；

(2)123÷9+346÷9−289÷9=________。

练习❷ 计算：(1)38÷15−89÷11+52÷15+45÷11=________；

(2)237÷26+45÷12−123÷26+16÷26+75÷12=________。

练习❸ 计算：(1)83×29+311÷19+19×29−83÷19=________；

(2)181÷62+46×14−57÷62−38×14=________。

练习参考答案

练习题号	练习 1	练习 2	练习 3
参考答案	(1)8,(2)20	(1)2,(2)15	(1)2970,(2)114
解答提示	基本练习	分组提取公除数	分步提取公除数和公因数

JS-35　盈百数相乘

神器内容	$(100+a)\times(100+b)=\overline{(100+a+b)(00+ab)}$。
要点说明	$100+a+b$ 在前，$a\times b$ 两位在后。 一百加两盈在前，两盈积两位在后。 注：可以拓展到盈千数相乘、盈万数相乘。

神器溯源

盈，就是多、剩余、超出的意思，盈百数就是比 100 多一点的数。

盈百数相乘的计算技巧：

$(100+a)\times(100+b)=\overline{(100+a+b)(00+ab)}$。

推导：$(100+a)\times(100+b)=10000+100a+100b+ab=(100+a+b)\times100+ab=\overline{(100+a+b)(00+ab)}$。

仿此，可以得到盈千数相乘的计算技巧，请自行推导。

例题精讲

例题 1 计算：(1)102×107=________；　　(2)105×118=________。

【解答】 (1)∵100+2+7=109，2×7=14，∴102×107=10914；

(2)∵100+5+18=123，5×18=90，∴105×108=12390。

例题 2 计算：(1)1009×1003=________；　　(2)1015×1022=________。

【解答】 (1)∵1000+9+3=1012，9×3=027，∴1009×1003=1012027；

(2)∵1000+15+22=1037，15×22=330，∴1015×1022=1037330。

针对性练习

练习❶ 计算：

(1)102×101=________；　　(2)103×103=________。

练习❷ 计算：

(1)112×108=________；　　(2) 116×104=________。

练习❸ 计算：

(1)1002×1008=________；　　(2)1014×1025=________。

练习参考答案

练习题号	练习 1	练习 2	练习 3
参考答案	(1)10302,(2)10609	(1)12096,(2)12064	(1)1010016,(2)1039350
解答提示	盈百数	盈百数	盈千数

JS-36 亏百数相乘

神器内容	$(100-a)\times(100-b)=\overline{(100-a-b)(00+ab)}$。
要点说明	$100-a-b$ 在前，$a\times b$ 两位在后。 一百减两亏在前，两亏积两位在后。 注：可以拓展到亏千数相乘、亏万数相乘。

神器溯源

亏，就是少、不足、不够的意思，亏百数就是比 100 少一点的数。

亏百数相乘的计算技巧：

$(100-a)\times(100-b)=\overline{(100-a-b)(00+ab)}$。

推导：$(100-a)\times(100-b)=10000-100a-100b+ab=(100-a-b)\times100+ab=\overline{(100-a-b)(00+ab)}$。

仿此，可以得到亏千数相乘的计算技巧，请自行推导。

例题精讲

例题 1 计算：(1)$98\times96=$________；　　(2)$92\times93=$________。

【解答】 (1)$\because 100-2-4=94, 2\times4=08, \therefore 98\times96=9408$；

(2)$\because 100-8-7=85, 8\times7=56, \therefore 92\times93=8556$。

例题 2 计算：(1)$89\times94=$________；　　(2) $997\times989=$________。

【解答】 (1)$\because 100-11-6=83, 11\times6=66, \therefore 89\times94=8366$；

(2)$\because 1000-3-11=986, 3\times11=033, \therefore 997\times989=986033$。

针对性练习

练习1 计算：

(1)98×99=________；　　(2)98×97=________。

练习2 计算：

(1)91×92=________；　　(2) 95×86=________。

练习3 计算：

(1)997×996=________；　　(2)994×994=________。

练习4 计算：

(1)9996×9995=________；　　(2)9988×9991=________。

练习参考答案

练习题号	练习 1	练习 2	练习 3	练习 4
参考答案	(1)9702， (2)9506	(1)8372， (2)8170	(1)993012， (2)988036	(1)99910020， (2)99790108
解答提示	亏百数	亏百数	亏千数	亏万数

JS-37　盈亏百数相乘

神器内容	$(100+a)\times(100-b)=\overline{(99+a-b)(100-ab)}$。
要点说明	$99+a-b$ 在前，$100-ab$ 两位在后。 九九加盈再减亏，盈亏积朋后两位。 注：可以拓展到盈亏千数相乘、盈亏万数相乘。

神器溯源

盈百数与亏百数相乘的计算技巧：

$(100+a)\times(100-b)=\overline{(99+a-b)(100-ab)}$。

推导：$(100+a)\times(100-b)=10000+100a-100b-ab=(100+a-b)\times100-ab=(99+a-b)\times100+(100-ab)=\overline{(99+a-b)(100-ab)}$。

仿此，可以得到盈亏千数相乘、盈亏万数相乘的技巧，请自行推导。

例题精讲

例题 1 计算：(1)$102\times96=$________；　　(2)$103\times97=$________。

【解答】 (1)$\because 99+2-4=97$，$100-2\times4=92$，$\therefore 102\times96=9792$；

(2)$\because 99+3-3=99$，$100-3\times3=91$，$\therefore 103\times97=9991$。

例题 2 计算：(1)$989\times1006=$________；　　(2)$992\times1012=$________。

【解答】 (1)$\because 999-11+6=994$，$1000-11\times6=934$，

$\therefore 989\times1006=994934$；

(2)$\because 999-8+12=1003$，$1000-8\times12=904$，$\therefore 992\times1012=1003904$。

针对性练习

练习1 计算：

(1)95×103=________；　　(2)98×108=________。

练习2 计算：

(1)93×112=________；　　(2)118×96=________。

练习3 计算：

(1)997×1004=________；　　(2)1011×993=________。

练习4 计算：

(1)9997×10004=________；　　(2)10011×9991=________。

练习参考答案

练习题号	练习 1	练习 2	练习 3	练习 4
参考答案	(1)9785， (2)10584	(1)10416， (2)11328	(1)1000988， (2)1003923	(1)100009988， (2)100019901
解答提示	盈百数与亏百数	盈百数与亏百数	盈千数与亏千数	盈万数与亏万数

JS-38 位数不同盈数相乘

神器内容	$x\times y=(1\underbrace{00\cdots0}_{n个0}+a)\times(1\underbrace{00\cdots0}_{(n+m)个0}+b)=\overline{x(\underbrace{00\cdots0}_{m个0}+b)(\underbrace{00\cdots0}_{n个0}+ab)}$。
要点说明	较小乘数放前面,这步真是太简单。 较大乘数怎么办?多余尾部放中间。 两盈之数来相乘,补足 n 位放后边。

神器溯源

位数不同的盈数相乘的计算技巧:

$x\times y=(1\underbrace{00\cdots0}_{n个0}+a)\times(1\underbrace{00\cdots0}_{(n+m)个0}+b)=\overline{x(\underbrace{00\cdots0}_{m个0}+b)(\underbrace{00\cdots0}_{n个0}+ab)}$。

推导:$x\times y=(1\underbrace{00\cdots0}_{n个0}+a)\times(1\underbrace{00\cdots0}_{(n+m)个0}+b)$

$=(1\underbrace{00\cdots0}_{n个0}+a)\times1\underbrace{00\cdots0}_{(n+m)个0}+(1\underbrace{00\cdots0}_{n个0}+a)b$

$=(1\underbrace{00\cdots0}_{n个0}+a)\times1\underbrace{00\cdots0}_{(n+m)个0}+1\underbrace{00\cdots0}_{n个0}b+ab$

$=\overline{(1\underbrace{00\cdots0}_{n个0}+a)(\underbrace{00\cdots0}_{m个0}+b)(\underbrace{00\cdots0}_{n个0}+ab)}$

$=\overline{x(\underbrace{00\cdots0}_{m个0}+b)(\underbrace{00\cdots0}_{n个0}+ab)}$。

例题精讲

例题 1 计算:(1)$14\times102=$________;　　(2)$103\times1008=$________。

【解答】 (1)∵较小数为 14,较大数砍掉前面 2 位剩下 2,盈数乘积 $4\times2=8$,∴$14\times102=1428$;

(2)∵较小数为 103,较大数砍掉前面 3 位剩下 8,盈数乘积 $3\times8=24$,∴$103\times1008=103824$。

例题 2 计算：(1)106×100003=________；　　(2)1007×10000012=________.

【解答】 (1)∵较小数为 106，较大数砍掉前面 3 位剩下 003，盈数乘积 6×3=18，∴106×100003=10600318；

(2)∵较小数为 1007，较大数砍掉前面 4 位剩下 0012，盈数乘积 7×12=084，∴1007×10000012=10070012084。

针对性练习

练习❶ 计算：

(1)12×103=________；　　(2)104×1007=________。

练习❷ 计算：

(1)109×100006=________；　　(2)1004×10000018=________。

练习❸ 计算：

(1)10011×1000006=________；(2)100034×100000036=________。

练习参考答案

练习题号	练习 1	练习 2	练习 3
参考答案	(1)1236， (2)104728	(1)10900654， (2)10040018072	(1)10011060066， (2)10003403601224
解答提示	位数不同盈数相乘	位数不同盈数相乘	位数不同盈数相乘

JS-39　位数不同亏数相乘

神器内容	$x\times y=(1\underbrace{00\cdots0}_{n\text{个}0}-a)\times(1\underbrace{00\cdots0}_{(n+m)\text{个}0}-b)=\overline{(x-1)(1\underbrace{00\cdots0}_{m\text{个}0}-b)(\underbrace{00\cdots0}_{n\text{个}0}+ab)}$。
要点说明	小数减 1 放前面，这步真是太简单。 大数它有何贡献？多余尾部放中间。 两亏之数再相乘，补足 n 位放后边。

神器溯源

位数不同的亏数相乘的计算技巧：

$$x\times y=(1\underbrace{00\cdots0}_{n\text{个}0}-a)\times(1\underbrace{00\cdots0}_{(n+m)\text{个}0}-b)=\overline{(x-1)(1\underbrace{00\cdots0}_{m\text{个}0}-b)(\underbrace{00\cdots0}_{n\text{个}0}+ab)}。$$

推导：$x\times y=(1\underbrace{00\cdots0}_{n\text{个}0}-a)\times(1\underbrace{00\cdots0}_{(n+m)\text{个}0}-b)$

$=(1\underbrace{00\cdots0}_{n\text{个}0}-a-1)\times(1\underbrace{00\cdots0}_{(n+m)\text{个}0}-b)+(1\underbrace{00\cdots0}_{(n+m)\text{个}0}-b)$

$=(1\underbrace{00\cdots0}_{n\text{个}0}-a-1)\times1\underbrace{00\cdots0}_{(n+m)\text{个}0}-(1\underbrace{00\cdots0}_{n\text{个}0}-a-1)b+(1\underbrace{00\cdots0}_{(n+m)\text{个}0}-b)$

$=(1\underbrace{00\cdots0}_{n\text{个}0}-a-1)\times1\underbrace{00\cdots0}_{(n+m)\text{个}0}-1\underbrace{00\cdots0}_{n\text{个}0}\times b+ab+b+1\underbrace{00\cdots0}_{(n+m)\text{个}0}-b$

$=(1\underbrace{00\cdots0}_{n\text{个}0}-a-1)\times1\underbrace{00\cdots0}_{(n+m)\text{个}0}+1\underbrace{00\cdots0}_{(n+m)\text{个}0}-1\underbrace{00\cdots0}_{n\text{个}0}\times b+ab$

$=(1\underbrace{00\cdots0}_{n\text{个}0}-a-1)\times1\underbrace{00\cdots0}_{(n+m)\text{个}0}+(1\underbrace{00\cdots0}_{m\text{个}0}-b)\times1\underbrace{00\cdots0}_{n\text{个}0}+ab$

$=\overline{(x-1)(1\underbrace{00\cdots0}_{m\text{个}0}-b)(\underbrace{00\cdots0}_{n\text{个}0}+ab)}$。

例题精讲

例题 1 计算：(1)97×996=________；　　(2)96×99996=________。

【解答】 (1)∵较小数为 97，97−1=96，较大数砍掉前面 2 位剩下 6，亏数乘积 3×4=12，∴97×996=96612；

(2)∵较小数为 96,96－1＝95,较大数砍掉前面 2 位剩下 996,亏数乘积 4×4＝16,∴96×99996＝9599616。

例题 2 计算:(1)988×999991＝________; (2)9992×999999987＝________。

【解答】 (1)∵较小数为 988,988－1＝987,较大数砍掉前面 3 位剩下 991,亏数乘积 12×9＝108,∴988×999991＝987991108;

(2)∵较小数为 9992,9992－1＝9991,较大数砍掉前面 4 位剩下 99987,亏数乘积 8×13＝0104,∴9992×999999987＝9991999870104。

针对性练习

练习❶ 计算:

(1)95×996＝________; (2)998×96＝________。

练习❷ 计算:

(1)993×9993＝________; (2)99992×98＝________。

练习❸ 计算:

(1)9997×9999789＝________; (2)99898×99999956＝________。

练习❹ 计算:

(1)9993×99997＝________; (2)99899×9999968＝________。

练习参考答案

练习题号	练习 1	练习 2	练习 3	练习 4
参考答案	(1)94620, (2)95808	(1)9923049, (2)9799216	(1)99967890633, (2)9989795604488	(1)999270021, (2)998986803232
解答提示	位数不同亏数相乘	位数不同亏数相乘	位数不同亏数相乘	位数不同亏数相乘

二　整数数列求和

JS-40　等差数列的项数

神器内容	$n=(a_n-a_1)\div d+1$ 其中 n 为项数，a_1 为首项，a_n 为末项，d 为公差。
要点说明	大减小，除(以)公差，最后再把 1 来加。 如果公差就是 1，除以公差可略去。

神器溯源

等差数列：从第二项开始，每项与前一项的差都相同，这样的数列叫作等差数列。

等差数列的项数公式：

$n=(a_n-a_1)\div d+1$，其中 n 为项数，a_1 为首项，a_n 为末项，d 为公差。

当 $d=1$ 时，$n=a_n-a_1+1$。可以记忆：大减小，再加 1，连续个数记清晰。

例题精讲

例题 1 下面数列各有多少个数？

(1)10，11，12，…，30；　　(2)1，4，7，10，…，100。

【解答】 (1)30－10＋1＝21；　　(2)(100－1)÷3＋1＝34。

例题 2-1 所有三位数中，被 6 除余 2 的共有________个。

【解答】 1)符合条件的最小三位数为 104，最大三位数为 998。

104，110，116，122，…，998。

2)共有(998－104)÷6＋1＝894÷6＋1＝150 个。

例题 2-2 等差数列的第 3 项为 8，第 6 项为 17，最后一项为 200，那么这个数列共有______项。

【解答】 1)公差为(17－8)÷(6－3)＝3。

2)第 1 项为 8－2×3＝2。

3)项数为(200－2)÷3＋1＝67。

针对性练习

练习❶ 下面数列各有多少个数？

(1)34，35，36，…，89； (2)96，95，94，…，30。

练习❷ 下面数列各有多少个数？

(1)2，6，10，14，…，2022； (2)354，347，340，…，130。

练习❸ 下面两个数列，相同的项共有______个。

数列一：2，5，8，11，…，2027；

数列二：1，5，9，13，…，2021。

练习❹ 一个等差的第 5 项为 300，第 8 项为 288，最后一项是 24，那么这个数列共有______项。

练习参考答案

练习题号	练习 1	练习 2	练习 3	练习 4
参考答案	(1)56，(2)67	(1)506，(2)33	169	74
解答提示	基本练习	基本练习	相同项的数列的首项为 5，公差为 12	递减数列，公差为 4

JS-41　等差数列的通项

神器内容	$a_n=a_1+(n-1)\times d=dn+(a_1-d)$ 其中 n 为项数，a_1 为首项，a_n 为末项，d 为公差。
要点说明	等差数列有规律，一般给出是递推。 前项加上一公差，此项就会搞定它。 其实等差有通项，首项项数一起上。 公差与 n 积写上，调整相等看首项。

神器溯源

等差数列都是从第一项（奠基项）开始依次加上几个公差得到的，根据两端植树问题的树数与间隔数之间的规律，项数比公差个数多 1。

等差数列通项 $a_n=a_1+(n-1)\times d=dn+(a_1-d)$。

其中 n 为项数，a_1 为首项，a_n 为末项，d 为公差。

例题精讲

例题 1 求下列等差数列的通项公式。

(1) $\underbrace{8,9}_{1}$，$\underbrace{9,10}_{1}$，$\underbrace{10,11}_{1}$，… 即 8，9，10，11，…；

(2) 1，4，7，10，13，…。（相邻两项之差为 3）

【解答】(1) $a_1=8$，

$a_2=8+1\times1$，

$a_3=8+1\times2$，

$a_4=8+1\times3$，

…

$a_n=8+1\times(n-1)=n+7$；

(2) $a_1=1$，

$a_2=1+3\times1$，

$a_3=1+3\times2$，

$a_4=1+3\times3$，

…

$a_n=1+3\times(n-1)=3n-2$。

例题 2 用火柴棒拼成如图 1 所示的图案，每个小等边三角形需要 3 根火柴棒，其中第 1 个图案由 4 个小等边三角形围成 1 个小菱形，第 2 个图案由 6 个小等边三角形围成 2 个小菱形……按此规律，则第 30 个图案需要________根火柴棒，第________个图案中火柴棒的根数是该图案中菱形个数的 6.5 倍。

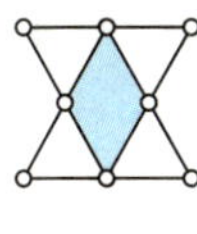
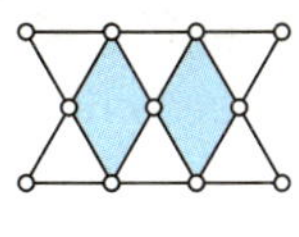
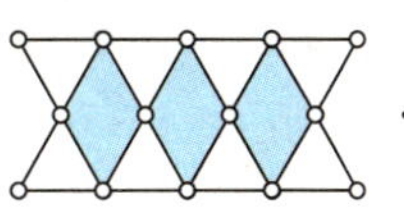

第1个　　第2个　　第3个

图1

【解答】 1)每个图案中菱形个数与序号相同，火柴棒的根数分别为 12，18，24，…，其通项公式为 $a_n=6n+6$。

2)第 30 个图案需要火柴棒 $6\times30+6=186$ 根。

3)设第 n 个图案中火柴棒的根数是该图案中菱形个数的 6.5 倍，则 $6.5n=6n+6$，$n=12$。

针对性练习

练习❶ 写出下面数列的通项。

(1)2，7，12，17，…；　　(2)4，15，26，37，…。

练习❷ 写出下面数列的通项。

(1)200，197，194，191，…；　　(2)2025，2020，2015，2010，…。

练习❸ 用蓝、白两种颜色的正六边形地砖按图 2 所示的规律拼成若干个图案，则第 10 个图案中白色地砖有________块，第 n 个图案中白色地砖有________块。

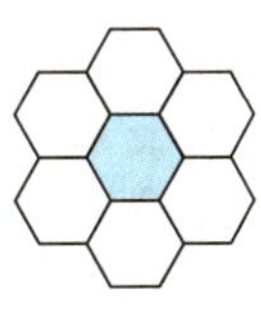
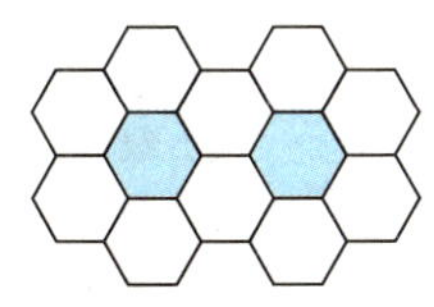
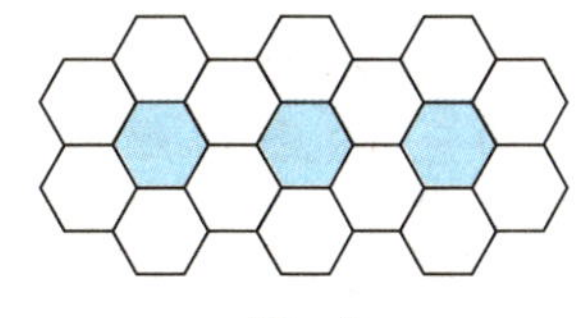

第1个　　第2个　　第3个

图2

练习参考答案

练习题号	练习 1	练习 2	练习 3
参考答案	(1)$a_n=5n-3$， (2)$a_n=11n-7$	(1)$a_n=203-3n$， (2)$a_n=2030-5n$	42，$4n+2$
解答提示	递增等差数列	递减等差数列	每次增加 4 个白色地砖

JS-42 连续自然数列求和

神器内容	$1+2+3+\cdots+n=n(n+1)\div 2$。
要点说明	连续自然来求和，请哥帮忙就能做。 末项一定先报到，拉着哥哥把茶喝。 两者相乘除以 2，得到结果不费事。

神器溯源

连续自然数列求和公式：$1+2+3+\cdots+n=n(n+1)\div 2$。（最小的自然数是 0，求和不受 0 影响。）

推导一：平均法。

$$左边=\underbrace{\frac{1+n}{2}+\frac{2+(n-1)}{2}+\frac{3+(n-2)}{2}+\cdots+\frac{(n-1)+2}{2}+\frac{n+1}{2}}_{n\text{个数}}=\frac{n+1}{2}\times n=n(n+1)\div 2。$$

推导二：图解法。（见下图）

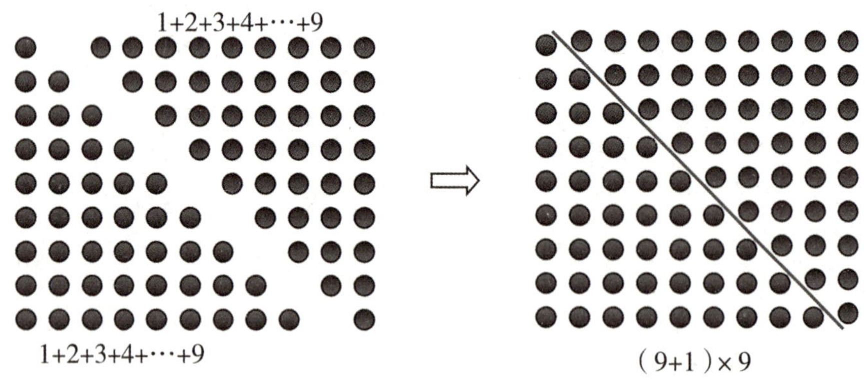

所以 $1+2+3+4+\cdots+9=(9+1)\times 9\div 2$。

例题精讲

例题 1 计算：(1)$1+2+3+4+\cdots+20=$________；

(2)$1+2+3+4+\cdots+100=$________。

【解答】 (1)$1+2+3+4+\cdots+20$

$=20\times21\div2$

$=210$；

(2)$1+2+3+4+\cdots+100$

$=100\times101\div2$

$=5050$。

例题 2 计算：$11+12+13+14+\cdots+50=$________。

【解答】 $11+12+13+14+\cdots+50$

$=(1+2+3+4+\cdots+50)-(1+2+3+\cdots+10)$

$=50\times51\div2-10\times11\div2$

$=5\times(255-11)$

$=1220$。

针对性练习

练习❶ 计算：(1)$1+2+3+4+\cdots+63=$________；

(2)$1+2+3+4+\cdots+200=$________。

练习❷ 计算：$21+22+23+24+\cdots+87=$________。

练习❸ 计算：$2+4+6+8+\cdots+100=$________。

练习参考答案

练习题号	练习 1	练习 2	练习 3
参考答案	(1)2016,(2)20100	3618	2550
解答提示	套用公式	构造公式结构	提取公因数 2

JS-43 山峰数列求和

神器内容	$1+2+3+\cdots+(n-1)+n+(n-1)+\cdots+3+2+1=n^2$。
要点说明	山峰数，来求和，上坡下坡一样多。 看看山顶是啥数，把它平方得结果。

神器溯源

山峰数列求和：$1+2+3+\cdots+(n-1)+n+(n-1)+\cdots+3+2+1=n(n+1)\div 2\times 2-n=n^2$。

推导：图解法。（见图1至图4）

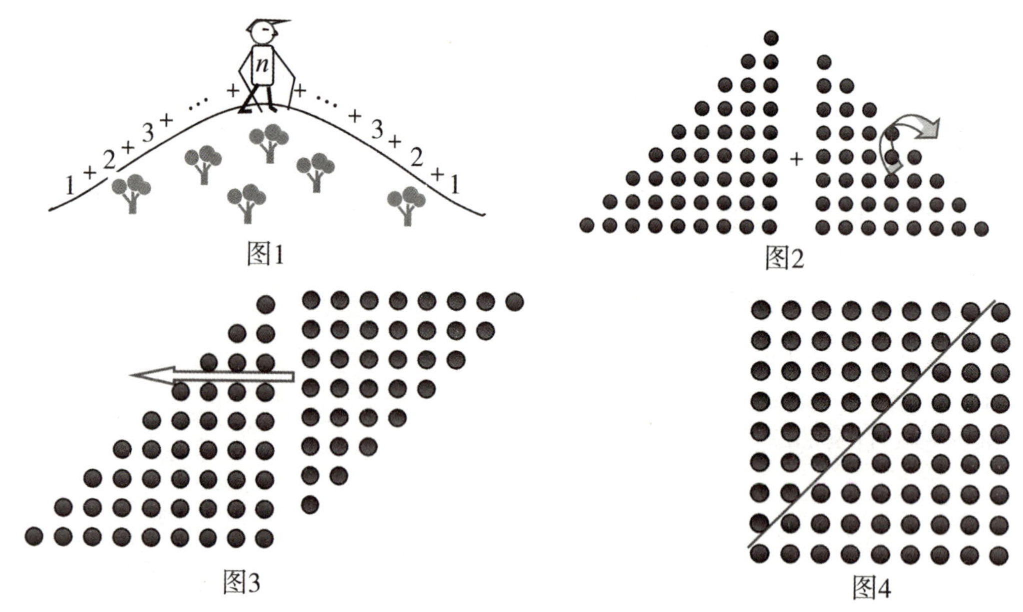

图1 图2 图3 图4

例题精讲

例题1 计算：$1+2+3+4+\cdots+19+20+19+\cdots+4+3+2+1=$________。

【解答】 原式$=20^2=400$。

例题 2 计算：$1+(1+2+1)+(1+2+3+2+1)+\cdots+(1+2+\cdots+19+20+19+\cdots+2+1)=$________。

$\left(\text{备用公式：}1^2+2^2+3^2+\cdots+n^2=\dfrac{n(n+1)(2n+1)}{6}\text{。}\right)$

【解答】 原式$=1^2+2^2+3^2+\cdots+20^2=\dfrac{20\times21\times41}{6}=2870$。

针对性练习

练习❶ 计算：$1+2+3+4+\cdots+29+30+29+\cdots+4+3+2+1=$________。

练习❷ 计算：$3+4+5+\cdots+39+40+39+\cdots+5+4+3=$________。

练习❸ 计算：$1+(1+2+1)+(1+2+3+2+1)+\cdots+(1+2+\cdots+59+60+59+\cdots+2+1)=$________。

$\left(\text{备用公式：}1^2+2^2+3^2+\cdots+n^2=\dfrac{n(n+1)(2n+1)}{6}\text{。}\right)$

练习参考答案

练习题号	练习 1	练习 2	练习 3
参考答案	900	1594	73810
解答提示	基本练习	构造公式条件	综合运用

JS-44　等差数列求和

神器内容	等差数列求和：$a_1+a_2+a_3+\cdots+a_n=(a_1+a_n)\div2\times n$。
要点说明	等差数列咋求和？首尾配对就能做。 大小搭配都相同，赶快再把个数乘。 大加小，来平均，再乘个数记在心。 配对平均都一样，先除后除 2 别忘。

神器溯源

等差数列求和：$a_1+a_2+a_3+\cdots+a_n=(a_1+a_n)\div2\times n$。

推导一：对于等差数列，$a_2-a_1=a_3-a_2=a_4-a_3=\cdots=a_n-a_{n-1}$。

$\because a_1+a_n=a_1+a_1+(n-1)d=2a_1+(n-1)d$，

$a_2+a_{n-1}=a_1+d+a_1+(n-2)d=2a_1+(n-1)d$，

$a_3+a_{n-2}=a_1+2d+a_1+(n-3)d=2a_1+(n-1)d$，

$\therefore a_1+a_n=a_2+a_{n-1}=a_3+a_{n-3}=\cdots$。

$\therefore a_1+a_2+a_3+\cdots+a_n=(a_1+a_n)\times n\div2=(a_1+a_n)\div2\times n$。

（其中 n 为偶数直接得到公式；n 为奇数，中间项也等于 $\dfrac{a_1+a_n}{2}$。）

推导二：设　$S=a_1+a_2+a_3+\cdots+a_n$，①

把①式倒序得 $S=a_n+a_{n-1}+a_{n-2}+\cdots+a_1$。②

(①+②)÷2 得 $S=(a_1+a_n)n\div2$。

例题精讲

例题 1 计算：(1)$1+4+7+10+\cdots+100=$________；

(2)$2+9+16+23+\cdots+100=$________。

【解答】 (1)(100－1)÷3＋1＝34 个数,原式＝(1＋100)÷2×34＝1717;

(2)(100－2)÷7＋1＝15 个数,原式＝(2＋100)÷2×15＝765。

例题 2 计算:2022＋2013＋2004＋1995＋…＋186＝________。

【解答】 (2022－186)÷9＋1＝205 个数,原式＝(2022＋186)÷2×205＝226320。

针对性练习

练习❶ 计算:2＋5＋8＋11＋…＋101＝________。

练习❷ 计算:1＋5＋9＋13＋…＋245＝________。

练习❸ 在 1～1000 以内,所有被 7 除余 2 的数之和为________。

练习参考答案

练习题号	练习 1	练习 2	练习 3
参考答案	1751	7626	71357
解答提示	套用公式	套用公式	找到符合条件的等差数列

JS-45　连续奇数列求和

神器内容	(1)$1+3+5+7+\cdots+(2n-1)=n^2$。 (2)$(2m+1)+(2m+3)+(2m+5)+\cdots+(2n-1)=n^2-m^2$。
要点说明	奇数列，来求和，个数平方得结果。 如果首项不是1，补上套用才可以。 结果就是平方差，看清首末能秒杀。 公式推导有多法，可以图解或归纳。

神器溯源

(1)连续奇数列求和：$1+3+5+7+\cdots+(2n-1)=n^2$。

推导一：归纳法。

$$1=1^2,$$
$$1+3=4=2^2,$$
$$1+3+5=9=3^2,$$
$$1+3+5+7=16=4^2,$$
$$1+3+5+7+9=25=5^2,$$
$$\cdots$$
$$1+3+5+7+9+\cdots+(2n-1)=n^2。$$

推导二：图解法。（见图1）

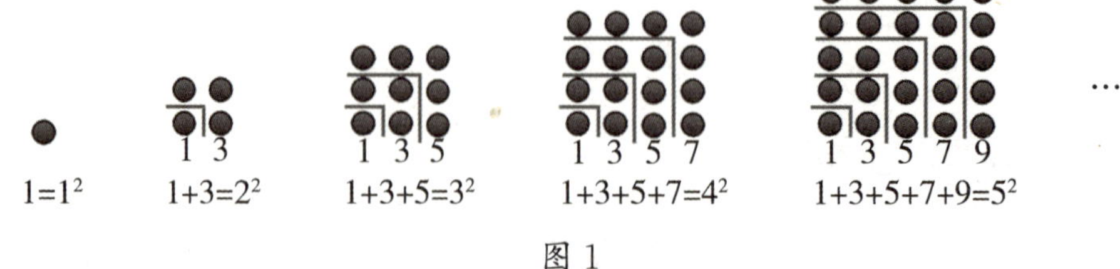

图1

(2)首项不是1的连续奇数列求和：

$(2m+1)+(2m+3)+(2m+5)+\cdots+(2n-1)$

$=[1+3+5+\cdots+(2m-1)+(2m+1)+(2m+3)+(2m+5)+\cdots+$

$(2n-1)]-[1+3+5+\cdots+(2m-1)]$

$=n^2-m^2$。

例题精讲

例题 1-1 计算：$1+3+5+7+\cdots+99=$________。

【解答】 $(99-1)\div2+1=50$ 个数，原式$=50^2=2500$。

例题 1-2 计算：$27+29+31+33+\cdots+89=$________。

【解答】 原式$=(1+3+5+\cdots+89)-(1+3+5+\cdots+25)$

$=45^2-13^2$

$=2025-169$

$=1856$。

例题 2-1 根据图 2 中圆圈的排列规律，第 20 个图形共有________个圆圈。

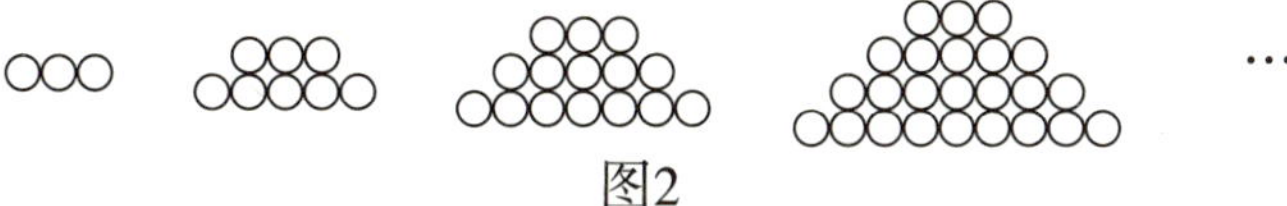

图2

【解答】 1)在每个图形上面再增加一个圆圈，第 20 个图形就会有 $1+3+5+7+\cdots$ 个圆圈。

2)$1+3-1=3$，

$1+3+5-1=8$，

$1+3+5+7-1=15$，

…

第 20 个图形中，共有 $1+3+5+7+\cdots+41-1=21^2-1=440$ 个圆圈。

例题 2-2 在 1～100 这 100 个自然数中，能分拆成 $n(n\geqslant2)$ 个连续奇数之和的自然数共有________个。

【解答】 设自然数 **N** 能分拆成 $(n-m)$ 个连续奇数之和的形式，则

$\mathbf{N}=(2m+1)+(2m+3)+(2m+5)+\cdots+(2n-1)$

$=(2n-1+2m+1)\div2\times(n-m)$

$=(n+m)(n-m)$。

1)当 **N** 为奇数时，只能分解为两个大于 1 的奇数之积的形式。可见质数都不满足要求，它们不能分拆成连续奇数之和的形式。

2)当 N 为偶数时，$n+m$ 与 $n-m$ 具有相同的奇偶性，乘积 $(n+m)(n-m)$ 至少是 4 的倍数。可见是 2 的倍数而不是 4 的倍数的自然数都不能拆成连续奇数之和形式。

3)在 1～100 中，1 不能分拆，质数有 25 个且都不能分拆，是 2 的倍数而非 4 的倍数的 $100\div2-100\div4=25$ 个也不能分拆。所以能分拆的只有 $100-1-25-25=49$ 个。

针对性练习

练习❶ 计算：$1+3+5+7+\cdots+199=$________。

练习❷ 计算：$101+103+105+107+\cdots+199=$________。

练习❸ 在 1～2025 以内：$4=1+3$，$8=3+5$，$9=1+3+5$，$12=5+7$，…，不能分拆成连续奇数(至少 2 个)之和的最大数为________。

练习参考答案

练习题号	练习 1	练习 2	练习 3
参考答案	10000	7500	2022
解答提示	基本练习	添上 100 以内的奇数	是 2 的倍数而非 4 的倍数的都不能分拆

JS-46 一元左邻右舍裂差法

神器内容	(1)$a=\dfrac{a(a+d)-(a-d)a}{2d}$。 (2)若 $a_1,a_2,a_3,\cdots,a_n$ 为等差数列,则 $a_1+a_2+\cdots+a_n=\dfrac{a_n(a_n+d)-(a_1-d)a_1}{2d}$。
要点说明	连加算式必裂差,裂差目标变咔咔。 左邻右舍真不难,中间全都抵消完。 首尾两数把位占,再乘前伸和后延。 要知分母它是几,邻居之差记清晰。 一元等差用此法,牛刀杀鸡嘎嘎嘎。

神器溯源

一元左邻右舍裂差法:$a=\dfrac{a(a+d)-(a-d)a}{2d}$。

中间项全都抵消,仅剩下首、尾有限项的算式称为"咔咔算式"。如 $100-99+99-98+98+\cdots-2+2-1=99$。

特例求和:$1+2+3+4+\cdots+n$

$$=\frac{1\times2-0\times1}{2-0}+\frac{2\times3-1\times2}{3-1}+\frac{3\times4-2\times3}{4-2}+\cdots+\frac{n(n+1)-(n-1)n}{(n+1)-(n-1)}$$

$$=\frac{1}{2}[1\times2-0\times1+2\times3-1\times2+3\times4-2\times3+\cdots+n(n+1)-(n-1)n]$$

$$=\frac{n(n+1)-0\times1}{2}$$

$=n(n+1)\div2$,

所以 $1+2+3+4+\cdots+n=n(n+1)\div2$。

若 $a_1,a_2,a_3,\cdots,a_n$ 为等差数列,公差为 d,则

$a_1+a_2+\cdots+a_n$

$$=\frac{a_1a_2-(a_1-d)a_1}{2d}+\frac{a_2a_3-a_1a_2}{2d}+\frac{a_3a_4-a_2a_3}{2d}+\cdots+\frac{a_n(a_n+d)-a_{n-1}a_n}{2d}$$

$=\frac{1}{2d}[a_1a_2-(a_1-d)a_1+a_2a_3-a_1a_2+a_3a_4-a_2a_3+\cdots+a_n(a_n+d)-a_{n-1}a_n]$

$=\frac{a_n(a_n+d)-(a_1-d)a_1}{2d}$。

例题精讲

例题 1 计算：1＋3＋5＋7＋…＋99＝________。

【解答】 原式$=\frac{1\times3-(-1)\times1}{4}+\frac{3\times5-1\times3}{4}+\frac{5\times7-3\times5}{4}+\cdots+\frac{99\times101-97\times99}{4}$

$=\frac{1}{4}[\underline{1\times3}-(-1)\times1+\underline{\underline{3\times5}}-\underline{1\times3}+5\times7-\underline{\underline{3\times5}}+\cdots+99\times101-97\times99]$

$=\frac{99\times101-(-1)\times1}{4}$

=2500。

-1 1+3+5+7+…+99 101
2

例题 2 计算：100＋97＋94＋91＋…＋1＝________。

【解答】 原式$=\frac{103\times100-100\times97}{6}+\frac{100\times97-97\times94}{6}+\frac{97\times94-94\times91}{6}+\cdots+\frac{4\times1-1\times(-2)}{6}$

$=\frac{1}{6}[103\times100-\underline{100\times97}+\underline{100\times97}-\underline{\underline{97\times94}}+\underline{\underline{97\times94}}-94\times91+\cdots+4\times1-1\times(-2)]$

$=\frac{103\times100-1\times(-2)}{6}$

=1717。

103 100+97+94+…+1 -2
3

针对性练习

练习❶ 计算：(1)1＋2＋3＋4＋…＋60＝________；

(2)1＋2＋3＋4＋…＋100＝________。

练习❷ 计算:(1)2＋5＋8＋11＋…＋92＝________；

(2)10＋14＋18＋22＋…＋302＝________。

练习❸ 计算:93＋86＋79＋72＋…＋9＋2＝________。

练习参考答案

练习题号	练习 1	练习 2	练习 3
参考答案	(1)1830,(2)5050	(1)1457,(2)11544	665
解答提示	基本练习	基本练习	递减等差数列裂差

JS-47 二元左邻右舍裂差法

神器内容	(1)$a(a+d)=\dfrac{a(a+d)(a+2d)-(a-d)a(a+d)}{3d}$。 (2)$1\times2+2\times3+3\times4+\cdots+n(n+1)=\dfrac{n(n+1)(n+2)}{3}$。
要点说明	连加算式必裂差，裂差目标变咔咔。 左邻右舍真不难，中间全都抵消完。 首尾两数把位占，再乘前伸和后延。 要知分母它是几，邻居之差记清晰。

神器溯源

二元左邻右舍裂差法：$a(a+d)=\dfrac{a(a+d)(a+2d)-(a-d)a(a+d)}{3d}$。

$$1\times2+2\times3+3\times4+\cdots+n(n+1)$$

$$=\frac{1\times2\times3-0\times1\times2}{3-0}+\frac{2\times3\times4-1\times2\times3}{4-1}+\frac{3\times4\times5-2\times3\times4}{5-2}+\cdots+\frac{n(n+1)(n+2)-(n-1)n(n+1)}{(n+2)-(n-1)}$$

$$=\frac{1}{3}[1\times2\times3-0\times1\times2+2\times3\times4-1\times2\times3+3\times4\times5-2\times3\times4+\cdots+n(n+1)(n+2)-(n-1)n(n+1)]$$

$$=\frac{1}{3}[n(n+1)(n+2)-0\times1\times2]$$

$$=\frac{n(n+1)(n+2)}{3}。$$

例题精讲

例题 1 计算：$1\times2+2\times3+3\times4+\cdots+99\times100=$________。

【解答】 原式$=\frac{99\times100\times101}{3}=333300$。

例题2 计算:$1\times4+4\times7+7\times10+10\times13+\cdots+97\times100=$________。

【解答】 原式$=\frac{1\times4\times7-(-2)\times1\times4}{9}+\frac{4\times7\times10-1\times4\times7}{9}+\cdots+$

$\frac{97\times100\times103-94\times97\times100}{9}$

$=\frac{97\times100\times103-(-2)\times1\times4}{9}$

$=111012$。

针对性练习

练习❶ 计算:(1)$1\times2+2\times3+3\times4+\cdots+30\times31=$________;

(2)$1\times2+2\times3+3\times4+\cdots+60\times61=$________。

练习❷ 计算:$20\times21+21\times22+22\times23+\cdots+60\times61=$________。

练习❸ 计算:$5\times8+8\times11+11\times14+\cdots+47\times50=$________。

练习参考答案

练习题号	练习1	练习2	练习3
参考答案	(1)9920,(2)75640	72980	13830
解答提示	基本练习	构造公式结构	套用裂差法

JS-48 连续自然数平方和

神器内容	$1^2+2^2+3^2+4^2+\cdots+n^2=\frac{n(n+1)(2n+1)}{6}$。
要点说明	连续自然平方和，公式重要不用说。 先写末项其底数，乘上哥哥要记住。 再把两者来相加，第三因数就是它。 二阶公式除数 6，多数公式都遵守。

神器溯源

连续自然数平方和：$1^2+2^2+3^2+4^2+\cdots+n^2=\frac{n(n+1)(2n+1)}{6}$。

推导一：通项法。

$1^2=1\times2-1,2^2=2\times3-2,3^2=3\times4-3,\cdots,n^2=n\times(n+1)-n$。

$$
\begin{aligned}
\text{原式}&=(1\times2-1)+(2\times3-2)+(3\times4-3)+\cdots+[n(n+1)-n]\\
&=[1\times2+2\times3+3\times4+\cdots+n(n+1)]-(1+2+3+\cdots+n)\\
&=\frac{n(n+1)(n+2)}{3}-\frac{n(n+1)}{2}\\
&=\frac{n(n+1)}{6}\times[2(n+2)-3]\\
&=\frac{n(n+1)(n+n+1)}{6}\\
&=\frac{n(n+1)(2n+1)}{6}。
\end{aligned}
$$

记忆：分子前两个乘数连续，最后一个乘数是前两个乘数之和；分母是 6。

推导二：图解法。

如图 1，每个立体图中有正方体 $1^2+2^2+3^2+\cdots+n^2$，通过图 2 的垒砌，图 3 上面的一层切成两层，拼成了一个如图 4 所示的长方体，长方体的棱长分别为 n，

$n+1$，$n+\frac{1}{2}$，得到

$$3(1^2+2^2+3^2+\cdots+n^2)=n(n+1)\left(n+\frac{1}{2}\right),$$

$$1^2+2^2+3^2+\cdots+n^2=\frac{n(n+1)(2n+1)}{6}。$$

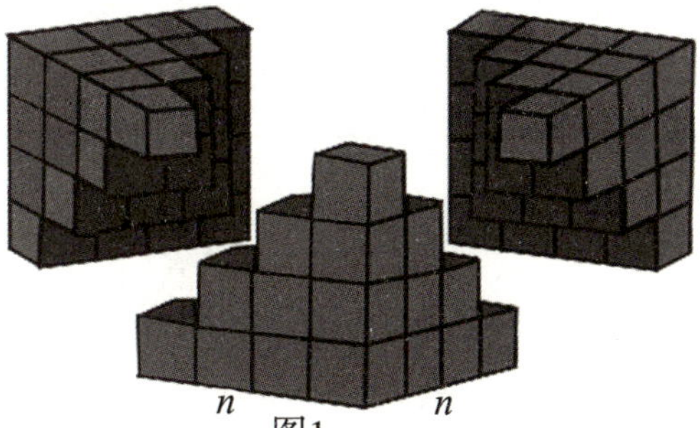

推导三：踢三角法。

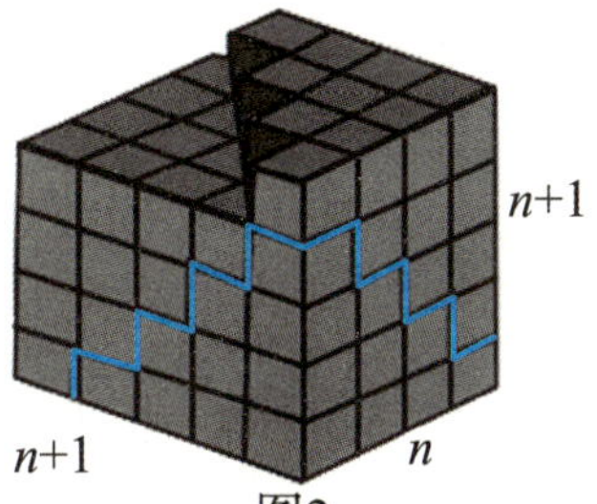

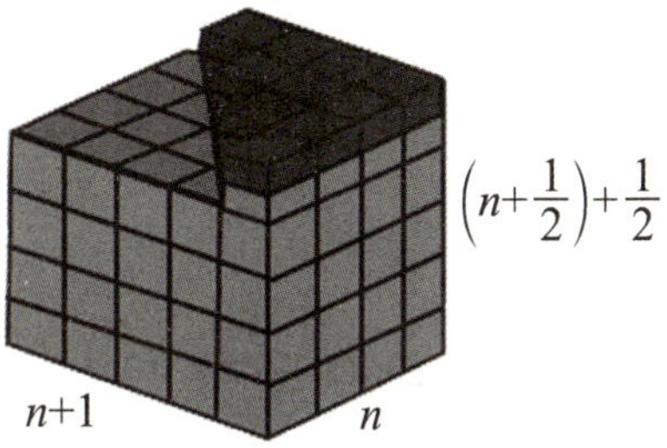

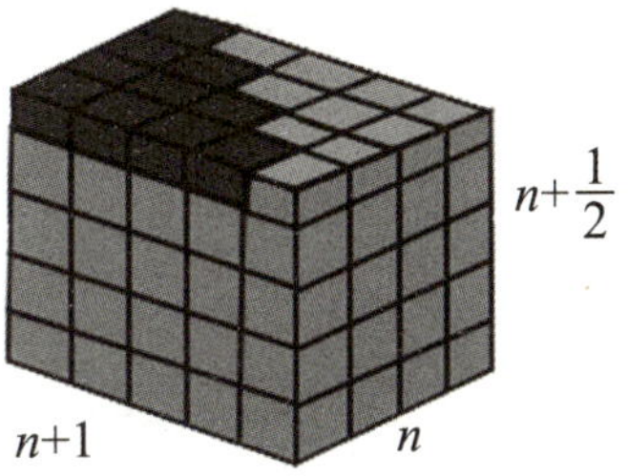

如图 5，1^2 表示 1 个 1，写在第 1 行；2^2 表示 2 个 2 相加，写在第 2 行；3^2 表示 3 个 3 相加，写在第 3 行……n^2 表示 n 个 n 相加，写在第 n 行，最终把所有数排成三角形的形式。现在一脚把三角形踢翻，旋转 120°，得到图 6，再次一脚踢翻三角形，再次旋转 120°，得到图 7。现在把三个三角形相同位置上的数相加，得到图 8，每个位置上的数都是 $(2n+1)$。

一方面，三个图形中数之和是第一个图形中所有数之和的 3 倍，另一方面，总和为 $(1+2+3+\cdots+n)$ 个 $(2n+1)$。

$$3(1^2+2^2+3^2+\cdots+n^2)=(1+2+3+\cdots+n)(2n+1)=\frac{n(n+1)}{2}(2n+1),$$

$$1^2+2^2+3^2+\cdots+n^2=\frac{n(n+1)(2n+1)}{6}。$$

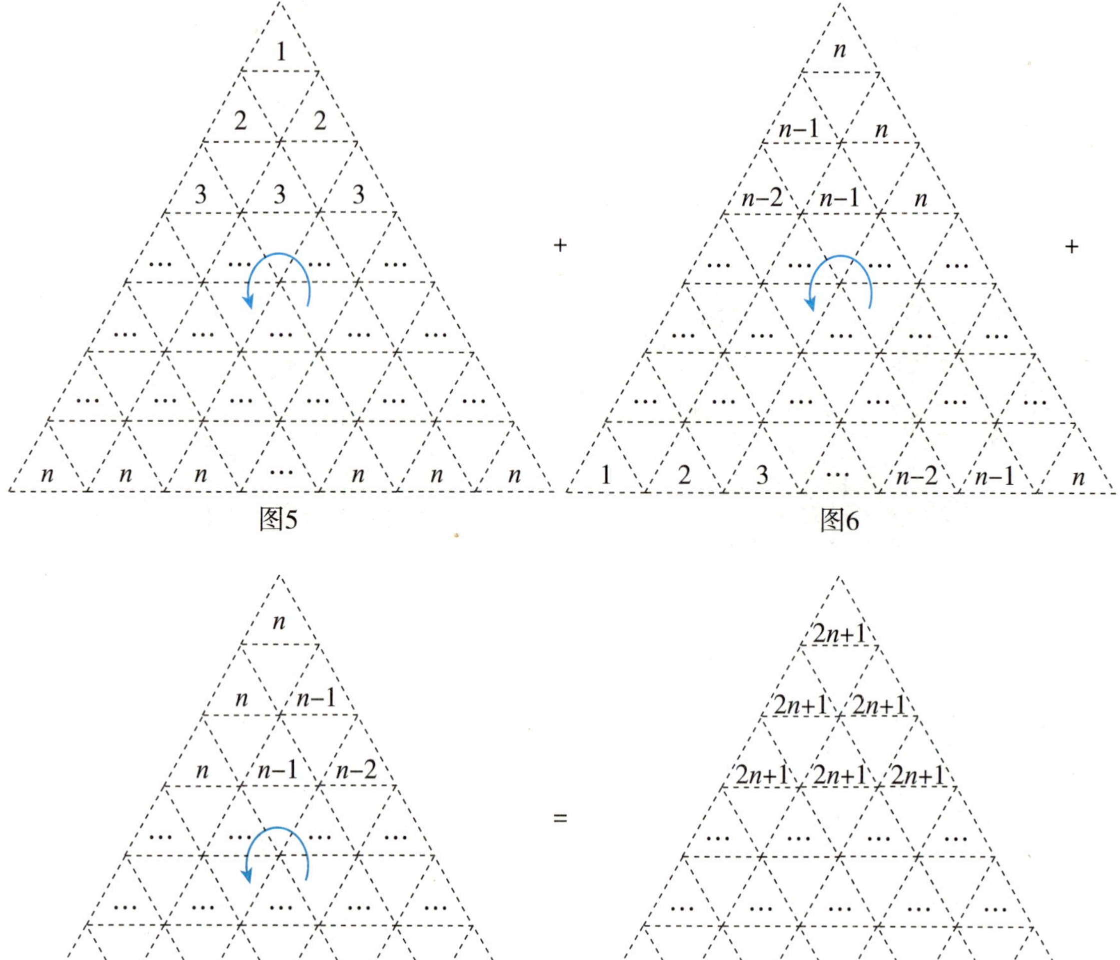

图5　图6

图7　图8

推导四：累加法。

对连续自然数求立方差$(n+1)^3-n^3=3n^2+3n+1$，对n取$1\sim n$进行累加。

$2^3-1^3=3\times1^2+3\times1+1$，

$3^3-2^3=3\times2^2+3\times2+1$，

$4^3-3^3=3\times3^2+3\times3+1$，

…

$(n+1)^3-n^3=3n^2+3n+1$。

等式左右分别累加，左边就是咔咔算式，右边出现连续自然数平方和的算式和已知公式的连续自然数之和的算式。

$(n+1)^3-1^3=3(1^2+2^2+3^2+\cdots+n^2)+3(1+2+3+\cdots+n)+n$，

$3(1^2+2^2+3^2+\cdots+n^2)=(n+1)^3-1-3(1+2+3+\cdots+n)-n$，

$$3(1^2+2^2+3^2+\cdots+n^2)=(n+1)^3-3\times\frac{n(n+1)}{2}-(n+1),$$

$$3(1^2+2^2+3^2+\cdots+n^2)=\frac{n+1}{2}\times[2(n+1)^2-3n-2],$$

$$1^2+2^2+3^2+\cdots+n^2=\frac{n(n+1)(2n+1)}{6}。$$

推导五：数学归纳法。

（如果读者是学生，可以略过这种证明。）

当 $n=1$ 时，$1^2=\frac{1\times2\times(2\times1+1)}{6}$；

当 $n=2$ 时，$1^2+2^2=\frac{2\times3\times(2\times2+1)}{6}$。

假设 $1^2+2^2+3^2+\cdots+(n-1)^2=\frac{(n-1)n[2(n-1)+1]}{6}$成立，则

$$1^2+2^2+3^2+\cdots+(n-1)^2+n^2=\frac{(n-1)n[2(n-1)+1]}{6}+n^2=$$
$$\frac{n}{6}\times(2n^2+3n+1)=\frac{n(n+1)(2n+1)}{6}。$$

所以，原结论成立。

例题精讲

例题 1 计算：$1^2+2^2+3^2+4^2+\cdots+100^2=$________。

【解答】 直接套用公式，原式$=\frac{100\times101\times201}{6}=338350$。

例题 2 计算：$1\times3+2\times4+3\times5+4\times6+\cdots+98\times100=$________。

【解答】 原式$=(2^2-1)+(3^2-1)+(4^2-1)+\cdots+(99^2-1)$

$=(1^2+2^2+3^2+\cdots+99^2)-99$

$=\frac{99\times100\times199}{6}-99$

$=328251$。

针对性练习

练习❶ 计算：(1)$1^2+2^2+3^2+4^2+\cdots+20^2=$________；

(2)$1^2+2^2+3^2+4^2+\cdots+30^2=$________。

练习❷ 计算：$11^2+12^2+13^2+14^2+\cdots+20^2=$________。

练习❸ 计算：$1\times5+2\times6+3\times7+\cdots+46\times50$________。

练习参考答案

练习题号	练习 1	练习 2	练习 3
参考答案	(1)2870，(2)9455	2485	37835
解答提示	套用公式	构造公式条件	$n(n+4)=(n+2)^2-4$

JS-49 连续偶数平方和

神器内容	$2^2+4^2+6^2+8^2+\cdots+n^2=\frac{n(n+1)(n+2)}{6}$。
要点说明	连续偶数平方和，公式转化说一说。 每个平方提取 4，仔细观察是何式？ 自然平方就能套，正确答案跑不掉。 此式结果规律强，最大底数先写上。 连续三数来相乘，分母是 6 要记清。

神器溯源

连续偶数平方和：$2^2+4^2+6^2+8^2+\cdots+n^2=\frac{n(n+1)(n+2)}{6}$。

推导：$2^2+4^2+6^2+8^2+\cdots+n^2$

$=4\left[1^2+2^2+3^2+4^2+\cdots+\left(\frac{n}{2}\right)^2\right]$

$=4\times\frac{\frac{n}{2}\left(\frac{n}{2}+1\right)(n+1)}{6}$

$=\frac{n(n+1)(n+2)}{6}$。

注：为了使得公式结果简化，最后一项没有写成通项“$(2n)^2$”的形式。

例题精讲

例题 1 计算：$2^2+4^2+6^2+8^2+\cdots+100^2=$________。

【解答】 直接套用公式，原式$=\frac{100\times101\times102}{6}=171700$。

例题 2 计算：$1\times3+3\times5+5\times7+\cdots+97\times99=$________。

【解答】 原式 $=(2^2-1)+(4^2-1)+(6^2-1)+\cdots+(98^2-1)$

$=(2^2+4^2+6^2+\cdots+98^2)-49$

$=\dfrac{98\times99\times100}{6}-49$

$=161651$。

针对性练习

练习❶ 计算：(1) $2^2+4^2+6^2+8^2+\cdots+40^2=$________；

(2) $2^2+4^2+6^2+8^2+\cdots+80^2=$________。

练习❷ 计算：$50^2+52^2+54^2+56^2+\cdots+100^2=$________。

练习❸ 计算：$1\times7+3\times9+5\times11+\cdots+77\times83=$________。

练习参考答案

练习题号	练习 1	练习 2	练习 3
参考答案	(1)11480，(2)88560	152100	88205
解答提示	套用公式	构造公式结构	$(2n-1)(2n+5)=(2n+2)^2-9$

JS-50　连续奇数平方和

神器内容	$1^2+3^2+5^2+7^2+\cdots+n^2=\frac{n(n+1)(n+2)}{6}$。
要点说明	连续奇数平方和，公式转化咱要说。 连续自然平方和，去掉偶数是奇数。 两个公式来相减，正确计算得答案。 此式结果规律强，最大底数先写上。 连续三数来相乘，分母是6要记清。 这个结果没有变，帮助记忆真好算。

神器溯源

连续奇数平方和公式：$1^2+3^2+5^2+7^2+\cdots+n^2=\frac{n(n+1)(n+2)}{6}$。

推导：$1^2+3^2+5^2+7^2+\cdots+n^2$

$=(1^2+2^2+3^2+4^2+\cdots+n^2)-[2^2+4^2+6^2+8^2+\cdots+(n-1)^2]$

$=\frac{n(n+1)(2n+1)}{6}-\frac{(n-1)n(n+1)}{6}$

$=\frac{n(n+1)(n+2)}{6}$。

例题精讲

例题1 计算：$1^2+3^2+5^2+7^2+\cdots+99^2=$________。

【解答】 直接套用公式，原式$=\frac{99\times100\times101}{6}=166650$。

例题2 计算：$1\times5+3\times7+5\times9+7\times11+\cdots+95\times99=$________。

【解答】 原式$=(3^2-4)+(5^2-4)+(7^2-4)+\cdots+(97^2-4)$

$=(1^2+3^2+5^2+\cdots+97^2)-1-48\times4$

$$=\frac{97\times98\times99}{6}-193$$

$=156656$。

针对性练习

练习1 计算：(1)$1^2+3^2+5^2+7^2+\cdots+29^2=$________；

(2)$1^2+3^2+5^2+7^2+\cdots+59^2=$________。

练习2 计算：$21^2+23^2+25^2+27^2+\cdots+47^2=$________。

练习3 计算：$1\times5+3\times7+5\times9+\cdots+45\times49=$________。

练习4 计算：$1+(1+3+5)+(1+3+5+7+9)+\cdots+(1+3+5+\cdots+65)$ $=$________。

练习5 计算：$1\times3+5\times7+9\times11+\cdots+49\times51=$________。

练习参考答案

练习题号	练习 1	练习 2	练习 3
参考答案	(1)4495，(2)35990	17094	18331
解答提示	套用公式	添加奇数平方项，从 1^2 开始	先使用平方差
练习题号	练习 4	练习 5	
参考答案	6545	11687	
解答提示	每个括号内都是奇平方数	先化成 $2^2-1,6^2-1,\cdots$，再把平方数提取公因数 2^2	

JS-51　自然数列颠倒乘

神器内容	$1\times n+2\times(n-1)+3\times(n-2)+\cdots+n\times1=\dfrac{n(n+1)(n+2)}{6}$。
要点说明	自然数列颠倒乘，乘数之和都相同。 此式结果规律强，最大底数先写上。 连续三数来相乘，分母是 6 要记清。 这个结果没有变，帮助记忆真好算。

神器溯源

自然数列颠倒乘：$1\times n+2\times(n-1)+3\times(n-2)+\cdots+n\times1=\dfrac{n(n+1)(n+2)}{6}$。

推导一：等和展开。

$$
\begin{aligned}
&1\times n+2\times(n-1)+3\times(n-2)+\cdots+n\times1\\
=&1\times[(n+1)-1]+2\times[(n+1)-2]+3\times[(n+1)-3]+\cdots+n\times[(n+1)-n]\\
=&(1+2+3+\cdots+n)(n+1)-(1^2+2^2+3^2+\cdots+n^2)\\
=&\frac{n(n+1)}{2}(n+1)-\frac{n(n+1)(2n+1)}{6}\\
=&\frac{n(n+1)}{6}[3(n+1)-(2n+1)]\\
=&\frac{n(n+1)(n+2)}{6}。
\end{aligned}
$$

推导二：累加法。

1	$=1\times2\div2$
$1+2$	$=2\times3\div2$
$1+2+3$	$=3\times4\div2$
$1+2+3+4$	$=4\times5\div2$
$\cdots$	$\cdots$
$1+2+3+4+\cdots+n$	$=n\times(n+1)\div2$

$$原式=\frac{1\times2}{2}+\frac{2\times3}{2}+\frac{3\times4}{2}+\frac{4\times5}{2}+\cdots+\frac{n\times(n+1)}{2}$$

$$=\frac{1}{2}[1\times2+2\times3+3\times4+4\times5+\cdots+n\times(n+1)]$$

$$=\frac{1}{2}\times\frac{n(n+1)(n+2)}{3}$$

$$=\frac{n(n+1)(n+2)}{6}。$$

推导三:组合法。

引入特例:从 6 个人中选出 3 人,共有多少种选法?

选法 1:把 6 人排成一排,选 3 人按中间人分类,中间人的左边和右边各选 1 人,得到选法为 $1\times4+2\times3+3\times2+4\times1$。

选法 2:根据组合,从 6 人中选 3 人,共有 C_6^3 种选法,所以

$$1\times4+2\times3+3\times2+4\times1=C_6^3=\frac{6\times5\times4}{6}。$$

在一般情况下,从$(n+2)$个人中选出 3 人,共有多少种选法?

$$1\times n+2\times(n-1)+3\times(n-2)+\cdots+n\times1=C_{n+2}^3=\frac{(n+2)(n+1)n}{6}。$$

推导四:踢三角法。

算式的结果等于图 1 中三角形中的所有数之和,连续踢倒 2 次分别得到图 2 和图 3,相同位置上的数之和都是$(n+2)$,如图 4 所示,则有

$$1\times n+2\times(n-1)+3\times(n-2)+\cdots+n\times1=\frac{1}{3}(1+2+3+\cdots+n)(n+2)=\frac{1}{3}\times\frac{n(n+1)}{2}\times(n+2)=\frac{n(n+1)(n+2)}{6}。$$

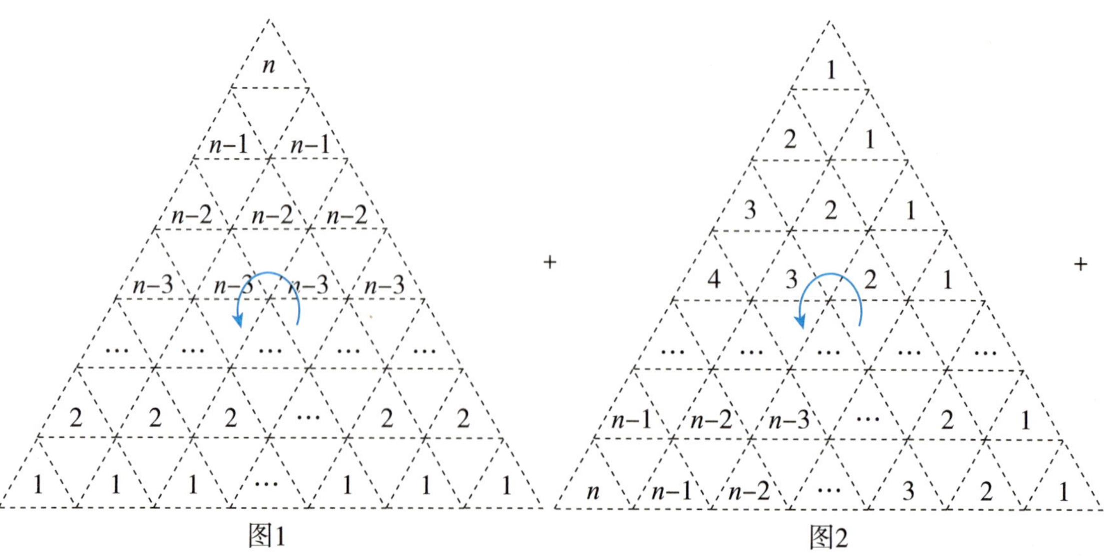

图1　　　　图2

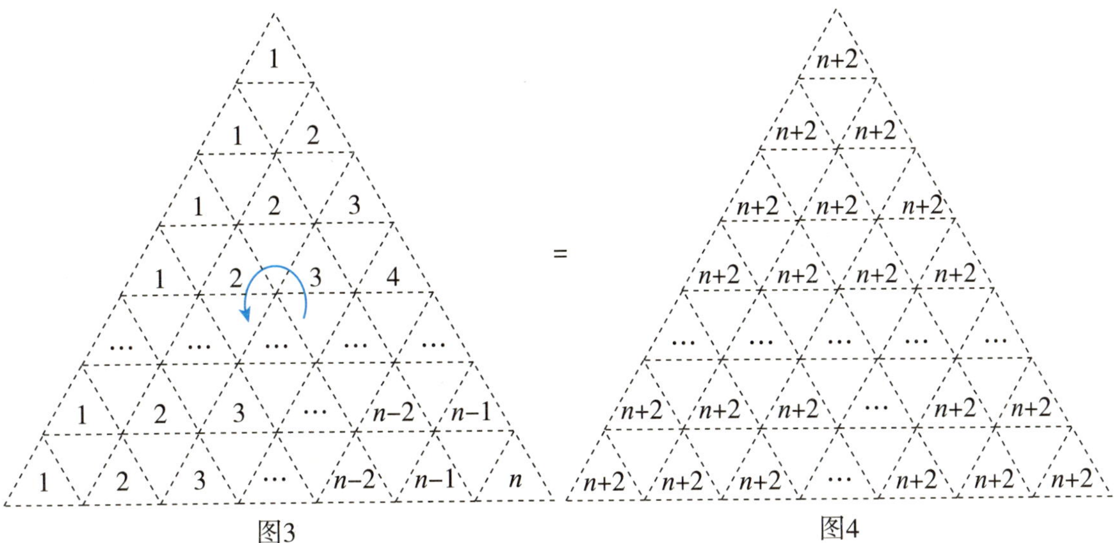

图3　　图4

例题精讲

例题 1 计算：$1\times99+2\times98+3\times97+\cdots+99\times1=$________。

【解答】 直接套用公式，原式$=\dfrac{99\times100\times101}{6}=166650$。

例题 2 计算：$1\times59+2\times58+3\times57+4\times56+\cdots+30\times30=$________。

【解法一】 原式$=1\times(60-1)+2\times(60-2)+3\times(60-3)+\cdots+30\times(60-30)$

$=(1+2+3+\cdots+30)\times60-(1^2+2^2+3^2+\cdots+30^2)$

$=\dfrac{30\times31}{2}\times60-\dfrac{30\times31\times61}{6}$

$=18445$。

【解法二】 原式$=\dfrac{1}{2}(1\times59+2\times58+3\times57+\cdots+59\times1+30\times30)$

$=\dfrac{1}{2}\times\dfrac{59\times60\times61}{6}+450$

$=18445$。

针对性练习

练习❶ 计算：$1\times39+2\times38+3\times37+\cdots+39\times1=$________。

练习❷ 计算：$1\times50+2\times49+3\times48+\cdots+50\times1=$________。

练习❸ 计算：$1\times45+2\times44+3\times43+\cdots+23\times23=$________。

练习❹ 计算：$1\times46+2\times45+3\times44+\cdots+23\times24=$________。

练习❺ 计算：$1\times81+2\times78+3\times75+\cdots+27\times3=$________。

练习参考答案

练习题号	练习 1	练习 2	练习 3	练习 4	练习 5
参考答案	10660	22100	8372	8648	10962
解答提示	基本练习	基本练习	考虑 23×23 的次数	公式的结构的一半	后一个乘数都提取 3

JS-52　二元自然等差数列求和

神器内容	已知公差为 d 的等差数列：$a_1,a_2,a_3,\cdots,a_n$，则 $1\times a_1+2\times a_2+3\times a_3+\cdots+n\times a_n=\frac{n(n+1)}{2}\times\frac{a_1+2a_n}{3}$。
要点说明	自然数列 1，2，3，…，这是公式一条件。 另一数列也等差，公差是几不管它。 对应两项来相乘，求和公式记得清。 自然求和谁都会，另一乘数要写对。 一个首项两末项，三者平均快写上。 这个公式用途多，好多公式都包括。

神器溯源

“二元”，就是两个数相乘，“自然”代表自然数列 1，2，3，…，“等差”代表另一个数列是任意一个等差数列 $a_1,a_2,a_3,\cdots,a_n$，两者对应项相乘、求和就构成二阶等差数列求和。推导其公式一般有通项法和踢三角法。这个公式的结果也非常好记忆，先看下面的二元自然等差数列的构成：

$$\begin{array}{lcccccccl} \text{数列(1)：} & 1 & 2 & 3 & 4 & \cdots & n & \Rightarrow & 1+2+3+\cdots+n=\frac{n(n+1)}{2}; \\ & \times & \times & \times & \times & \times & \times & & \\ \text{数列(2)：} & a_1 & a_2 & a_3 & a_4 & \cdots & a_n & \Rightarrow & \frac{a_1+a_n+a_n}{3}. \end{array}$$

推导一：通项法。

等差数列的通项为 $a_n=a_1+(n-1)d$，则

$$\begin{aligned} &1\times a_1+2\times a_2+3\times a_3+\cdots+n\times a_n \\ &=1\times a_1+2\times(a_1+d)+3\times(a_1+2d)+\cdots+n\times[a_1+(n-1)d] \\ &=(1+2+3+\cdots+n)\times a_1+[1\times2+2\times3+3\times4+\cdots+(n-1)n]\times d \\ &=\frac{n(n+1)}{2}\times a_1+\frac{(n-1)n(n+1)}{3}\times d \end{aligned}$$

$$=\frac{n(n+1)}{6}\times[3a_1+2(n-1)\times d]$$

$$=\frac{n(n+1)}{6}\times\{a_1+2[a_1+(n-1)\times d]\}$$

$$=\frac{n(n+1)}{6}\times(a_1+2a_n)$$

$$=\frac{n(n+1)}{2}\times\frac{a_1+2a_n}{3}。$$

推导二：踢三角法。

如图 1，一脚把三角形按逆时针方向旋转 120°，得到图 2，再次一脚踢翻三角形，旋转 120°，得到图 3，三个图形中相同位置上的三个数之和都是(a_1+2a_n)，如图 4。

一方面，每个图形的所有数之和为 $1\times a_1+2\times a_2+3\times a_3+\cdots+n\times a_n$，另一方面，三个图形中相同位置数之和都是$(a_1+2a_n)$，所以，

$$3(1\times a_1+2\times a_2+3\times a_3+\cdots+n\times a_n)=\frac{n(n+1)}{2}(a_1+2a_n),$$

$$1\times a_1+2\times a_2+3\times a_3+\cdots+n\times a_n=\frac{n(n+1)}{2}\times\frac{a_1+2a_n}{3}。$$

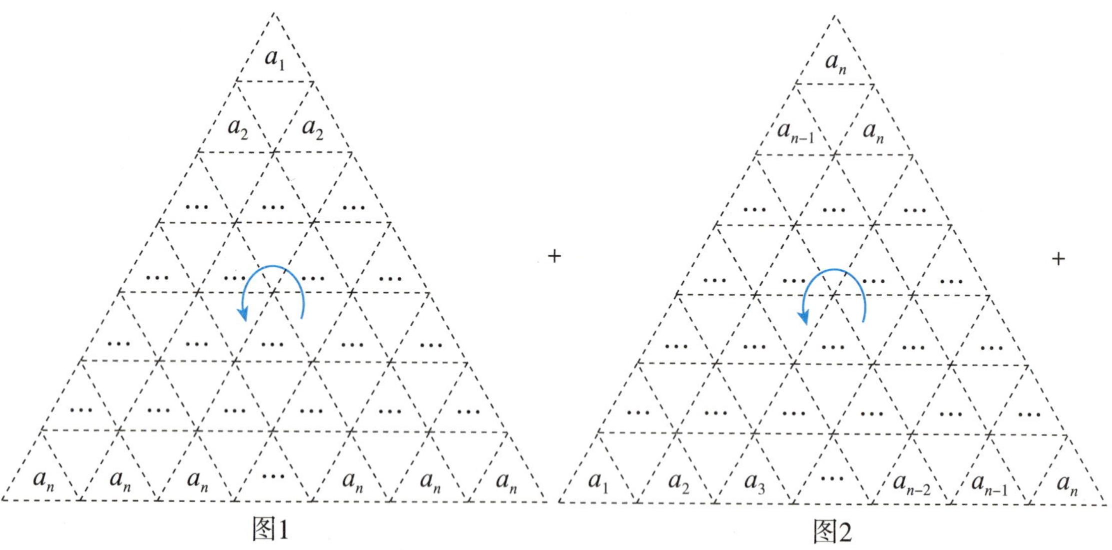

图1　　图2

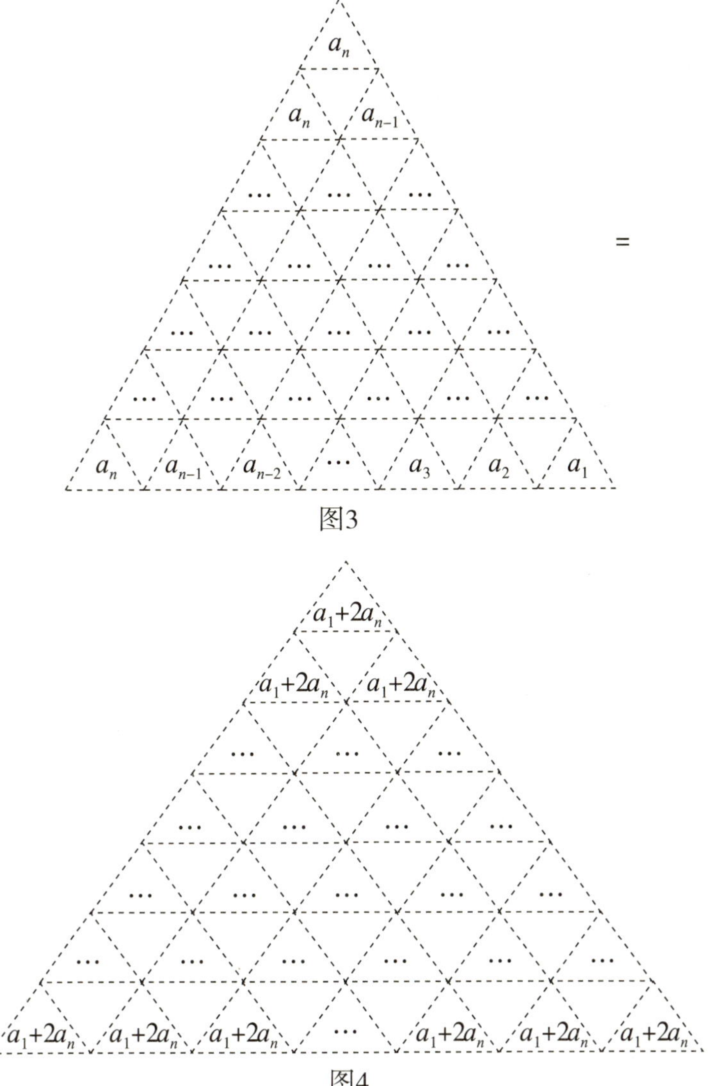

图3

图4

例题精讲

例题 1 计算：$1\times4+2\times9+3\times14+4\times19+\cdots+50\times249=$________。

【解答】 原式$=\dfrac{50\times51}{2}\times\dfrac{4+2\times249}{3}=213350$。

例题 2 计算：$1\times3+4\times7+7\times11+10\times15+\cdots+100\times135=$________。

【解答】 原式$=3\times7+6\times11+9\times15+\cdots+99\times135+3+7+11+15+\cdots+135$

$=3\times(1\times7+2\times11+3\times15+\cdots+33\times135)+(3+7+11+\cdots+135)$

$$=3\times\frac{33\times34}{2}\times\frac{7+2\times135}{3}+\frac{(3+135)\times34}{2}$$

$$=17\times33\times277+17\times138$$

$$=157743。$$

针对性练习

练习❶ 计算：$1\times1+2\times4+3\times7+\cdots+30\times88=$________。

练习❷ $1\times5+2\times8+3\times11+\cdots+33\times101=$________。

练习❸ 套用二元自然等差数列求和公式，验证下列公式的结果。

(1)计算：$1^2+2^2+3^2+4^2+\cdots+99^2=$________，

(2)计算：$1\times99+2\times98+3\times97+\cdots+99\times1=$________。

练习❹ 计算：$1\times65+3\times62+5\times59+\cdots+39\times8=$________。

练习参考答案

练习题号	练习 1	练习 2	练习 3	练习 4
参考答案	27435	38709	(1)328350,(2)166650	10610
解答提示	基本练习	基本练习	公式相互验证	构造自然数列

JS-53　二阶等差累加法

神器内容	根据二阶等差数列的通项进行累加求和。
要点说明	二阶等差要累加，然后竖加变差差。 或者横加变咔咔，遇到此题笑哈哈。 出到我的兜里啦，老师给出好方法。 注：差差数列就是二阶等差数列，根据增减调整，使其易于计算。

神器溯源

根据乘法是加法的简便运算，把二阶等差数列求和拆成三角阵进行累加求和。具体拆成三角阵的方法，多是从乘法的意义或者相邻两项的差入手。

例题精讲

例题 1 计算：$1\times100+2\times99+3\times98+4\times97+\cdots+100\times1=$________。

【解答】

$$\begin{aligned}
&1 &&=1\times2\div2,\\
&1+2 &&=2\times3\div2,\\
&1+2+3 &&=3\times4\div2,\\
&1+2+3+4 &&=4\times5\div2,\\
&\cdots &&\cdots\\
+\ &1+2+3+4+5+\cdots+100 &&=100\times101\div2。
\end{aligned}$$

原式$=(1\times2+2\times3+3\times4+\cdots+100\times101)\div2$

$=\dfrac{100\times101\times102}{3}\div2$

$=171700$。

例题 2 计算：$1+3+7+13+21+31+\cdots+931=$________。

【解答】$1+3+7+13+21+31+\cdots+931$

（相邻两项的差：2，4，6，8，10；差的差：2，2，2，2）

$$
\begin{array}{lll}
 & 1 & \\
 & 1+2 & =1\times2+1, \\
 & 1+2+4 & =2\times3+1, \\
 & 1+2+4+6 & =3\times4+1, \\
 & 1+2+4+6+8 & =4\times5+1, \\
 & 1+2+4+6+8+10 & =5\times6+1, \\
 & \cdots & \cdots \\
+ & 1+2+4+6+8+10+\cdots+60 & =30\times31+1。 \\
\hline
\end{array}
$$

1)竖加:原式$=31+2\times30+4\times29+6\times28+\cdots+60\times1$

$=31+2\times(1\times30+2\times29+3\times28+\cdots+30\times1)$

$=31+2\times\dfrac{30\times31\times32}{6}$

$=9951$。

2)横加:原式$=(1\times2+2\times3+3\times4+\cdots+30\times31)+31=\dfrac{30\times31\times32}{3}+31=9951$。

针对性练习

练习❶ 计算:$1\times30+2\times29+3\times28+\cdots+30\times1=$________。

练习❷ 计算:$1\times50+2\times49+3\times48+\cdots+30\times21=$________。

练习❸ 计算:$1+2+4+7+11+\cdots+821=$________。

练习❹ 计算:$2+3+6+11+18+27+\cdots+902=$________。

练习参考答案

练习题号	练习 1	练习 2	练习 3	练习 4
参考答案	4960	14260	11521	9517
解答提示	基本练习	基本练习	二阶等差累加	二阶等差累加

JS-54 二阶等差求和通项法

神器内容	已知两个等差数列： (1)公差为 a 的等差数列为 $a_1,a_2,a_3,\cdots,a_n(a_n=an+b)$。 (2)公差为 c 的等差数列为 $b_1,b_2,b_3,\cdots,b_n(b_n=cn+d)$。 这两个等差数列的对应项相乘，得到一个二阶等差数列，或者叫作差差数列，其通项为 $a_n\times b_n$，展开后就可以进行累加。 $a_1b_1+a_2b_2+a_3b_3+\cdots+a_nb_n=ac\times\frac{n(n+1)(2n+1)}{6}+(ad+bc)\times\frac{n(n+1)}{2}+bdn$。
要点说明	二阶等差来求和，差差数列说一说。 两者通项来相乘，展开多项要记清。 然后使用累加法，所有二阶都怕它。 不管疑难或杂症，这个方法全搞定。

神器溯源

二阶等差求和通项法，首先找到各个等差数列的通项公式，然后把通项公式相乘，再展开并形成多项式的形式，就可以进行累加求和啦。求和通项法可以解决任意二阶等差数列求和问题，但它并不是一些特殊二阶等差数列求和的最简方法。

数列 $a_1b_1+a_2b_2+a_3b_3+\cdots+a_nb_n$。

一般情况下，$a_n\times b_n=(an+b)(cn+d)=acn^2+(ad+bc)n+bd$，

$$a_1b_1=ac\times1^2+(ad+bc)\times1+bd,$$
$$a_2b_2=ac\times2^2+(ad+bc)\times2+bd,$$
$$a_3b_3=ac\times3^2+(ad+bc)\times3+bd,$$
$$\cdots$$
$$+\quad a_nb_n=ac\times n^2+(ad+bc)\times n+bd。$$

$$原式=ac(1^2+2^2+\cdots+n^2)+(ad+bc)(1+2+\cdots+n)+bdn$$
$$=ac\times\frac{n(n+1)(2n+1)}{6}+(ad+bc)\times\frac{n(n+1)}{2}+bdn。$$

例题精讲

例题 1 计算：$1\times4+2\times9+3\times14+4\times19+\cdots+50\times249=$ ________。

【解答】 等差数列一：$1,2,3,4,\cdots,a_n=n$；

等差数列二：$4,9,14,19,\cdots,a_n=5n-1$。

一般情况下，$n\times(5n-1)=5n^2-n$，

$$
\begin{aligned}
1\times4&=5\times1^2-1,\\
2\times9&=5\times2^2-2,\\
3\times14&=5\times3^2-3,\\
&\cdots\\
+\quad 50\times249&=5\times50^2-50。
\end{aligned}
$$

$$
\begin{aligned}
\text{原式}&=5(1^2+2^2+3^2+\cdots+50^2)-(1+2+3+\cdots+50)\\
&=5\times\frac{50\times51\times101}{6}-\frac{50\times51}{2}\\
&=213350。
\end{aligned}
$$

例题 2 计算：$1\times5+4\times11+7\times17+10\times23+\cdots+70\times143=$ ________。

【解答】 等差数列一：$1,4,7,10,\cdots,a_n=3n-2$；

等差数列二：$5,11,17,23,\cdots,a_n=6n-1$。

一般情况下，$(3n-2)\times(6n-1)=18n^2-15n+2$，

$$
\begin{aligned}
1\times5&=18\times1^2-15\times1+2,\\
4\times11&=18\times2^2-15\times2+2,\\
7\times17&=18\times3^2-15\times3+2,\\
&\cdots\\
+\quad 70\times143&=18\times24^2-15\times24+2。
\end{aligned}
$$

$$
\begin{aligned}
\text{原式}&=18(1^2+2^2+3^2+\cdots+24^2)-15(1+2+3+\cdots+24)+2\times24\\
&=18\times\frac{24\times25\times49}{6}-15\times\frac{24\times25}{2}+2\times24\\
&=83748。
\end{aligned}
$$

针对性练习

练习❶ 计算：$1\times7+3\times10+5\times13+\cdots+41\times67=$________。

练习❷ 计算：$5\times82+8\times79+11\times76+\cdots+80\times7=$________。

练习❸ 计算：$1^2+4^2+7^2+10^2+\cdots+70^2=$________。

练习参考答案

练习题号	练习 1	练习 2	练习 3
参考答案	20937	36010	40596
解答提示	$(2n-1)(3n+4)=$ $6n^2+5n-4$	$(3n+2)(85-3n)=$ $-9n^2+249n+170$	$(3n-2)^2=$ $9n^2-12n+4$

JS-55　三元左邻右舍裂差法

<table>
<tr><td>神器内容</td><td>(1)$a(a+d)(a+2d)=\dfrac{a(a+d)(a+2d)(a+3d)-(a-d)a(a+d)(a+2d)}{4d}$。
(2)$1\times2\times3+2\times3\times4+3\times4\times5+\cdots+n(n+1)(n+2)=\dfrac{n(n+1)(n+2)(n+3)}{4}$。</td></tr>
<tr><td>要点说明</td><td>连加算式必裂差，裂差目标变咔咔。
左邻右舍真不难，中间全都抵消完。
首尾两数把位占，再乘前伸和后延。
要知分母它是几，邻居之差记清晰。
注：中间抵消，仅剩下首、尾有限项的算式为咔咔算式。</td></tr>
</table>

神器溯源

推导：三元左邻右舍裂差法。

$$a(a+d)(a+2d)=\frac{a(a+d)(a+2d)(a+3d)-(a-d)a(a+d)(a+2d)}{4d}。$$

$$\begin{aligned}&1\times2\times3+2\times3\times4+3\times4\times5+\cdots+n(n+1)(n+2)\\&=\frac{1\times2\times3\times4-0\times1\times2\times3}{4-0}+\frac{2\times3\times4\times5-1\times2\times3\times4}{5-1}+\\&\frac{3\times4\times5\times6-2\times3\times4\times5}{6-2}+\cdots+\\&\frac{n(n+1)(n+2)(n+3)-(n-1)n(n+1)(n+2)}{(n+3)-(n-1)}\\&=\frac{1}{4}[\underline{1\times2\times3\times4}-\boxed{0\times1\times2\times3}+\underline{\underline{2\times3\times4\times5}}-\underline{1\times2\times3\times4}\\&+3\times4\times5\times6-\underline{\underline{2\times3\times4\times5}}+\cdots+\boxed{n(n+1)(n+2)(n+3)}\\&-(n-1)n(n+1)(n+2)]\\&=\frac{1}{4}[n(n+1)(n+2)(n+3)-0\times1\times2\times3]\end{aligned}$$

$$=\frac{n(n+1)(n+2)(n+3)}{4}。$$

例题精讲

例题 1 计算：$1\times2\times3+2\times3\times4+3\times4\times5+\cdots+30\times31\times32=$ ________。

【解答】 直接使用公式，原式 $=\frac{30\times31\times32\times33}{4}=245520$。

例题 2 计算：$1\times4\times7+4\times7\times10+7\times10\times13+10\times13\times16+\cdots+40\times43\times46=$ ________。

【解答】 原式 $=\frac{1\times4\times7\times10-(-2)\times1\times4\times7}{10-(-2)}+\frac{4\times7\times10\times13-1\times4\times7\times10}{13-1}+\frac{7\times10\times13\times16-4\times7\times10\times13}{16-4}+\cdots+\frac{40\times43\times46\times49-37\times40\times43\times46}{49-37}$

$=\frac{40\times43\times46\times49-(-2)\times1\times4\times7}{12}$

$=323078$。

针对性练习

练习❶ 计算：$1\times2\times3+2\times3\times4+3\times4\times5+\cdots+20\times21\times22=$ ________。

练习❷ 计算：$21\times22\times23+22\times23\times24+23\times24\times25+\cdots+30\times31\times32=$ ________。

练习❸ 计算：$1\times3\times5+3\times5\times7+5\times7\times9+7\times9\times11+\cdots+19\times21\times23=$ ________。

练习参考答案

练习题号	练习 1	练习 2	练习 3
参考答案	53130	192390	28680
解答提示	基本练习	前伸 20，后延 33，除数为 4	前伸 −1，后延 25，除数为 8

JS-56　连续自然数立方和

神器内容	$1^3+2^3+3^3+4^3+\cdots+n^3=(1+2+3+4+\cdots+n)^2=\frac{n^2(n+1)^2}{4}$。
要点说明	连续自然立方和，裂差推导也不错。 或者图解看得清，记忆公式很轻松。 底数之和再平方，得到结果喜洋洋。

神器溯源

连续自然数立方和：$1^3+2^3+3^3+4^3+\cdots+n^3=(1+2+3+4+\cdots+n)^2=\frac{n^2(n+1)^2}{4}$。

推导一：转化为咔咔算式。

$$\begin{aligned}\text{原式}=&0\times1\times2+1\times2\times3+2\times3\times4+3\times4\times5+\cdots+(n-1)n(n+1)\\&+1\qquad\quad+2\qquad\quad+3\qquad\quad+4\qquad+\cdots\qquad+n\end{aligned}$$

$$=\frac{(n-1)n(n+1)(n+2)}{4}+\frac{n(n+1)}{2}$$

$$=\frac{n(n+1)}{2}\times\left[\frac{(n-1)(n+2)}{2}+1\right]$$

$$=\left[\frac{n(n+1)}{2}\right]^2$$

$$=\frac{n^2(n+1)^2}{4}。$$

推导二：图解归纳法。（见下图）

1^3

2^3

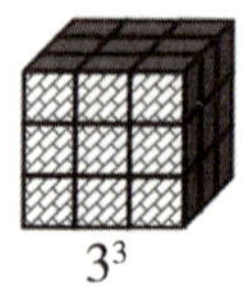
3^3

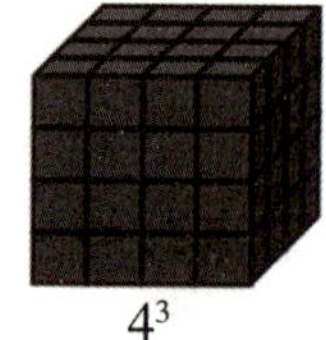
4^3

…

1^2

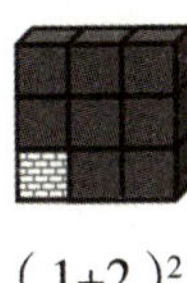
$(1+2)^2$

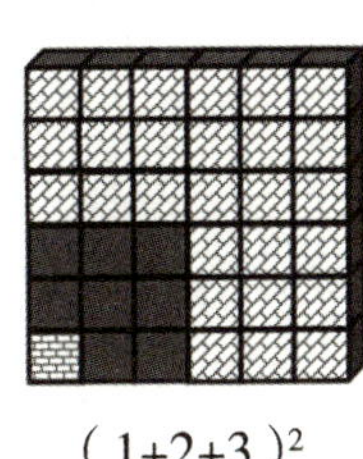
$(1+2+3)^2$

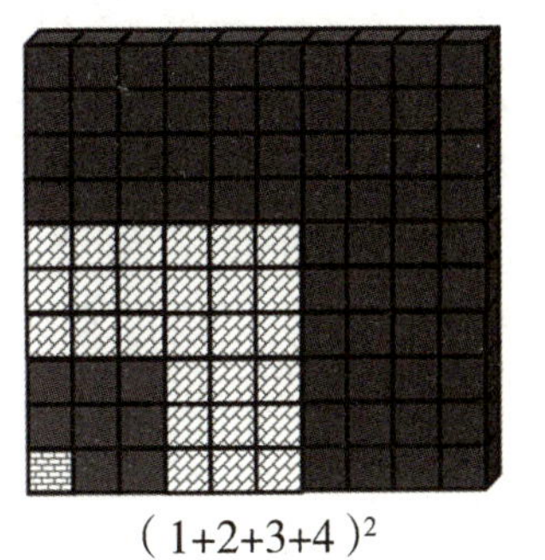
$(1+2+3+4)^2$

…

$1^3=1^2$，

$1^3+2^3=(1+2)^2$，

$1^3+2^3+3^3=(1+2+3)^2$，

$1^3+2^3+3^3+4^3=(1+2+3+4)^2$，

…

$1^3+2^3+3^3+4^3+\cdots+n^3=(1+2+3+4+\cdots+n)^2=\dfrac{n^2(n+1)^2}{4}$。

例题精讲

例题 1 计算：$1^3+2^3+3^3+4^3+\cdots+20^3=$________。

【解答】 直接套用公式，原式$=\dfrac{20^2\times21^2}{4}=44100$。

例题 2 计算：$29\times1^2+28\times2^2+27\times3^2+26\times4^2+\cdots+10\times20^2=$________。

【解答】 原式$=(30-1)\times1^2+(30-2)\times2^2+(30-3)\times3^2+\cdots+(30-20)\times20^2$

$=30(1^2+2^2+3^2+\cdots+20^2)-(1^3+2^3+3^3+\cdots+20^3)$

$=30\times\dfrac{20\times21\times41}{6}-\dfrac{20^2\times21^2}{4}$

$=42000$。

针对性练习

练习❶ 计算：$1^3+2^3+3^3+4^3+\cdots+24^3=$________。

练习❷ 计算：$11^3+12^3+13^3+14^3+\cdots+30^3=$________。

练习❸ 计算：$19\times1^2+18\times2^2+17\times3^2+16\times4^2+\cdots+4\times16^2=$________。

练习参考答案

练习题号	练习 1	练习 2	练习 3
参考答案	90000	213200	11424
解答提示	基本练习	构造公式结构	$(20-n)\times n^2=20n^2-n^3$

JS-57　三元自然等差数列求和

神器内容	已知公差为 d 的等差数列：$a_1, a_2, a_3, \cdots, a_n$，则 $1\times2a_1+2\times3a_2+3\times4a_3+\cdots+n\times(n+1)a_n=$ $\dfrac{n(n+1)(n+2)}{3}\times\dfrac{a_1+3a_n}{4}$。
要点说明	两数之积是敏感，三元自然一条件。 另一数列也等差，公差是几不管它。 对应两项来相乘，求和公式记得清。 自然求和谁都会，另一乘数要写对。 一个首项三末项，四者平均快写上。

神器溯源

三元：就是三个数相乘。自然：代表自然数列相邻两项相乘 $1\times2, 2\times3, 3\times4, \cdots$，又称敏感数列。等差：代表另一数列是任意一个等差数列 $a_1, a_2, a_3, \cdots, a_n$。两者对应项相乘求和构成三元自然等差数列求和。这个公式的结果也非常好记忆，先看下面的三元自然等差数列的构成：

数列一：1×2　2×3　3×4　4×5　$\cdots$　$n(n-1)$ ⇨ $1\times2+2\times3+\cdots+n(n+1)=\dfrac{n(n+1)(n+2)}{3}$。

　　　　$\times$　$\times$　$\times$　$\times$　$\cdots$　$\times$

数列二：a_1　a_2　a_3　a_4　$\cdots$　a_n ⇨ $\dfrac{a_1+a_n+a_n+a_n}{4}$。

推导一：通项公式。

$$\begin{aligned}
\text{原式}&=1\times2\times(a_1+0\times d)+2\times3\times(a_1+1\times d)+3\times4\times(a_1+2\times d)+\cdots+\\
&\quad n(n+1)\times[a_1+(n-1)\times d]\\
&=1\times2\times a_1+2\times3\times a_1+3\times4\times a_1+\cdots+n(n+1)\times a_1+0\times1\times2\times d+\\
&\quad 1\times2\times3\times d+2\times3\times4\times d+\cdots+(n-1)n(n+1)\times d\\
&=[1\times2+2\times3+3\times4+\cdots+n(n+1)]\times a_1+[1\times2\times3+2\times3\times4+\cdots+\\
&\quad (n-1)n(n+1)]\times d
\end{aligned}$$

$$=\frac{n(n+1)(n+2)}{3}\times a_1+\frac{(n-1)n(n+1)(n+2)}{4}\times d$$

$$=\frac{n(n+1)(n+2)}{3}\times\frac{4a_1+3(n-1)d}{4}$$

$$=\frac{n(n+1)(n+2)}{3}\times\frac{a_1+3[a_1+(n-1)d]}{4}$$

$$=\frac{n(n+1)(n+2)}{3}\times\frac{a_1+3a_n}{4}。$$

推导二:玩转金字塔。

如图 1,把三棱锥翻转,让 a_1 到左后方,得到图 2;然后把 a_1 旋转到正前方,得到图 3;再把 a_1 旋转到右后方,得到图 4。这样在四个图中,每个相同位置上的四个数之和都等于 (a_1+3a_n)。

又知每个图形中所有数之和为 $\frac{1\times2}{2}\times a_1+\frac{2\times3}{2}\times a_2+\frac{3\times4}{2}\times a_3+\cdots+\frac{n(n+1)}{2}\times a_n$,则有

$$4\times\left[\frac{1\times2}{2}\times a_1+\frac{2\times3}{2}\times a_2+\frac{3\times4}{2}\times a_3+\cdots+\frac{n(n+1)}{2}\times a_n\right]=\frac{n(n+1)(n+2)}{6}\times(a_1+3a_n),$$

$$1\times2\times a_1+2\times3\times a_2+3\times4\times a_3+4\times5\times a_4+\cdots+n(n+1)\times a_n=\frac{n(n+1)(n+2)}{3}\times\frac{a_1+3a_n}{4}。$$

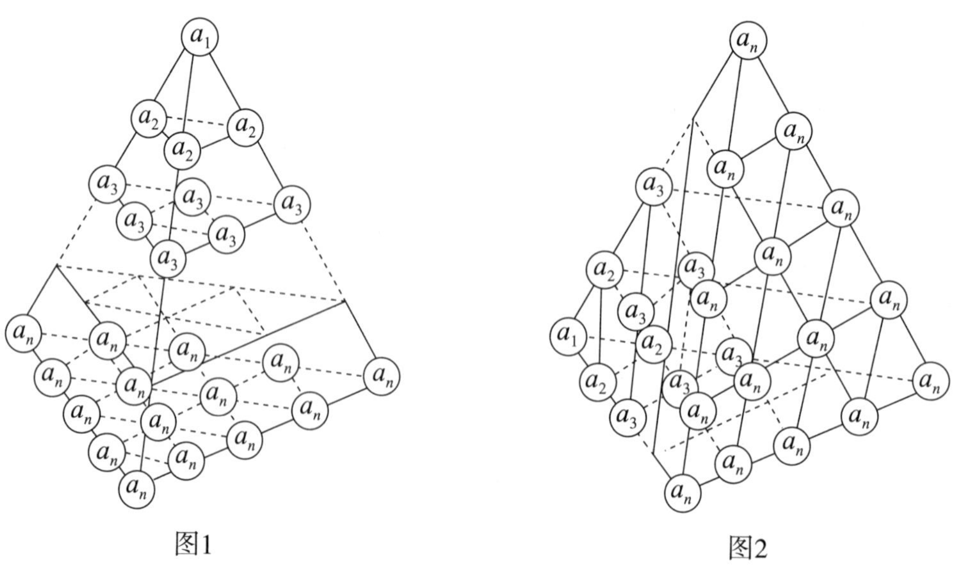

图1　　　　图2

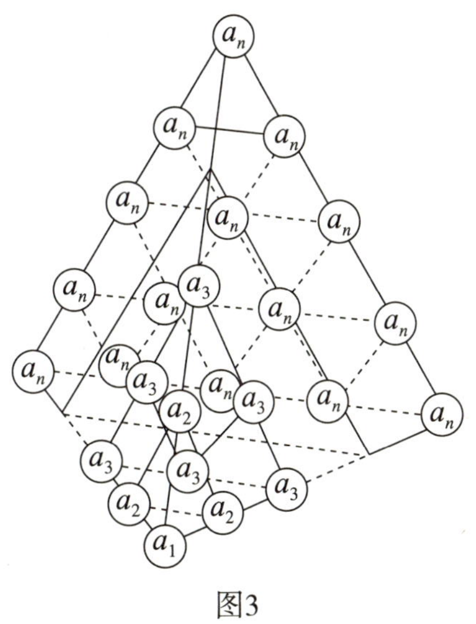

图3

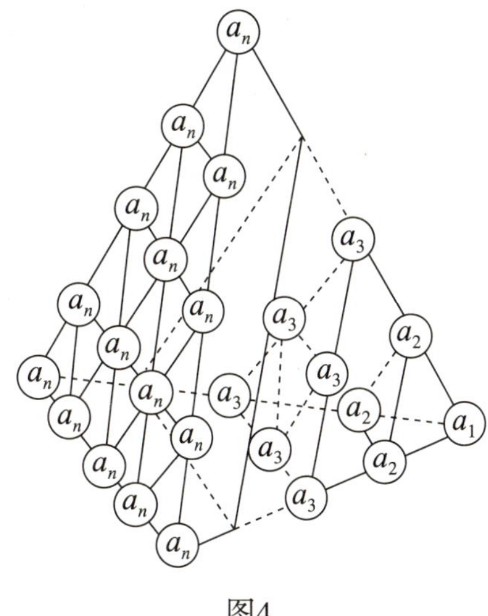

图4

例题精讲

例题 1 计算：$1\times2\times1+2\times3\times3+3\times4\times5+4\times5\times7+\cdots+15\times16\times29=$________。

【解答】 原式$=\dfrac{15\times16\times17}{3}\times\dfrac{1+3\times29}{4}=29920$。

例题 2 计算：$1\times6\times1+2\times9\times5+3\times12\times9+4\times15\times13+\cdots+15\times48\times57=$________。

【解答】 原式$=1\times6\times1+2\times9\times5+3\times12\times9+4\times15\times13+\cdots+15\times48\times57$

$=3(1\times2\times1+2\times3\times5+3\times4\times9+4\times5\times13+\cdots+15\times16\times57)$

$=3\times\dfrac{15\times16\times17}{3}\times\dfrac{1+3\times57}{4}$

$=175440$。

针对性练习

练习❶ 计算：$1\times2\times4+2\times3\times5+3\times4\times6+4\times5\times7+\cdots+10\times11\times13=$________。

练习❷ 计算：$1\times2^2+2\times3^2+3\times4^2+4\times5^2+\cdots+15\times16^2=$________。

练习❸ 计算：$1\times4\times1+2\times6\times6+3\times8\times11+4\times10\times16+\cdots+12\times26\times56=$________。

练习参考答案

练习题号	练习 1	练习 2	练习 3
参考答案	4730	17000	61516
解答提示	基本练习	等差数列为 2,3,4,…	中间的乘数都提取 2

JS-58 三阶等差求和通项法

神器内容	已知三个等差数列，对应项相乘，得到一个三阶等差数列，或者叫作差差差数列。对通项 $a_n \times b_n \times c_n$ 展开就可以进行累加，这种求和的方法叫作通项法。
要点说明	三阶等差要求和，通项方法说一说。 三者通项来相乘，三次四项要记清。 然后采用累加法，三阶等差全拿下。

神器溯源

参照二阶等差数列求和通项法，类比出三阶等差数列求和通项法。需要提醒的是：这种方法不是最简方法，但是最通用的方法。这里不再推导一般公式，就从例题加以阐述。

例题精讲

例题 1 计算：$1\times1\times1+2\times3\times4+3\times5\times7+4\times7\times10+\cdots+15\times29\times43=$ ________。

【解答】等差数列一：$1,2,3,4,\cdots,a_n=n$；

等差数列二：$1,3,5,7,\cdots,a_n=2n-1$；

等差数列三：$1,4,7,10,\cdots,a_n=3n-2$。

一般情况下，$n(2n-1)(3n-2)=6n^3-7n^2+2n$，

$$1\times1\times1=6\times1^3-7\times1^2+2\times1,$$

$$2\times3\times4=6\times2^3-7\times2^2+2\times2,$$

$$3\times5\times7=6\times3^3-7\times3^2+2\times3,$$

$$\cdots$$

$$+\quad 15\times29\times43=6\times15^3-7\times15^2+2\times15。$$

原式$=6(1^3+2^3+3^3+\cdots+15^3)-7(1^2+2^2+3^2+\cdots+15^2)+2(1+2+3+\cdots+15)$

$=6\times\frac{15^2\times16^2}{4}-7\times\frac{15\times16\times31}{6}+2\times\frac{15\times16}{2}$

$=86400-8680+240$

$=77960$。

例题 2 计算：$2^2\times3+5^2\times5+8^2\times7+11^2\times9+\cdots+32^2\times23=$________。

【解答】 等差数列一：$2,5,8,11,\cdots,a_n=3n-1$；

等差数列二：$2,5,8,11,\cdots,a_n=3n-1$；

等差数列三：$3,5,7,9,\cdots,a_n=2n+1$。

一般情况下，$(3n-1)^2\times(2n+1)=18n^3-3n^2-4n+1$，

$2^2\times3=18\times1^3-3\times1^2-4\times1+1$，

$5^2\times5=18\times2^3-3\times2^2-4\times2+1$，

$8^2\times7=18\times3^3-3\times3^2-4\times3+1$，

…

$+\quad 32^2\times23=18\times11^3-3\times11^2-4\times11+1$。

原式$=18(1^3+2^3+3^3+\cdots+11^3)-3(1^2+2^2+3^2+\cdots+11^2)-4(1+2+3+\cdots+11)+1\times11$

$=18\times\frac{11^2\times12^2}{4}-3\times\frac{11\times12\times23}{6}-4\times\frac{11\times12}{2}+11$

$=78408-1518-264+11$

$=76637$。

针对性练习

练习❶ 计算：$1^2\times2+2^2\times5+3^2\times8+\cdots+20^2\times59=$________。

练习❷ 计算：$1\times2\times3+2\times3\times5+3\times4\times7+\cdots+20\times21\times41=$________。

练习❸ 计算：$1^3+4^3+7^3+10^3+\cdots+31^3=$________。

练习参考答案

练习题号	练习 1	练习 2
参考答案	129430	97020
解答提示	$n^2(3n-1)=3n^3-n^2$	$n(n+1)(2n+1)=2n^3+3n^2+n$
练习题号	练习 3	
参考答案	92576	
解答提示	$(3n-2)^3=27n^3-54n^2+36n-8$	

JS-59　多元左邻右舍裂差法

<table>
<tr><td>神器内容</td><td>(1)$a(a+d)(a+2d)\cdots(a+kd)=$
$\dfrac{a(a+d)(a+2d)\cdots(a+kd)[a+(k+1)d]-(a-d)a(a+d)(a+2d)\cdots(a+kd)}{(k+2)d}$。
(2)$1\cdot2\cdot3\cdot\cdots\cdot k+2\cdot3\cdot4\cdot\cdots\cdot(k+1)+3\cdot4\cdot5\cdot\cdots\cdot(k+2)+\cdots+$
$n(n+1)(n+2)\cdots[k+(n-1)]=\dfrac{n(n+1)(n+2)\cdots(n+k)}{k+1}$。</td></tr>
<tr><td>要点说明</td><td>连加算式必裂差，裂差目标变咔咔。
左邻右舍真不难，中间全都抵消完。
首尾两数把位占，再乘前伸和后延。
要知分母它是几，邻居之差记清晰。</td></tr>
</table>

神器溯源

由自然数列构成的特殊高阶等差数列的公差相同，且能首尾相接，左邻右舍法能抵消中间所有项，得到其公式。公式归纳如下：

$$1+2+3+4+\cdots+n=\frac{n(n+1)}{2},$$

$$1\times2+2\times3+3\times4+\cdots+n(n+1)=\frac{n(n+1)(n+2)}{3},$$

$$1\times2\times3+2\times3\times4+3\times4\times5+\cdots+n(n+1)(n+2)=\frac{n(n+1)(n+2)(n+3)}{4},$$

$$1\times2\times3\times4+2\times3\times4\times5+3\times4\times5\times6+\cdots+n(n+1)(n+2)(n+3)=\frac{n(n+1)(n+2)(n+3)(n+4)}{5},$$

…

$$1\cdot2\cdot3\cdot\cdots\cdot k+2\cdot3\cdot4\cdot\cdots\cdot(k+1)+3\cdot4\cdot5\cdot\cdots\cdot(k+2)+\cdots+n(n+1)(n+2)\cdots[k+(n-1)]=\frac{n(n+1)(n+2)\cdots(n+k)}{k+1}。$$

例题精讲

例题 1 计算：$1\times2\times3\times4+2\times3\times4\times5+3\times4\times5\times6+\cdots+10\times11\times12\times13=$ ________。

【解答】 直接使用公式，原式 $=\dfrac{10\times11\times12\times13\times14}{5}=48048$。

例题 2 计算：$5\times7\times9\times11\times13+7\times9\times11\times13\times15+9\times11\times13\times15\times17+\cdots+17\times19\times21\times23\times25=$ ________。

【解答】 根据前伸和后延，

原式 $=\dfrac{17\times19\times21\times23\times25\times27-3\times5\times7\times9\times11\times13}{12}=8764245$。

针对性练习

练习❶ 计算：$1\times2\times3\times4+2\times3\times4\times5+3\times4\times5\times6+\cdots+12\times13\times14\times15=$ ________。

练习❷ 计算：$1\times2\times3\times4\times5\times6+2\times3\times4\times5\times6\times7+3\times4\times5\times6\times7\times8+\cdots+7\times8\times9\times10\times11\times12=$ ________。

练习❸ 计算：$1\times3\times5\times7+3\times5\times7\times9+5\times7\times9\times11+7\times9\times11\times13+\cdots+11\times13\times15\times17=$ ________。

练习参考答案

练习题号	练习 1	练习 2	练习 3
参考答案	104832	1235520	69294
解答提示	套用公式	套用公式	套用裂差法

JS-60　等倍(比)数列求和错位相减

神器内容	把等比数列扩公比倍，再错位相减，可以抵消中间项，仅剩下首尾两项。
要点说明	等比数列来求和，错位相减就能做。 每项扩大公比倍，相减发现有错位。 中间全都抵消完，剩下首尾画圈圈。 末项继续乘公比，减去首项是必须。 除以公比再减一，记住公式笑嘻嘻。

神器溯源

等比数列，又称等倍数列，从第二项开始，每项与前一项的比值都相同，或者说都是前一项扩大相同的倍数得到的，这个比值或倍数叫作公比或公倍。

设公比 $q\neq1$，等比数列 $a_1,a_2,a_3,\cdots,a_n$ 的通项公式为 $a_n=a_1q^{n-1}$。

$$S=a_1+a_1q+a_1q^2+a_1q^3+\cdots+a_1q^{n-1},\ ①$$

①×q得$S=a_1q+a_1q^2+a_1q^3+a_1q^4+\cdots+a_1q^n$，②

②－①得$(q-1)S=a_1q^n-a_1$，

$S=\dfrac{a_1q^n-a_1}{q-1}(q\neq1)$，或者 $S=\dfrac{a_nq-a_1}{q-1}(q\neq1)$。

例题精讲

例题 1 计算：$1+2+2^2+2^3+2^4+\cdots+2^{30}=$________。

【解答】　设 $S=1+2+2^2+2^3+2^4+\cdots+2^{30}$，　①

①×2得$2S=2+2^2+2^3+2^4+2^5+\cdots+2^{31}$，②

②－①得$S=2^{31}-1$。

例题 2 计算：$1+5+5^2+5^3+5^4+\cdots+5^{20}=$ ________。

【解答】 设 $S=①+5+5^2+5^3+5^4+\cdots+5^{20}$， ①

①×5 得 $5S=5+5^2+5^3+5^4+5^5+\cdots+5^{21}$， ②

②−①得 $4S=5^{21}-1$，$S=\dfrac{5^{21}-1}{4}$。

针对性练习

练习❶ 如图 1，将一张长方形纸片 1 次对折，可得 1 条折痕(虚线)；2 次对折，可得 3 条折痕；3 次对折，可得 7 条折痕……如此下去，6 次对折，可得 ________ 条折痕；n 次对折，可得 ________ 条折痕。

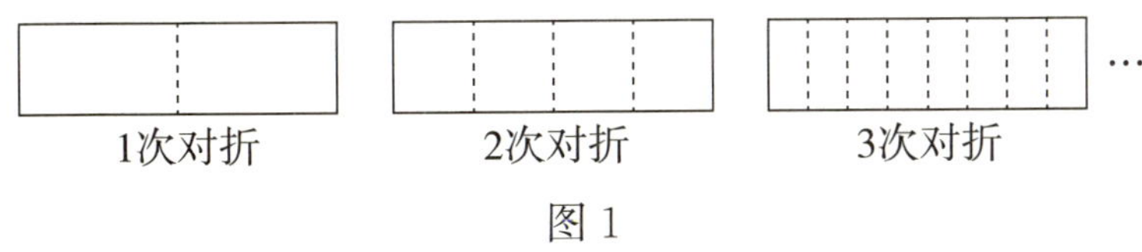

图 1

练习❷ 计算：$1+2+2^2+2^3+2^4+\cdots+2^{50}=$ ________。

练习❸ 计算：$1+3+3^2+3^3+3^4+\cdots+3^{30}=$ ________。

练习❹ 计算：$1+2^2+2^4+2^6+2^8+\cdots+2^{50}=$ ________。

练习❺ 计算：$1\times3^{20}+2\times3^{19}+2^2\times3^{18}+2^3\times3^{17}+\cdots+2^{20}\times1=$ ________。

练习参考答案

练习题号	练习 1	练习 2	练习 3	练习 4	练习 5
参考答案	$63,2^n-1$	$2^{51}-1$	$\dfrac{3^{31}-1}{2}$	$\dfrac{2^{52}-1}{3}$	$3^{21}-2^{21}$
解答提示	利用等比数列	扩大 2 倍，错位	扩大 3 倍，错位	扩大 4 倍，错位	乘$\dfrac{2}{3}$，错位

JS-61 等倍(比)数列求和裂差法

神器内容	等比数列的每项都可以裂差:$a=\frac{aq-a}{q-1}(q\neq 1)$。
要点说明	等比数列来求和,裂差照样也能做。 乘上公比减自己,扩大几倍就缩几。 中间咔咔抵消完,剩下首尾画圈圈。

神器溯源

等倍(比)数列 $a_1,a_2,a_3,\cdots,a_n$ 的通项公式为 $a_n=a_1q^{n-1}$,其中公比 $q\neq 1$。

等比数列的每项都可以裂差:$a=\frac{aq-a}{q-1}(q\neq 1)$。

$$a_1+a_2+a_3+a_4+\cdots+a_n$$

$$=\frac{a_2-a_1}{q-1}+\frac{a_3-a_2}{q-1}+\frac{a_4-a_3}{q-1}+\frac{a_5-a_4}{q-1}+\cdots+\frac{a_nq-a_n}{q-1}$$

$$=\frac{1}{q-1}(\underline{a_2}\enclose{circle}{-a_1}+\underline{\underline{a_3}}-\underline{a_2}+a_4-\underline{\underline{a_3}}+\cdots\enclose{circle}{+a_nq}-a_n)$$

$$=\frac{1}{q-1}(a_nq-a_1)$$

$$=\frac{a_nq-a_1}{q-1}\ (q\neq 1)。$$

例题精讲

例题 1 计算:$1+2+2^2+2^3+2^4+\cdots+2^{40}=$______。

【解答】 因为 $a=2a-a$,

原式$=2-1+2^2-2+2^3-2^2+2^4-2^3+\cdots+2^{41}-2^{40}=2^{41}-1$。

例题 2 计算：$1+5+5^2+5^3+5^4+\cdots+5^{30}=$________。

【解答】 因为 $a=\dfrac{5a-a}{4}$，

原式 $=S=\dfrac{1}{4}(5-1+5^2-5+5^3-5^2+5^4-5^3+\cdots+5^{31}-5^{30})=\dfrac{5^{31}-1}{4}$。

针对性练习

练习❶ 计算：$2+2^2+2^3+2^4+\cdots+2^{100}=$________。

练习❷ 计算：$1+3^2+3^4+3^6+\cdots+3^{50}=$________。

练习❸ 一个等比数列，前 5 项之和为 10，前 10 项之和为 210，那么这个数列的前 15 项之和为________。

练习参考答案

练习题号	练习 1	练习 2	练习 3
参考答案	$2^{101}-2$	$\dfrac{3^{52}-1}{8}$	4210
解答提示	$a=2a-a$	$a=\dfrac{3a-a}{2}$	能求出 $q^5=20$

JS-62 差比数列求和

神器内容	错位相减法解差比数列求和。
要点说明	等差等比对应乘，差比数列就产生。 差比数列要求和，错位相减也能做。 扩倍公比要点抓，乘到等比别等差。

神器溯源

设公差为 d 的等差数列：$a_1, a_2, a_3, \cdots, a_n$；

公比 $q \neq 1$ 的等比数列：$b_1, b_2, b_3, \cdots, b_n$。

两者对应项相乘，形成差比数列：$a_1b_1, a_2b_2, a_3b_3, \cdots, a_nb_n$。

差比数列求和：$a_1b_1+a_2b_2+a_3b_3+a_4b_4+\cdots+a_nb_n$，一般采用错位相减法后，还可能再出现等比数列求和，直接套用等比数列求和公式即可。

例题精讲

例题 1 计算：$1\times1+3\times2+5\times2^2+7\times2^3+9\times2^4+\cdots+61\times2^{30}=$________。

【解答】 设 $S=1\times1+3\times2+5\times2^2+7\times2^3+9\times2^4+\cdots+61\times2^{30}$，①

①×2 得 $2S=1\times2+3\times2^2+5\times2^3+7\times2^4+9\times2^5+\cdots+61\times2^{31}$，②

②−①得 $S=61\times2^{31}-2\times2^{30}-2\times2^{29}-2\times2^{28}-\cdots-2\times2-1\times1$，

$=61\times2^{31}-(2^{31}+2^{30}+2^{29}+\cdots+2^2)-1$，

$=61\times2^{31}-(2^{32}-2^2)-1$，

$=59\times2^{31}+3$。

例题 2 计算：$30\times1+29\times3+28\times3^2+27\times3^3+26\times3^4+\cdots+1\times3^{30}=$________。

【解答】 设 $S=30\times1+29\times3+28\times3^2+27\times3^3+26\times3^4+\cdots+1\times3^{30}$，①

①×3 得 $3S=30\times3+29\times3^2+28\times3^3+27\times3^4+26\times3^5+\cdots+1\times3^{31}$，②

②−①得$2S=3^{31}+3^{30}+3^{29}+\cdots+3^2+3-30$，

$$=\frac{3^{32}-3}{2}-30,$$

$$S=\frac{3^{32}-63}{4}。$$

针对性练习

练习❶ 计算：$1\times2+2\times2^2+3\times2^3+4\times2^4+\cdots+40\times2^{40}=$________。

练习❷ 计算：$20\times1+19\times3+18\times3^2+17\times3^3+\cdots+1\times3^{20}=$________。

练习❸ 计算：$(1+5)+(1+5+5^2)+(1+5+5^2+5^3)+\cdots+(1+5+5^2+\cdots+5^{29})=$________。

练习参考答案

练习题号	练习 1	练习 2	练习 3
参考答案	$39\times2^{41}+2$	$\frac{3^{22}-43}{4}$	$\frac{5^{31}-141}{16}$
解答提示	扩大 2 倍，错位	扩大 3 倍，错位	连续多次错位相减

JS-63　高阶等差数列裂差法★

神器内容	在高阶等差数列或综合算式求和中，方法仍是裂差法，除了左邻右舍，还可能是平方差的构造等技巧。
要点说明	高阶等差怎么办？裂差方法还不变。 可能不是左右邻，平方之差用得神。 咔咔算式转化成，中间可以省过程。 题目较难多练习，熟能生巧要谨记。

神器溯源

在高阶等差数列或综合算式求和中，方法仍是裂差法，除了左邻右舍，还可能是平方差的构造等技巧。

例题精讲

例题 1-1 计算：$(1^2+2^2)\times3+(2^2+3^2)\times5+(3^2+4^2)\times7+\cdots+(9^2+10^2)\times19=$______。

【解答】构造平方差公式。

原式 $=(1^2+2^2)(2^2-1^2)+(2^2+3^2)(3^2-2^2)+(3^2+4^2)(4^2-3^2)+\cdots+(9^2+10^2)(10^2-9^2)$

$=2^4-1^4+3^4-2^4+4^4-3^4+\cdots+10^4-9^4$

$=10^4-1^4$

$=9999$。

例题 1-2 计算：$1^2\times2^2\times3+2^2\times3^2\times5+3^2\times4^2\times7+\cdots+10^2\times11^2\times21=$______。

【解答】裂差法构造咔咔算式。

原式 $=\frac{1}{3}(1^2\times2^2\times9+2^2\times3^2\times15+3^2\times4^2\times21+\cdots+10^2\times11^2\times63)$

$=\frac{1}{3}[1^2\times2^2\times(3^2-0^2)+2^2\times3^2\times(4^2-1^2)+3^2\times4^2\times(5^2-2^2)+\cdots+10^2\times 11^2\times(12^2-9^2)]$

$=\frac{1}{3}(1^2\times2^2\times3^2-0^2\times1^2\times2^2+2^2\times3^2\times4^2-1^2\times2^2\times3^2+\cdots+10^2\times11^2\times 12^2-9^2\times10^2\times11^2)$

$=\frac{10^2\times11^2\times12^2}{3}$

$=580800$。

例题 2 计算：$1\times2\times3\times4+2\times3\times5\times7+3\times5\times8\times11+\cdots+13\times21\times34\times47=$________。

【解答】 斐波那契数列，构造咔咔算式。

原式$=1\times2\times3\times(5-1)+2\times3\times5\times(8-1)+3\times5\times8\times(13-2)+\cdots+13\times21\times34\times(55-8)$

$=1\times2\times3\times5-1\times1\times2\times3+2\times3\times5\times8-1\times2\times3\times5+3\times5\times8\times13-2\times3\times5\times8+\cdots+13\times21\times34\times55-8\times13\times21\times34$

$=13\times21\times34\times55-1\times1\times2\times3$

$=510504$。

针对性练习

练习❶ 计算：$(1^2+2^2)\times3+(2^2+3^2)\times5+(3^2+4^2)\times7+\cdots+(19^2+20^2)\times39=$________。

练习❷ 计算：$1^2\times2^2\times3+2^2\times3^2\times5+3^2\times4^2\times7+\cdots+8^2\times9^2\times17=$________。

练习❸ 计算：$1\times1\times2+2\times2\times4+3\times4\times7+4\times7\times11+\cdots+9\times37\times46=$ ________。

练习❹ 在非零自然数中，由 1 开始依次按如下规则取数。

(1)先取 1；

(2)然后取 2 个偶数：2，4；

(3)再取 4 后最邻近的 3 个连续奇数：5，7，9；

(4)再取 9 后最邻近的 4 个连续偶数：10，12，14，16；

(5)再取 16 后的 5 个连续奇数：17，19，21，23，25；

……

如此下去，那么所取前 210 个数之和为________。

练习参考答案

练习题号	练习 1	练习 2
参考答案	159999	172800
解答提示	构造平方差	第三个乘数先扩大 3 倍，再构造平方差
练习题号	练习 3	练习 4
参考答案	31770	41440
解答提示	各项的第一个乘数扩大 3 倍，再裂差	$1\times1+2\times3+3\times7+4\times13+\cdots+20\times381$

JS-64　含阶乘的数列裂差法

神器内容	$n\times n!=(n+1)!-n!$，$(2n)!=(2n)!!\times(2n-1)!!$。
要点说明	连加必裂差，裂差变咔咔。 出现阶乘号，方法照样套。 如果单阶乘，连乘要记清。 如果双阶乘，奇偶要相同。

神器溯源

阶乘：$n!=n\times(n-1)\times(n-2)\times\cdots\times2\times1$。

双阶乘：$(2n)!!=(2n)\times(2n-2)\times(2n-4)\times\cdots\times4\times2$；$(2n-1)!!=(2n-1)\times(2n-3)\times(2n-5)\times\cdots\times3\times1$。

有关阶乘的裂差：

$n\times n!=[(n+1)-1]n!=(n+1)\times n!-n!=(n+1)!-n!$。

$$\begin{aligned}(2n)!!\times(2n-1)!!&=(2n)\times(2n-2)\times(2n-4)\times\cdots\times4\times2\times(2n-1)\times\\&\quad(2n-3)\times(2n-5)\times\cdots\times3\times1\\&=(2n)\times(2n-1)\times(2n-2)\times(2n-3)\times\cdots\times3\times2\times1\\&=(2n)!。\end{aligned}$$

例题精讲

例题 1 计算：$1\times1!+2\times2!+3\times3!+\cdots+9\times9!=$________。

【解答】 原式$=(2-1)\times1!+(3-1)\times2!+(4-1)\times3!+\cdots+(10-1)\times9!$

$=2!-1!+3!-2!+4!-3!+\cdots+10!-9!$

$=10!-1!$

$=3628800-1$

$=3628799$。

例题 2 计算：$1\times1!!+2\times3!!+3\times5!!+4\times7!!+\cdots+7\times13!!=$________。

【解答】 原式$=\frac{1}{2}(2\times1!!+4\times3!!+6\times5!!+8\times7!!+\cdots+14\times13!!)$

$=\frac{1}{2}[(3-1)\times1!!+(5-1)\times3!!+(7-1)\times5!!+\cdots+(15-1)\times13!!]$

$=\frac{1}{2}(3!!-1!!+5!!-3!!+7!!-5!!+\cdots+15!!-13!!)$

$=\frac{1}{2}(15!!-1!!)$

$=\frac{1}{2}(15\times13\times11\times9\times7\times5\times3\times1-1)$

$=1013512$。

针对性练习

练习❶ 计算：$1\times1!+2\times2!+3\times3!+\cdots+8\times8!=$________。

练习❷ 计算：$1+2\times1!!+4\times3!!+6\times5!!+8\times7!!+\cdots+40\times39!!-41!!=$________。

练习❸ 计算:$21\times19!-20\times18!+19\times17!-18\times16!+\cdots+3\times1!=$ ________。

练习❹ 计算:$9!\times8!\times89+8!\times7!\times71+7!\times6!\times55+\cdots+2!\times1!\times5=$ ________。

练习参考答案

练习题号	练习 1	练习 2
参考答案	362879	0
解答提示	$n\times n!=(n+1)!-n!$	$(n+1)\times n!!=(n+2)!!-n!!$
练习题号	练习 3	练习 4
参考答案	$20!+1$	$10!\times9!-2$
解答提示	$(n+2)\times n!=(n+1)!+n!$	$(n+1)!\times n!\times(n^2+3n+1)=$ $(n+2)!\times(n+1)!-(n+1)!\times n!$

JS-65　数列求和组合法★

神器内容	从组合的角度看待数列求和，一方面，从组合角度列算式，另一方面，从组合角度得到算式结果。
要点说明	有些数列要求和，是否能够用组合？ 不同角度去考察，组合威力真是大。 组合方法做计算，跨界风采来展现。

神器溯源

有些数列的求和问题，可以利用计数中的组合方法来解决。一方面从组合角度解释算式的由来，另一方面从组合角度得到算式的结果。

例题精讲

例题 1-1 计算：$1+2+3+4+\cdots+60=$________。

【解答】 首先给定 61 个不同的对象，编号为 1～61，从中选出 2 个对象，共有多少种不同的选法？

一方面，分类计数：如果较大编号选 2 号，较小编号有 1 种选法；如果较大编号选 3 号，较小编号有 2 种选法；如果较大编号选 4 号，较小编号有 3 种选法……如果较大编号选 61 号，较小编号有 60 种选法。所以，一共有 $1+2+3+\cdots+60$ 种不同选法。

另一方面，整体考虑，从 61 个不同对象中选出 2 个对象，共有 $C_{61}^{2}=\dfrac{61\times60}{2}=1830$ 种选法。

所以 $60+59+58+\cdots+1=1830$。

例题 1-2 计算：$1\times2+2\times3+3\times4+4\times5+\cdots+28\times29=$________。

【解答】 首先给定 30 个不同的对象，编号为 1～30，从中选出 3 个对象，共有多少种不同的选法？

一方面，分类计数：如果最大编号选 3 号，另两个对象有 C_2^2 种选法；如果最大编号选 4 号，另两个对象有 C_3^2 种选法；如果最大编号选 5 号，另两个对象有 C_4^2 种选法……如果最大编号选 30 号，另两个对象有 C_{29}^2 种选法。一共有 $C_2^2+C_3^2+C_4^2+\cdots+C_{29}^2$ 种不同选法。

另一方面，整体考虑，30 个不同对象选出 3 个对象，共有 C_{30}^3 种选法。

$C_2^2+C_3^2+C_4^2+\cdots+C_{29}^2=C_{30}^3$，

$\frac{1}{2}(1\times2+2\times3+3\times4+\cdots+28\times29)=\frac{30\times29\times28}{6}$，

$1\times2+2\times3+3\times4+\cdots+28\times29=\frac{30\times29\times28}{3}$，

$1\times2+2\times3+3\times4+\cdots+28\times29=8120$。

例题 2-1 计算：$1\times30+2\times29+3\times28+4\times27+\cdots+30\times1=$________。

【解答】 首先给定 32 个不同的对象，编号为 1～32，从中选出 3 个对象，共有多少种不同的选法？

一方面，分类计数：如果中间编号选 2 号，另两个对象有 1×30 种选法；如果中间编号选 3 号，另两个对象有 2×29 种选法；如果中间编号选 4 号，另两个对象有 3×28 种选法……如果中间编号选 31 号，另两个对象有 30×1 种选法。一共有 $1\times30+2\times29+3\times28+\cdots+30\times1$ 种不同选法。

另一方面，整体考虑，32 个不同的对象，从中选出 3 个不同对象，共有 C_{32}^3 种选法。

$1\times30+2\times29+3\times28+\cdots+30\times1=C_{32}^3=\frac{30\times31\times32}{6}=4960$。

例题 2-2 计算：$1\times2\times20+2\times3\times19+3\times4\times18+4\times5\times17+\cdots+20\times21\times1=$________。

【解答】 首先给定 23 个不同的对象，编号为 1～23，从中选出 4 个对象，共有多少种不同的选法？

一方面，分类计数：如果次大编号选 3 号，另三个对象有 $C_2^2\times C_{20}^1$ 种选法；如果次大编号选 4 号，另三个对象有 $C_3^2\times C_{19}^1$ 种选法；如果次大编号选 5 号，另三个对象有 $C_4^2\times C_{18}^1$ 种选法……如果次大编号选 22 号，另三个对象有 $C_{21}^2\times C_1^1$ 种选法。所以一共有 $C_2^2\times C_{20}^1+C_3^2\times C_{19}^1+C_4^2\times C_{18}^1+\cdots+C_{21}^2\times C_1^1$ 种不同选法。

另一方面，整体考虑，23 个不同对象，从中选出 4 个不同对象，共有 C_{23}^{4} 种选法。

$C_2^2\times C_{20}^1+C_3^2\times C_{19}^1+C_4^2\times C_{18}^1+\cdots+C_{21}^2\times C_1^1=C_{23}^4$，

$\frac{1\times2}{1\times2}\times20+\frac{2\times3}{1\times2}\times19+\frac{3\times4}{1\times2}\times18+\frac{4\times5}{1\times2}\times17+\cdots+\frac{20\times21}{1\times2}\times1$

$=\frac{20\times21\times22\times23}{1\times2\times3\times4}$，

$1\times2\times20+2\times3\times19+3\times4\times18+4\times5\times17+\cdots+20\times21\times1=17710$。

例题 2-3 计算：$1\times(1\times10+2\times9+\cdots+10\times1)+2\times(1\times9+2\times8+\cdots+9\times1)+\cdots+10\times(1\times1)=$________。

【解答】 $1\times(1\times10+2\times9+\cdots+10\times1)+2\times(1\times9+2\times8+\cdots+9\times1)+\cdots+10\times(1\times1)$

$=C_1^1\times C_{12}^3+C_2^1\times C_{11}^3+C_3^1\times C_{10}^3+\cdots+C_{10}^1\times C_3^3$（从 14 个不同对象中，选出 5 个对象，按次小数分类。）

$=C_{14}^5$

$=2002$。

针对性练习

练习① 计算：$1\times2+2\times3+3\times4+\cdots+18\times19=$________。

练习② 计算：$1\times2\times3+2\times3\times4+3\times4\times5+\cdots+17\times18\times19=$________。

练习❸ 计算：$40\times1+39\times2+38\times3+\cdots+1\times40=$________。

练习❹ 计算：$25\times1\times2+24\times2\times3+23\times3\times4+\cdots+1\times25\times26=$________。

练习❺ 计算：$20\times19\times1\times2+19\times18\times2\times3+18\times17\times3\times4+\cdots+11\times10\times10\times11=$________。

练习参考答案

练习题号	练习 1	练习 2	练习 3
参考答案	2280	29070	11480
解答提示	$2C_{20}^{3}$	$6C_{20}^{4}$	C_{42}^{3}
练习题号	练习 4	练习 5	
参考答案	40950	73348	
解答提示	$2C_{28}^{4}$	$(4C_{23}^{5}+11\times10\times10\times11)\div2$	

JS-66 递推数列

神器内容	探求递推数列的每项与其前面几项的规律：$f(a_1, a_2, \cdots, a_{n-1}, a_n)=0$。
要点说明	数列呈现非通项，递推公式先想想。 前面几项已写好，相邻关系赶快找。 等差等比能递推，等和等积也领会。

神器溯源

对于一个数列，如果已知前面几项，把后面的各项与它前面几项的等量关系表达出来，这个表达式就叫作数列的递推关系式，这个数列就叫作递推数列，最开始递推的已知项叫作递推的奠基项。

递推关系式与通项公式不同。在有通项公式的数列中，后面的每一项或通项可以用序号或项数 n 进行四则运算表达出来；而递推关系仅是与前面几项间的等量关系与递推奠基项有关。

常见的 n 阶等差数列、等比数列、斐波那契数列都可以用递推关系式表达出来。除此之外，大衍数列、卡特兰数列、错排数列也都可以用递推公式表达出来。

序号	数列名称	奠基项	递推规律
1	等差数列	a_1	$a_n=a_{n-1}+d\,(n\geqslant 2)$（其中 d 为公差。）
2	二阶等差数列	a_1	$a_n=a_{n-1}+an+b\,(n\geqslant 2)$
3	三阶等差数列	a_1	$a_n=a_{n-1}+an^2+bn+c\,(n\geqslant 2)$
4	等比数列	a_1	$a_n=qa_{n-1}\,(n\geqslant 2)$（其中 q 为公比。）
5	斐波那契数列	$a_1=1, a_2=1$	$a_n=a_{n-1}+a_{n-2}\,(n\geqslant 3)$
6	大衍数列	$a_1=0$	$a_n=\begin{cases}a_{n-1}+n-1 & (n\text{ 为大于 1 的奇数。})\\ a_{n-1}+n & (n\text{ 为偶数。})\end{cases}$
7	卡特兰数列	$a_0=1$	$a_n=a_0a_{n-1}+a_1a_{n-2}+a_2a_{n-3}+\cdots+a_{n-1}a_0\,(n\geqslant 1)$
8	错排数列	$a_1=0, a_2=1$	$a_n=(n-1)(a_{n-2}+a_{n-1})\,(n\geqslant 3)$

例题精讲

例题 1 求下列数列的递推公式。

(1)1,4,7,10,13,…;

(2)2,6,12,20,30,…;

(3)1,3,9,27,81,…。

【解答】 (1)1,4,7,10,13,…。

这是一个首项为1,公差为3的等差数列,从第二项开始,每项都是在前一项的基础上,加上公差3得到的。其递推公式为$a_1=1,a_n=a_{n-1}+3(n\geqslant 2)$。

(2)2,6,12,20,30,…。

这是一个二阶等差数列,又称敏感数列。首项为2,以后每项依次比前一项增加4,6,8,10,…。其递推公式为$a_1=2,a_n=a_{n-1}+2n(n\geqslant 2)$。

(3)1,3,9,27,81,…。

这是一个等比(等倍)数列。首项为1,以后每项都是在前一项的基础上扩大3倍得到的。其递推公式为$a_1=1,a_n=3a_{n-1}(n\geqslant 2)$。

例题 2 求下列数列的递推公式。

(1)1,1,2,3,5,8,…;

(2)0,1,2,9,44,265,…;

(3)1,2,5,14,42,132,…。

【解答】 (1)1,1,2,3,5,8,…。

这是斐波那契数列,又称兔子数列,从第三项开始,每项都是它前面相邻两项的和。其递推公式为$a_1=1,a_2=1,a_n=a_{n-2}+a_{n-1}(n\geqslant 3)$。

(2)0,1,2,9,44,265,…。

这是错排数列,又称贝努利数列,从第三项开始,每项都是它前面相邻两项的和再扩大$(n-1)$倍。其递推公式为$a_1=0,a_2=1,a_n=(n-1)(a_{n-2}+a_{n-1})(n\geqslant 3)$。

(3)1,2,5,14,42,132,…。

这是卡特兰数列,又称卡塔兰数列。在前面添加$a_0=1$,每项都是它前面所有项颠倒顺序相乘再求和得到的。其递推公式为$a_0=1,a_n=a_0a_{n-1}+a_1a_{n-2}+a_2a_{n-3}+\cdots+a_{n-1}a_0(n\geqslant 1)$。

针对性练习

练习❶ 求下列数列的递推公式。

(1)2,5,8,11,14,…;　　(2)1,4,9,16,25,…。

练习❷ 求下列数列的递推公式。

(1)1,5,25,125,625,…;　　(2)$1\times3,2\times3^2,3\times3^3,4\times3^4,5\times3^5,\cdots$。

练习❸ 求下列数列的递推公式。

(1)1,2,6,24,120,…;　　(2)1,4,5,1,4,5,…。

练习❹ 求下列数列的递推公式。

1,2,3,5,7,10,13,17,21,…。

练习参考答案

<table>
<tr><td>练习题号</td><td colspan="2">练习 1</td></tr>
<tr><td>参考答案</td><td>(1)$a_1=2,a_n=a_{n-1}+3(n\geqslant2)$</td><td>(2)$a_1=1,a_n=a_{n-1}+2n-1(n\geqslant2)$</td></tr>
<tr><td>解答提示</td><td>等差数列</td><td>二阶等差数列</td></tr>
<tr><td>练习题号</td><td colspan="2">练习 2</td></tr>
<tr><td>参考答案</td><td>(1)$a_1=1,a_n=5a_{n-1}(n\geqslant2)$</td><td>(2)$a_1=3,a_n=\dfrac{3n}{n-1}a_{n-1}(n\geqslant2)$</td></tr>
<tr><td>解答提示</td><td>等比数列</td><td>差比数列</td></tr>
<tr><td>练习题号</td><td colspan="2">练习 3</td></tr>
<tr><td>参考答案</td><td>(1)$a_1=1,a_n=na_{n-1}(n\geqslant2)$</td><td>(2)$a_1=1,a_2=4,a_3=5,a_n=a_{n-3}(n\geqslant4)$</td></tr>
<tr><td>解答提示</td><td>阶乘数列</td><td>循环数列</td></tr>
<tr><td>练习题号</td><td colspan="2">练习 4</td></tr>
<tr><td>参考答案</td><td colspan="2">$a_1=1,a_n=\begin{cases}a_{n-1}+\dfrac{n-1}{2}(n\text{ 为大于 1 的奇数})\\a_{n-1}+\dfrac{n}{2}(n\text{ 为偶数})\end{cases}$</td></tr>
<tr><td>解答提示</td><td colspan="2">差形成数列:1,1,2,2,3,3,…</td></tr>
</table>

JS-67 拉格朗日插值法找数列规律★

神器内容	已知数列 $a_1, a_2, a_3, \cdots$，求第 n 项 a_n。 根据拉格朗日(Lagrange)插值法，得到第 n 项 a_n。 $a_n=\frac{(n-2)(n-3)(n-4)\cdots(n-n+1)}{(1-2)(1-3)(1-4)\cdots(1-n+1)}a_1+$ $\frac{(n-1)(n-3)(n-4)\cdots(n-n+1)}{(2-1)(2-3)(2-4)\cdots(2-n+1)}a_2+$ $\frac{(n-1)(n-2)(n-4)\cdots(n-n+1)}{(3-1)(3-2)(3-4)\cdots(3-n+1)}a_3+\cdots+$ $\frac{(n-1)(n-2)(n-3)\cdots(n-n+2)}{(n-1-1)(n-1-2)(n-1-3)\cdots(n-1-n+2)}a_{n-1}$。
要点说明	数列规律题真难，其中规律难发现。 眼睛瞪着看半天，不得其解心很烦。 数学大师插值强，就是公式有点长。 运用起来倒很棒，规律题目都投降。

神器溯源

已知数列 $a_1, a_2, a_3, \cdots$，根据拉格朗日插值法，得到第 n 项 a_n。

(1)当求第 3 项 a_3 时，则有公式：

$$a_3=\frac{3-2}{1-2}a_1+\frac{3-1}{2-1}a_2=-a_1+2a_2。$$

(2)当求第 4 项 a_4 时，则有公式：

$$a_4=\frac{(4-2)(4-3)}{(1-2)(1-3)}a_1+\frac{(4-1)(4-3)}{(2-1)(2-3)}a_2+\frac{(4-1)(4-2)}{(3-1)(3-2)}a_3=a_1-3a_2+3a_3。$$

(3)当求第 5 项 a_5 时，则有公式：

$$a_5=\frac{(5-2)(5-3)(5-4)}{(1-2)(1-3)(1-4)}a_1+\frac{(5-1)(5-3)(5-4)}{(2-1)(2-3)(2-4)}a_2+\frac{(5-1)(5-2)(5-4)}{(3-1)(3-2)(3-4)}a_3$$

$$+\frac{(5-1)(5-2)(5-3)}{(4-1)(4-2)(4-3)}a_4。$$

$=-a_1+4a_2-6a_3+4a_4$。

(4)当求第 6 项 a_6 时,则有公式:

$$a_6=\frac{(6-2)(6-3)(6-4)(6-5)}{(1-2)(1-3)(1-4)(1-5)}a_1+\frac{(6-1)(6-3)(6-4)(6-5)}{(2-1)(2-3)(2-4)(2-5)}a_2+$$

$$\frac{(6-1)(6-2)(6-4)(6-5)}{(3-1)(3-2)(3-4)(3-5)}a_3+\frac{(6-1)(6-2)(6-3)(6-5)}{(4-1)(4-2)(4-3)(4-5)}a_4+$$

$$\frac{(6-1)(6-2)(6-3)(6-4)}{(5-1)(5-2)(5-3)(5-4)}a_5$$

$=a_1-5a_2+10a_3-10a_4+5a_5$。

(5)当求第 7 项 a_7 时,则有公式:

$$a_7=\frac{(7-2)(7-3)(7-4)(7-5)(7-6)}{(1-2)(1-3)(1-4)(1-5)(1-6)}a_1+$$

$$\frac{(7-1)(7-3)(7-4)(7-5)(7-6)}{(2-1)(2-3)(2-4)(2-5)(2-6)}a_2+\frac{(7-1)(7-2)(7-4)(7-5)(7-6)}{(3-1)(3-2)(3-4)(3-5)(3-6)}a_3+$$

$$\frac{(7-1)(7-2)(7-3)(7-5)(7-6)}{(4-1)(4-2)(4-3)(4-5)(4-6)}a_4+\frac{(7-1)(7-2)(7-3)(7-4)(7-6)}{(5-1)(5-2)(5-3)(5-4)(5-6)}a_5+$$

$$\frac{(7-1)(7-2)(7-3)(7-4)(7-5)}{(6-1)(6-2)(6-3)(6-4)(6-5)}a_6$$

$=-a_1+6a_2-15a_3+20a_4-15a_5+6a_6$。

注:(1)本插值公式对 n 阶等差数列求某项问题而言,插值完全吻合,其系数规律类似杨辉三角,正负号交替出现,且项序号为奇数,则首项为“—”,项序号为偶数,则首项为“+”,记忆为“奇减偶加”。

a_2: 1,

a_3:$-1+2$,

a_4: $1-3+3$,

a_5:$-1+4-6+4$,

a_6: $1-5+10-10+5$,

a_7:$-1+6-15+20-15+6$,

a_8: $1-7+21-35+35-21+7$,

a_9:$-1+8-28+56-70+56-28+8$,

a_{10}:$1-9+36-84+126-126+84-36+9$,

…

(2)对于非 n 阶等差数列,给出的是求第 n 项的$(n-1)$次多项式的表达结果,与常见的数列结果可能不同,一般不能被人接受,或许被认为是错误的,可是理论上确实是正确的。

(3)以求 a_4 为例，使用三次待定系数法与插值法的结果完全相同，两者相通，本质是同一种方法。

设 $y=ax^2+bx+c$，则 $\begin{cases}a\times 1^2+b\times 1+c=a_1\\a\times 2^2+b\times 2+c=a_2\\a\times 3^2+b\times 3+c=a_3\end{cases}$，$\begin{cases}a+b+c=a_1\\4a+2b+c=a_2\\9a+3b+c=a_3\end{cases}$，

$\begin{cases}a=\dfrac{1}{2}a_1-a_2+\dfrac{1}{2}a_3\\b=-\dfrac{5}{2}a_1+4a_2-\dfrac{3}{2}a_3\\c=3a_1-3a_2+a_3\end{cases}$。

$$\begin{aligned}y&=\left(\frac{1}{2}a_1-a_2+\frac{1}{2}a_3\right)x^2+\left(-\frac{5}{2}a_1+4a_2-\frac{3}{2}a_3\right)x+(3a_1-3a_2+a_3)\\&=\frac{x^2-5x+6}{2}a_1+(-x^2+4x-3)a_2+\frac{x^2-3x+2}{2}a_3\\&=\frac{(x-2)(x-3)}{(1-2)(1-3)}a_1+\frac{(x-1)(x-3)}{(2-1)(2-3)}a_2+\frac{(x-1)(x-2)}{(3-1)(3-2)}a_3。\end{aligned}$$

当 $x=4$ 时，$y=a_1-3a_2+3a_3$，与插值法结果相同。

(4)在数列找规律时，在万不得已的情况下，可以使用这种方法得到一个合理的答案，可不一定是最优答案。

例题精讲

例题 1-1 找规律：(1)1，4，7，10，________；　　(2)1，3，6，10，15，________。

【解答】 (1)$a_5=-a_1+4a_2-6a_3+4a_4=-1\times 1+4\times 4-6\times 7+4\times 10=13$。

此数列是公差为 3 的等差数列，与其他算法的结果相同。

(2)$a_6=a_1-5a_2+10a_3-10a_4+5a_5=1-5\times 3+10\times 6-10\times 10+5\times 15=21$。

此数列是二阶等差数列，为敏感数列项的一半，通项为 $\dfrac{n(n+1)}{2}$，与其他算法的结果相同。

例题 1-2 找规律：(1)1，2，4，8，________；　　(2)1，1，2，3，________，8。

【解答】 (1)$a_5=-a_1+4a_2-6a_3+4a_4=-1\times 1+4\times 2-6\times 4+4\times 8=15$。

此数列是公比为 2 的等比数列，正确的填法为 $8\times 2=16$，插值法求出的答案却是 15。

(2)$a_6=a_1-5a_2+10a_3-10a_4+5a_5$,

$8=1\times1-5\times1+10\times2-10\times3+5a_5$,

$8=5a_5-14$,

$a_5=4.4$。

此数列显然是斐波那契数列，利用插值公式得到第 5 项为 4.4。

通过例题说明，这种拉格朗日插值法对非 n 阶等差数列求项的大小，都有一定的误差，或者说这个结果也是对的，不过这种规律不常被人接受。从理论来看，数列找规律的答案都是不唯一的，不同参数模型得到的结果可能不同。

例题 2 数组找规律：(1,0)，(4,21)，(3,12)，(6,________)。

【解法一】 设答案为 a，根据拉格朗日插值公式得

$$a=\frac{(6-4)(6-3)}{(1-4)(1-3)}\times a_1+\frac{(6-1)(6-3)}{(4-1)(4-3)}\times a_2+\frac{(6-1)(6-4)}{(3-1)(3-4)}\times a_3$$

$$=\frac{6}{-6}\times0+\frac{15}{3}\times21+\frac{10}{-2}\times12$$

$$=45。$$

【解法二】 设多项式 $f(x)=ax^2+bx+c$，则

$$\begin{cases}a+b+c=0\\9a+3b+c=12\\16a+4b+c=21\end{cases},\begin{cases}a=1\\b=2\\c=-3\end{cases}。$$

所以，$f(x)=x^2+2x-3$，$f(6)=6^2+2\times6-3=45$。

针对性练习

练习❶ 利用插值法求数列的项：

(1)2,5,8,________,…；　　(2)1,5,9,________,17,…。

练习❷ 利用插值法求数列的项：

(1)1,3,27,________,…；　　(2)1,4,9,16,________,…。

练习❸ 利用插值法求数列的项：

(1)1,8,________,64,125,…；　　(2)1,6,8,________,3,6,…。

练习❹ 根据数组规律填空：(0,4),(1,2),(4,8),(5,________)。

练习❺ 根据数组规律填空：(2,1),(4,3),(5,1),(________,3)。

练习参考答案

练习题号	练习 1	练习 2	练习 3
参考答案	(1)11,(2)13	(1)73,(2)25	(1)27,(2)6
解答提示	等差数列	等比数列有误差	三阶等差数列
练习题号	练习 4	练习 5	
参考答案	14	3 或 4	
解答提示	用插值法或求多项式 x^2-3x+4	用待定系数法或插值法	

JS-68　斐波那契数列求和

神器内容	已知斐波那契数列 $F_1=1,F_2=1,F_3=2,\cdots,F_n=F_{n-2}+F_{n-1}(n\geqslant 3)$，则 (1)奇数项求和：$F_1+F_3+F_5+F_7+\cdots+F_{2n-1}=F_{2n}$。 (2)偶数项求和：$F_2+F_4+F_6+F_8+\cdots+F_{2n}=F_{2n+1}-1$。 (3)各项的平方求和：$F_1^2+F_2^2+F_3^2+F_4^2+\cdots+F_n^2=F_nF_{n+1}$。
要点说明	飞跑拿鞋是谐音，著名数列记在心。 斐波那契此数列，递推公式写一写。 一二两项都是 1，两项相加是后续。 仔细琢磨其规律，发现好多大秘密。

神器溯源

斐波那契数列：1，1，2，3，5，8，13，21，34，55，89，144，233，377，610，987，…。

(1)斐波那契数列的递推公式：$F_1=1,F_2=1,F_n=F_{n-2}+F_{n-1}(n\geqslant 3)$。

(2)斐波那契数列的通项公式：$F_n=\frac{1}{\sqrt{5}}\left[\left(\frac{1+\sqrt{5}}{2}\right)^n-\left(\frac{1-\sqrt{5}}{2}\right)^n\right]$。

(3)斐波那契数列的传球法规律：

时间	1 月	2 月	3 月	4 月	5 月	6 月	7 月	8 月	…
小兔子数/对	1	0	1	1	2	3	5	8	…
大兔子数/对	0	1	1	2	3	5	8	13	…
兔子总数/对	1	1	2	3	5	8	13	21	…

(4)斐波那契数列的前项与后项之比接近黄金分割比 0.618，后项与前项之比接近于 1.618。

$\frac{1}{1}=1,\frac{1}{2}=0.5,\frac{2}{3}=0.666\cdots,\frac{3}{5}=0.6,\frac{5}{8}=0.625,\frac{8}{13}=0.615\cdots,\frac{13}{21}=0.619\cdots,\cdots$。

$\frac{1}{1}=1,\frac{2}{1}=2,\frac{3}{2}=1.5,\frac{5}{3}=1.666\cdots,\frac{8}{5}=1.6,\frac{13}{8}=1.625,\frac{21}{13}=1.615\cdots,\cdots$。

(5)①奇数项求和：$F_1+F_3+F_5+F_7+\cdots+F_{2n-1}=F_{2n}$；

②偶数项求和：$F_2+F_4+F_6+F_8+\cdots+F_{2n}=F_{2n+1}-1$。

推导：累加法。

①
$$
\begin{aligned}
&F_2=F_2,\\
&F_4=F_3+F_2,\\
&F_6=F_5+F_4,\\
&F_8=F_7+F_6,\\
&\cdots\\
+\quad &F_{2n}=F_{2n-1}+F_{2n-2},\\
\hline
&F_{2n}=(F_3+F_5+F_7+\cdots+F_{2n-1})+F_2,
\end{aligned}
$$

$F_1+F_3+F_5+F_7+\cdots+F_{2n-1}=F_{2n}-F_2+F_1$，

又知 $F_1=1, F_2=1$，所以

$F_1+F_3+F_5+F_7+\cdots+F_{2n-1}=F_{2n}$。

②
$$
\begin{aligned}
&F_1=F_1,\\
&F_3=F_2+F_1,\\
&F_5=F_4+F_3,\\
&F_7=F_6+F_5,\\
&\cdots\\
+\quad &F_{2n+1}=F_{2n}+F_{2n-1},\\
\hline
&F_{2n+1}=(F_2+F_4+F_6+F_8+\cdots+F_{2n})+F_1,
\end{aligned}
$$

$F_2+F_4+F_6+F_8+\cdots+F_{2n}=F_{2n+1}-F_1$，

$F_2+F_4+F_6+F_8+\cdots+F_{2n}=F_{2n+1}-1$。

(6)各项的平方求和：$F_1^2+F_2^2+F_3^2+F_4^2+\cdots+F_n^2=F_nF_{n+1}$。

推导：图解法。（见下图）

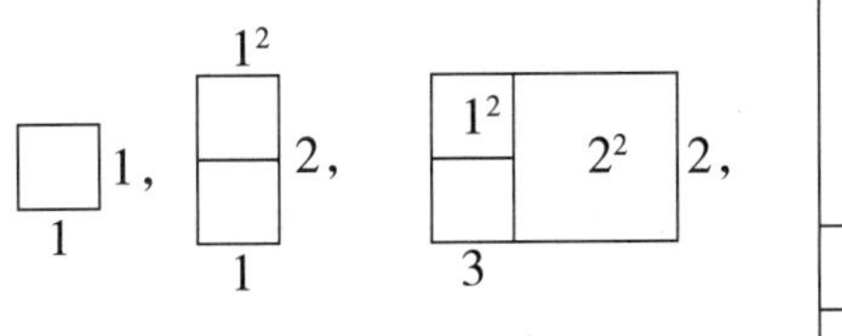

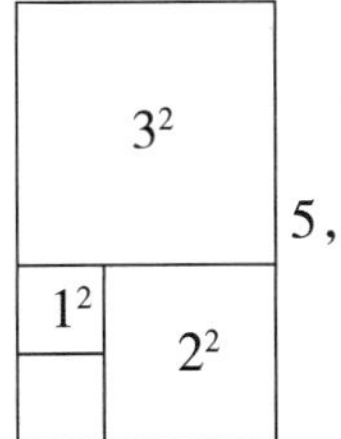

$1^2+1^2=1\times2, 1^2+1^2+2^2=2\times3, 1^2+1^2+2^2+3^2=3\times5, 1^2+1^2+2^2+3^2+5^2=5\times8, \cdots$。

故 $F_1^2+F_2^2+F_3^2+F_4^2+\cdots+F_n^2=F_nF_{n+1}$。

例题精讲

例题 1 斐波那契数列的奇数项求和计算：$1+2+5+13+34+\cdots+610=$ ________。

【解答】 这是斐波那契数列的奇数项求和，原式 $=F_{16}=377+610=987$。

例题 2 斐波那契数列各项的平方和计算：$1^2+1^2+2^2+3^2+5^2+\cdots+233^2=$ ________。

【解答】 这是斐波那契数列的各项的平方求和，原式 $=F_{13}\cdot F_{14}=233\times377=87841$。

针对性练习

练习❶ 斐波那契数列的偶数项求和计算：$1+3+8+21+55+\cdots+377=$ ________。

练习❷ 斐波那契数列的求和计算：$1+1+2+3+5+\cdots+233=$ ________。

练习❸ 斐波那契数列的各项的平方求和计算：$1^2+1^2+2^2+3^2+5^2+\cdots+89^2=$ ________。

练习❹ 卢卡斯数列：$L_1=1, L_2=3, L_n=L_{n-2}+L_{n-1}(n\geqslant3)$，则 $L_1^2+L_2^2+L_3^2+L_4^2+\cdots+L_{10}^2=$ ________。

练习参考答案

练习题号	练习 1	练习 2	练习 3	练习 4
参考答案	609	609	12816	24475
解答提示	$F_{15}-1$	$F_{15}-1$	$F_{11}\cdot F_{12}$	$L_{10}\cdot L_{11}-2$

JS-69　大衍数列求和

神器内容	大衍数列：0，2，4，8，12，18，24，32，40，50，…。 通项公式为 $a_n=\begin{cases}\dfrac{n^2-1}{2}(n\text{ 为奇数})\\\dfrac{n^2}{2}(n\text{ 为偶数})\end{cases}$，$a_n=\left[\dfrac{n^2}{2}\right]$（$[x]$为取整符号）。 递推公式为 $a_1=0$，$a_n=\begin{cases}a_{n-1}+n-1(n\text{ 为大于 1 的奇数})\\a_{n-1}+n(n\text{ 为偶数})\end{cases}$。
要点说明	太极八卦咋衍生？乾坤谱里写得清。 不管通项或递推，都能说明其规律。 相邻之差看一看，规律立马就出现。

神器溯源

大衍数列：$\underbrace{0,2}_{2},\underbrace{2,4}_{2},\underbrace{4,8}_{4},\underbrace{8,12}_{4},\underbrace{12,18}_{6},\underbrace{18,24}_{6},\underbrace{24,32}_{8},\underbrace{32,40}_{8},\underbrace{40,50}_{10},\cdots$

大衍数列来源于《乾坤谱》中对《易传》中的“大衍之数五十”的推论，主要用于解释中国传统文化中的太极衍生原理。太极生两仪，两仪生四象，四象生八卦。在世界数学史上，它是蕴含着中国文化的第一道数列试题。

(1)通项公式为 $a_n=\begin{cases}\dfrac{n^2-1}{2}(n\text{ 为奇数})\\\dfrac{n^2}{2}(n\text{ 为偶数})\end{cases}$，$a_n=\left[\dfrac{n^2}{2}\right]$（$[x]$为取整符号）。

(2)递推公式为 $a_1=0$，$a_n=\begin{cases}a_{n-1}+n-1(n\text{ 为大于 1 的奇数})\\a_{n-1}+n(n\text{ 为偶数})\end{cases}$。

(3)前 n 项和：$S_n=\dfrac{n(n+1)(2n+1)-6\left[\dfrac{n+1}{2}\right]}{12}$。

推导：根据通项公式，

①当 n 为偶数时，

$$S_n=\frac{1^2-1}{2}+\frac{2^2}{2}+\frac{3^2-1}{2}+\frac{4^2}{2}+\cdots+\frac{n^2}{2}$$

$$=\frac{1^2+2^2+3^2+\cdots+n^2-1\times\frac{n}{2}}{2}$$

$$=\frac{\frac{n(n+1)(2n+1)}{6}-\frac{6}{6}\times\left[\frac{n+1}{2}\right]}{2}$$

$$=\frac{n(n+1)(2n+1)-6\left[\frac{n+1}{2}\right]}{12}。$$

②当 n 为奇数时，

$$S_n=\frac{1^2-1}{2}+\frac{2^2}{2}+\frac{3^2-1}{2}+\frac{4^2}{2}+\cdots+\frac{n^2-1}{2}$$

$$=\frac{1^2+2^2+3^2+\cdots+n^2-1\times\frac{n+1}{2}}{2}$$

$$=\frac{\frac{n(n+1)(2n+1)}{6}-\frac{6}{6}\times\left[\frac{n+1}{2}\right]}{2}$$

$$=\frac{n(n+1)(2n+1)-6\left[\frac{n+1}{2}\right]}{12}。$$

所以，不管 n 为奇数还是偶数，都有 $S_n=\dfrac{n(n+1)(2n+1)-6\left[\frac{n+1}{2}\right]}{12}$。

（$[x]$表示不超过 x 的最大整数。）

例题精讲

例题 1 计算：2+4+8+12+18+24+32+…+450=________。

【解法一】 前面添上一个数 0，即可得到

原式$=\frac{1}{2}(0+4+8+16+24+36+\cdots+900)$

$=\frac{1}{2}(1^2-1+2^2+3^2-1+4^2+5^2-1+\cdots+30^2)$

$=\frac{1}{2}[(1^2+2^2+3^2+4^2+5^2+\cdots+30^2)-1\times15]$

$=\frac{1}{2}\left(\frac{30\times31\times61}{6}-15\right)$

$=4720$。

【解法二】 直接套用公式，因为$\frac{30^2}{2}=450$，所以 $n=30$。

原式$=\frac{30\times31\times61-6\left[\frac{30+1}{2}\right]}{12}=4720$。

例题 2 将自然数从 1 开始，顺次排成如下图所示的螺旋形，其中 1，2，3，5，7，…处为拐点，那么第 100 个拐点处的数是________，前 100 个拐点处的数之和为________。

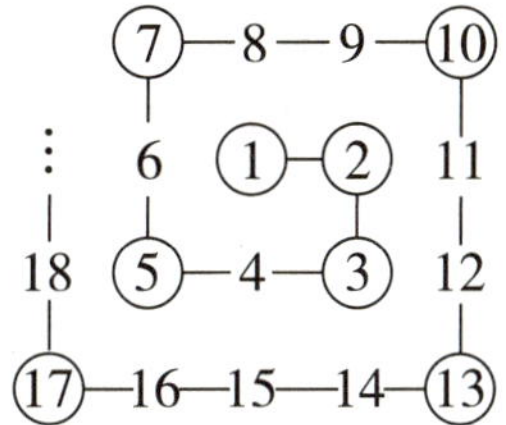

【解法一】 先求第 100 个拐点处的自然数是多少？

$\underbrace{1,2}_{1},\underbrace{2,3}_{1},\underbrace{3,5}_{2},\underbrace{5,7}_{2},\underbrace{7,10}_{3},\underbrace{10,13}_{3},\underbrace{13,17}_{4},\underbrace{17,21}_{4},\underbrace{21,26}_{5},\cdots$

即 $1,2,3,5,7,10,13,17,21,26,\cdots$（相邻两项之差依次为 1，1，2，2，3，3，4，4，5）

$a_{100}=1+1+1+2+2+3+3+\cdots+49+49+50=2501$。

$S_{100}=1+2+3+5+7+10+13+\cdots+2451+2501$（各项都减去 1）

$=(1+2+4+6+9+12+16+\cdots+2450+2500)+100$

$=(1^2+1\times2+2^2+2\times3+3^2+3\times4+4^2+\cdots+49\times50+50^2)+100$

$=(1^2+2^2+3^2+4^2+\cdots+50^2)+(1\times2+2\times3+3\times4+\cdots+49\times50)+100$

$=\frac{50\times51\times101}{6}+\frac{49\times50\times51}{3}+100$

$=84675$。

【解法二】 每项各减去 1 以后，再扩大 2 倍，就是大衍数列，可以套用其公式。

原式$=\frac{1}{2}\times\frac{100\times101\times201-6\left[\frac{100+1}{2}\right]}{12}+100=84675$。

针对性练习

练习❶ 计算：2＋4＋8＋12＋18＋24＋32＋…＋200＝________。

练习❷ 计算：1＋2＋3＋5＋7＋10＋13＋17＋21＋…＋931＝________。

练习❸ 在下面数表中，其拐点处的数依次为 1，3，4，7，9，13，16，21，25，…，那么前 100 个拐点处的数总和为________。

25	26	…	…	…	…
24	9	10	11	12	13
23	8	1 →	2 →	3	14
22	7 ←	6 ←	5 ←	4	15
21	20	19	18	17	16

练习参考答案

练习题号	练习 1	练习 2	练习 3
参考答案	1430	19436	87175
解答提示	套用公式或方法	都减去 1，寻找规律	同一条对角线上的数为一组，寻找规律

JS-70 可化为各阶等差数列的递推数列求和★

神器内容	递推公式：已知 $a_1, a_n = a_{n-1} + bn^2 + cn + d\ (n \geq 2)$。 求通项公式以及求和，一般可以采用累加法或裂差法。
要点说明	递推数列咋求和？类型真是实在多。 常见一类化等差，可以裂项和累加。 多阶等差都熟练，技巧通法都能办。

神器溯源

递推数列有许多类型，根据各种类型进行分类，找到每种类型的递推公式与通项公式的转化方法，然后就可以求和了，一般是将其化成等差或等比数列求和。

(1)等差数列

递推公式：已知 $a_1, a_n = a_{n-1} + d\ (n \geq 2)$(其中 d 为公差)。通项公式为 $a_n = a_1 + (n-1)d$，求和可以采用首尾相加法或左邻右舍裂差法。

(2)等比数列

递推公式：已知 $a_1, a_n = qa_{n-1}\ (n \geq 2)$(其中 q 为公比)。通项公式为 $a_n = a_1q^{n-1}$，求和可以采用错位相加法或扩比裂差法。

(3)可化为多阶等差数列求和的递推公式

已知 $a_1, a_n = a_{n-1} + bn^2 + cn + d\ (n \geq 2)$。求通项公式以及求和，一般可以采用累加法或裂差法。

①当 $b \neq 0$ 时，就是三阶等差数列。

②当 $b = 0$ 且 $c \neq 0$ 时，就是二阶等差数列。

③当 $b = c = 0$ 且 $d \neq 0$ 时，就是一阶等差数列。

④当 $b = c = d = 0$ 时，就是常数数列。

下面用累加法求通项公式：

$$
\begin{aligned}
&a_1=a_1,\\
&a_2=a_1+b\times 2^2+c\times 2+d,\\
&a_3=a_2+b\times 3^2+c\times 3+d,\\
&\cdots\\
+\quad &a_n=a_{n-1}+b\times n^2+c\times n+d,\\
\hline
&a_n=a_1+\frac{n(n+1)(2n+1)-6}{6}b+\frac{n(n+1)-2}{2}c+(n-1)d。
\end{aligned}
$$

例题精讲

例题 1 已知数列 $a_1=1, a_n=a_{n-1}+3n-2(n\geqslant 2)$，则这个数列的第 40 项 $a_{40}=$________，前 40 项之和 $S_{40}=$________。

【解答】 1)法一：累加法求第 40 项。

$$
\begin{aligned}
&a_{40}=a_{39}+3\times 40-2,\\
&a_{39}=a_{38}+3\times 39-2,\\
&a_{38}=a_{37}+3\times 38-2,\\
&\cdots\\
&a_2=a_1+3\times 2-2,\\
+\quad &a_1=1,\\
\hline
&a_{40}=3\times(40+39+38+\cdots+2)-2\times 39+1\\
&=3\times\frac{42\times 39}{2}-77\\
&=2380。
\end{aligned}
$$

法二：归纳法。

$a_1=1$，

$a_2=1+3\times 2-2=5$，

$a_3=5+3\times 3-2=12$，

$a_4=12+3\times 4-2=22$，

$a_5=22+3\times 5-2=35$，

1, 5, 12, 22, 35, …。

4 7 10 13

3 3 3

$$a_{40}=1+4+7+10+13+\cdots+(3\times40-2)$$
$$=\frac{(1+118)\times40}{2}$$
$$=2380。$$

2)由于二阶等差数列的通项是关于 n 的二次式，故设 $a_n=an^2+bn+c$，把 $a_1=1, a_2=5, a_3=12$ 代入得到下面方程组。

$$\begin{cases}a+b+c=1\\4a+2b+c=5\\9a+3b+c=12\end{cases}，解得\begin{cases}a=\frac{3}{2}\\b=-\frac{1}{2}\\c=0\end{cases}。故 a_n=\frac{3}{2}n^2-\frac{1}{2}n=\frac{n(3n-1)}{2}。$$

所以 $S_{40}=\frac{1}{2}(1\times2+2\times5+3\times8+\cdots+40\times119)=\frac{1}{2}\times\frac{40\times41}{2}\times\frac{2+2\times119}{3}$ $=32800$。

例题 2 已知数列 $a_1=1, a_n=a_{n-1}+2n^2-3n-2(n\geqslant2)$，则这个数列的第 20 项 $a_{20}=$________，前 20 项之和 $S_{20}=$________。

【解答】 $a_1=1$

$$a_2=a_1+2\times2^2-3\times2-2,$$
$$a_3=a_2+2\times3^2-3\times3-2,$$
$$a_4=a_3+2\times4^2-3\times4-2,$$
$$\cdots$$
$$+\quad a_n=a_{n-1}+2\times n^2-3\times n-2,$$

$$a_n=2\times(2^2+3^2+4^2+\cdots+n^2)-3\times(2+3+4+\cdots+n)-2(n-1)+1$$
$$=2\times\left[\frac{n(n+1)(2n+1)}{6}-1\right]-3\times\left[\frac{n(n+1)}{2}-1\right]-2(n-1)+1$$
$$=\frac{1}{3}n(n+1)(2n+1)-\frac{3}{2}n(n+1)-2n+4。$$

所以，$a_{20}=\frac{1}{3}\times20\times21\times41-\frac{3}{2}\times20\times21-2\times20+4=5074$。

由通项公式可以得到求和公式：

$$S_n=\frac{1}{3}[1\times2\times3+2\times3\times5+\cdots+n(n+1)(2n+1)]-\frac{3}{2}\times[1\times2+2\times3+\cdots+n(n+1)]-2(1+2+\cdots+n)+4n$$

$$=\frac{1}{3}\times\frac{n(n+1)(n+2)}{3}\times\frac{3+3(2n+1)}{4}-\frac{3}{2}\times\frac{n(n+1)(n+2)}{3}-2\times\frac{n(n+1)}{2}+4n$$

$$=\frac{n(n+1)^2(n+2)}{6}-\frac{n(n+1)(n+2)}{2}-n(n+1)+4n。$$

$$S_{20}=\frac{20\times21^2\times22}{6}-\frac{20\times21\times22}{2}-20\times21+4\times20=27380。$$

针对性练习

练习❶ 已知 $a_1=1, a_n=a_{n-1}+n+2(n\geqslant2)$，那么第 20 项 $a_{20}=$________，前 20 项之和 $S_{20}=$________。

练习❷ 已知 $a_1=1, a_n=a_{n-1}+2n+1(n\geqslant2)$，那么第 20 项 $a_{20}=$________，前 20 项之和 $S_{20}=$________。

练习❸ 已知 $a_1=0, a_n=a_{n-1}+n^2-n(n\geqslant2)$，那么第 20 项 $a_{20}=$________，前 20 项之和 $S_{20}=$________。

练习参考答案

练习题号	练习 1	练习 2	练习 3
参考答案	(1)248，(2)1920	(1)438，(2)3250	(1)2660，(2)14630
解答提示	$a_n=\frac{n(n+1)}{2}+2(n-1)$	$a_n=(n+1)^2-3$	$a_n=\frac{1}{3}(n-1)n(n+1)$

JS-71　可化为等比数列的递推数列求和★

神器内容	递推公式：已知 $a_1, a_n=(cn+d)a_{n-1}(n\geqslant 2), a_n\neq 0$。 求通项公式以及求和，一般可以采用累积法。
要点说明	递推数列咋求和？类型真是实在多。 常见一类化等比，要求通项去累积。 此种数列多换元，掌握技巧并不难。

神器溯源

递推公式：已知 $a_1, a_n=(cn+d)a_{n-1}(n\geqslant 2), a_n\neq 0$，可以累积转化为等比数列。

$$\frac{a_n}{a_{n-1}}=cn+d, \frac{a_{n-1}}{a_{n-2}}=c(n-1)+d, \frac{a_{n-2}}{a_{n-3}}=c(n-2)+d, \cdots, \frac{a_2}{a_1}=c\times 2+d。$$

上面各等式连乘得 $\frac{a_n}{a_1}=(cn+d)[c(n-1)+d][c(n-2)+d]\cdots(c\times 2+d)$。

通项公式为 $a_n=(cn+d)[c(n-1)+d][c(n-2)+d]\cdots(c\times 2+d)a_1$。

递推公式：已知 $a_1, a_n=(cn+d)a_{n-1}+en^2+fn+g(n\geqslant 2), a_n\neq 0$。可以先采用换元法，然后就可以转化为上面的递推公式。

例题精讲

例题 1 已知递推公式：$a_1=1, a_n=\frac{n^2}{n-1}a_{n-1}(n\geqslant 2)$，那么这个数列的第 10 项为________，前 10 项之和为________。

【解答】 因为 $a_1=1, a_n=\frac{n^2}{n-1}a_{n-1}(n\geqslant 2)$，变形为 $\frac{a_n}{a_{n-1}}=\frac{n^2}{n-1}$。

$$\frac{a_n}{a_{n-1}}=\frac{n^2}{n-1}, \frac{a_{n-1}}{a_{n-2}}=\frac{(n-1)^2}{n-2}, \frac{a_{n-2}}{a_{n-3}}=\frac{(n-2)^2}{n-3}, \cdots, \frac{a_2}{a_1}=\frac{2^2}{1}。$$

上面各等式连乘得 $\frac{a_n}{a_1}=n^2\times(n-1)\times(n-2)\times\cdots 2\times 1, a_n=n\times n!$。

所以 $a_{10}=10\times10!$。

$S_{10}=1\times1!+2\times2!+3\times3!+\cdots+10\times10!$

$=2!-1!+3!-2!+4!-3!+5!-4!+\cdots+11!-10!$

$=11!-1$。

例题 2 花果山上有一片仙桃林，在桃子成熟的时候，每天都有一只猴子来摘桃子。第 1 只猴子先吃掉 3 个桃子，然后摘走 1 个桃子；第 2 只猴子也是先吃掉 3 个桃子，再摘走第 1 只猴子总共摘下桃子数（包括吃掉的和摘走）的 2 倍；以后每只猴子都是先吃掉 3 个桃子，再摘走前一只猴子总共摘下桃子数的 2 倍。第 10 只猴子采摘后，恰好摘完了所有桃子，那么这片仙桃林一共长了________个桃子。

【解法一】 显然 $a_1=3+1=4$，$a_n=2a_{n-1}+3(n\geqslant2)$。项数不多，可以一一求出，再求和，当然最后能找到规律。

$a_2=2\times4+3=11$，$a_3=2\times11+3=25$，$a_4=2\times25+3=53$，$a_5=2\times53+3=109$，$a_6=2\times109+3=221$，$a_7=2\times221+3=445$，$a_8=2\times445+3=893$，$a_9=2\times893+3=1789$，$a_{10}=2\times1789+3=3581$。

前 10 项之和为 $4+11+25+53+109+221+445+893+1789+3581$

$=(7\times1-3)+(7\times2-3)+(7\times2^2-3)+(7\times2^3-3)+\cdots+(7\times2^9-3)$

$=7\times(1+2+2^2+\cdots+2^9)-3\times10$

$=7131$。

【解法二】 把递推公式转化为通项公式。

$a_1=4$，$a_n=2a_{n-1}+3(n\geqslant2)$。

设 $a_n+x=2(a_{n-1}+x)$，$x=3$。令 $b_1=7$，$b_n=a_n+3(n\geqslant2)$，同时 $b_n=2b_{n-1}(n\geqslant2)$。

$\frac{b_n}{b_{n-1}}=2$，$\frac{b_{n-1}}{b_{n-2}}=2$，$\frac{b_{n-2}}{b_{n-3}}=2$，…，$\frac{b_2}{b_1}=2$，$b_1=7$。

上面的各等式连乘得 $b_n=2^{n-1}\times7$。

$b_1+b_2+\cdots+b_{10}=7\times(2^0+2^1+2^2+\cdots+2^9)=7\times(2^{10}-1)=7161$，

$S_{10}=(b_1-3)+(b_2-3)+\cdots+(b_{10}-3)=7161-3\times10=7131$。

针对性练习

练习❶ 已知 $a_1=1$，$a_n=2a_{n-1}+3(n\geqslant2)$，那么第 10 项 $a_{10}=$________。

练习❷ 有一个数列，第一项为 2，从第二项开始，每项都是它前一项的 3 倍再减去 2，得到 2，4，10，28，82，…，那么这个数列的前 20 项之和为________。

练习❸ 陈老师在黑板上写下一个数。第 1 位学生上台，把老师写的数加上 2 后，把得到的和再乘$\frac{3}{4}$写下来；第 2 位学生接着上台，把第 1 位学生写的数加上 2 后，把得到的和再乘$\frac{3}{4}$写下来；如此下去，直到第 5 位学生上台，把第 4 位学生写的数加上 2 后，把得到的和再乘$\frac{3}{4}$写下来。结果发现黑板上写下的 6 个数都是正整数，那么第 5 位学生写下的数最小是________。

练习❹ 陈老师在黑板上写下一个数。第 1 位学生上台，把老师写的数加上 1 后，把得到的和再乘$\frac{3}{4}$写下来；第 2 位学生接着上台，把第 1 位学生写的数加上 2 后，把得到的和再乘$\frac{3}{4}$写下来。如此下去，当第 5 位学生上台，把第 4 位学生写的数加上 5，把得到的和再乘$\frac{3}{4}$写下来后，结果发现黑板上写下的 6 个数都是正整数，那么第 5 位学生写下的数最小是________。

练习参考答案

练习题号	练习 1	练习 2	练习 3	练习 4
参考答案	2045	$\frac{1}{2}(3^{20}+39)$	249	249
解答提示	递推法	$b_1=1,b_n=a_n+1$	$b_0=a_0-6,b_n=a_n-6$，a_0 最小值为 1030	a_0 最小值为 1015

三　分数计算

JS-72　分数基本性质

神器内容	分数基本性质：分数的分子与分母同时乘或除以同一个不为 0 的数，分数的大小不变。 $\frac{a}{b}=\frac{a\times m}{b\times m}=\frac{a\div m}{b\div m}(m\neq 0)$。
要点说明	分数性质要记住，只有这个最基础。 分子分母同时乘，乘数一定要相同。 同时除以也可行，就是不能等于 0。 基本性质很重要，加减乘除常用到。

神器溯源

把除法算式 $a\div b$ 的结果写成“$\frac{a}{b}$”的形式，这种形式的数叫作分数，其中 a 为分子，b 为分母，中间的横线为分数线，读作“b 分之 a”。如分数$\frac{5}{8}$，读作“8 分之 5”。

对于分数$\frac{a}{b}$，从除法的意义出发，首先分母 $b\neq 0$。如果分母为 0，可以理解成分母极小，那么分子只要固定，得到的结果都是极大的数，且得到的极大的数接近相同。为了使得除法的商固定，即分数的大小固定，人为设定“分母不为 0”。

对于分数$\frac{a}{b}$，可以理解为把一个整体的东西（比如圆形大饼、方格图等）分成 b 等份，从中取出 a 份的量为$\frac{a}{b}$。如图 1，阴影部分的大小表示整个圆的$\frac{5}{8}$；如图 2，阴影部分的大小表示整个长方形的$\frac{5}{10}$。

图 2 的阴影部分与空白部分大小相同，因此阴影面积也可以表示为$\frac{1}{2}$，故$\frac{1}{2}=\frac{5}{10}$。

其中的道理就是分数的基本性质：

分数的分子与分母同时乘或除以同一个不为 0 的数，分数的大小不变。

反过来，要保证一个分数的大小不变，如果分子扩大几倍，那么分母必须同时扩大相同的倍数；如果分子缩小为原来的几分之一，分母也必须同时缩小为原来的几分之一。

$\frac{a}{b}=\frac{a\times m}{b\times m}=\frac{a\div m}{b\div m}(m\neq 0)$。

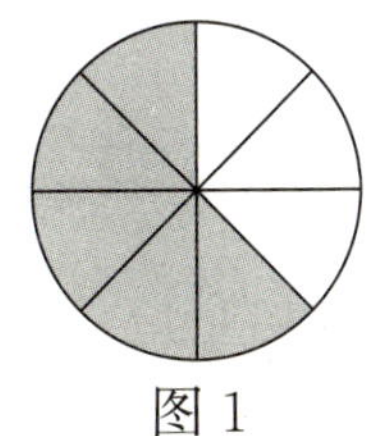
图 1

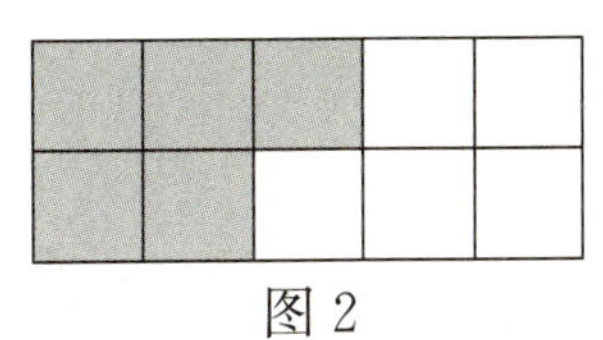
图 2

约分：把分数的分子与分母同时除以公因数，所得的分数大小不变。如果分子与分母只能同时被 1 整除，这样的分数叫作最简分数，又称既约分数。如$\frac{36}{84}=\frac{36\div 12}{84\div 12}=\frac{3}{7}$，$\frac{3}{7}$就是最简分数。

通分：根据分数的基本性质，把几个分数的分母变成相同的分母，同时各分数的大小都不变。这个过程叫作通分。各个分母的公倍数中最小者，就是这些分数的最小公分母，或者最简公分母。如$\frac{3}{20}$与$\frac{7}{15}$的最简公分母为 60。

例题精讲

例题 1-1 填空：$\frac{2}{3}=\frac{(\quad)}{6}=\frac{8}{(\quad)}=\frac{(\quad)}{15}$。

【解答】 $\frac{2}{3}=\frac{2\times 2}{3\times 2}=\frac{4}{6}$，$\frac{2}{3}=\frac{2\times 4}{3\times 4}=\frac{8}{12}$，$\frac{2}{3}=\frac{2\times 5}{3\times 5}=\frac{10}{15}$。

例题 1-2 把分数$\frac{36}{60}$的分母减小 20，那么需要同时把分子减小________，才能保证分数的大小不变。

【解答】 分数$\frac{36}{60}$的分母60减小20，变为40，相当于把60分成3份保留2份，也就是分母缩小到原数60的$\frac{2}{3}$。根据分数的基本性质，分子、分母同时缩小到原来的$\frac{2}{3}$，分数大小不变，所以分子变为$36\times\frac{2}{3}=24$，减小$36-24=12$，才能保证分数的大小不变。

例题 1-3 已知整数a，b满足$\frac{5}{3a-2}=\frac{7}{2a+b}=\frac{9}{4a-b+8}$，那么$\frac{1-b}{3-a}=$________。

【解答】 $\begin{cases}5(2a+b)=7(3a-2)\\7(4a-b+8)=9(2a+b)\end{cases}$，$\begin{cases}a=4\\b=6\end{cases}$。

从而$\frac{1-b}{3-a}=\frac{1-6}{3-4}=5$。

例题 2-1 约分：(1)$\frac{147}{168}=$________； (2)$\frac{16665}{36663}=$________。

【解答】 (1)$\frac{147}{168}=\frac{147\div7}{168\div7}=\frac{21}{24}=\frac{21\div3}{24\div3}=\frac{7}{8}$。

(2)$\frac{16665}{36663}=\frac{15\times1111}{33\times1111}=\frac{15}{33}=\frac{5}{11}$。

例题 2-2 通分：(1)$\frac{16}{85}=$________，$\frac{9}{68}=$________；

(2)$\frac{36}{77}=$________，$\frac{136}{182}=$________，$\frac{75}{143}=$________。

【解答】 (1)最简公分母为$[85,68]=340$。所以，$\frac{16}{85}=\frac{16\times4}{85\times4}=\frac{64}{340}$，$\frac{9}{68}=\frac{9\times5}{68\times5}=\frac{45}{340}$。

(2)最简公分母为$[77,91,143]=1001$。所以，$\frac{36}{77}=\frac{36\times13}{77\times13}=\frac{468}{1001}$，$\frac{136}{182}=\frac{68\times11}{91\times11}=\frac{748}{1001}$，$\frac{75}{143}=\frac{75\times7}{143\times7}=\frac{525}{1001}$。

针对性练习

练习❶ 填空：$\frac{5}{8}=\frac{(\quad)}{16}=\frac{25}{(\quad)}=\frac{(\quad)}{56}$。

练习❷ 把分数$\frac{72}{180}$的分子增加 16，那么需要同时把分母增加________，才能保证分数的大小不变。

练习❸ 已知 a，b 满足$\frac{2}{a-5}=\frac{8}{3a+7}=\frac{2a-b}{5a+b+3}$，那么$\frac{b+2}{a+3}=$________。

练习❹ 约分：

(1)$\frac{84}{180}=$________； (2)$\frac{720}{936}=$________。

练习❺ 通分：

(1)$\frac{11}{57}=$________，$\frac{29}{133}=$________；

(2)$\frac{11}{90}=$________，$\frac{10}{99}=$________，$\frac{9}{110}=$________。

练习参考答案

练习题号	练习 1	练习 2	练习 3	练习 4
参考答案	10，40，35	40	$\frac{4}{3}$	(1)$\frac{7}{15}$，(2)$\frac{10}{13}$
解答提示	分数的基本性质	原分数为$\frac{2}{5}$，分子增加了 8 倍	$a=27$，$b=38$	逐次约分
练习题号	练习 5			
参考答案	(1)$\frac{77}{399}$，$\frac{87}{399}$	(2)$\frac{121}{990}$，$\frac{100}{990}$，$\frac{81}{990}$		
解答提示	最简公分母为 399	最简公分母为 990		

JS-73　有限小数与分数

神器内容	$0.a=\frac{a}{10}$，$0.ab=\frac{\overline{ab}}{100}$，$0.abc=\frac{\overline{abc}}{1000}$，…。
要点说明	有限小数化分数，小点移动记清楚。 右移一位 10 来除，赶快把 10 写分母。 右移两位怎么办？分母 100 照样算。 通过约分化最简，质因 2，5 在下边。

神器溯源

从除法角度出发，下面各种表示形式都是一回事。

$3\div5=0\cdots\cdots3$　　（带余除法表示）

$3\div5=0.6$　　（小数表示）

$3\div5=\frac{3}{5}$　　（分数表示）

$3\div5=\frac{60}{100}=60\%$　　（百分数表示）

$3\div5=3:5$　　（比表示）

小数部分为有限位的小数是有限小数，有限小数可以化为分数，小数点向右移动一位，再除以 10，小数点向右移动两位，再除以 100……可得分数的分母为 10^n，分数约分后化成的最简分数的分母只含有质因数 2，5（两者至少含有一个）。

$0.82=82\div100=\frac{82}{100}=\frac{41}{50}=\frac{41}{2\times5^2}$。

$3.125=3+0.125=3+125\div1000=3\frac{125}{1000}=3\frac{1}{8}=3\frac{1}{2^3}$。

一般情况下，$0.a=\frac{a}{10}$，$0.ab=\frac{\overline{ab}}{100}$，$0.abc=\frac{\overline{abc}}{1000}$，…。

反过来，最简分数分母只含有质因数 2，5 的时候，才能通过通分把分母化为 10，100，1000，…，且最简分数的分母为 $2^a\times5^b$ 形式，化成的小数部分共有 p 位，且

$p=\max\{a,b\}$。

$$\frac{1}{4}=\frac{1}{2^2}=\frac{1\times5^2}{2^2\times5^2}=\frac{25}{100}=25\div100=0.25。$$

$$\frac{57}{80}=\frac{57}{2^4\times5}=\frac{57\times5^3}{2^4\times5^4}=\frac{7125}{10000}=7125\div10000=0.7125。$$

一般情况下，$\frac{n}{m}=\frac{n}{2^a\times5^b}=0.\underbrace{\square\square\cdots\square}_{p位}$[其中$(n,m)=1$，$n<m$，$p=\max\{a,b\}$]。

例题精讲

例题 1-1 把下面小数化成分数。

(1)0.29=________；　　　　(2)3.145=________。

【解答】 (1)$0.29=29\div100=\frac{29}{100}$；

(2)$3.145=3+0.145=3\frac{145}{1000}=3\frac{29}{200}$。

例题 1-2 把下面分数化成小数。

(1)$\frac{9}{80}=$________；　　　　(2)$\frac{836}{125}=$________。

【解法一】 直接列除法竖式，略。

【解法二】 根据分母特点化成小数。

(1)$\frac{9}{80}=\frac{9}{2^4\times5}=\frac{9\times5^3}{2^4\times5^4}=\frac{1125}{10000}=0.1125$；

(2)$\frac{836}{125}=6\frac{86}{125}=6+\frac{688}{1000}=6.688$。

例题 2-1 计算：$3.52\times1.86+35.2\times0.814+186\times0.0648+6.48\times8.14$。

【解答】 原式$=3.52\times1.86+3.52\times8.14+6.48\times1.86+6.48\times8.14$

$=3.52\times(1.86+8.14)+6.48\times(1.86+8.14)$

$=3.52\times10+6.48\times10$

$=10(3.52+6.48)$

$=100$。

例题 2-2 最简分数$\frac{m}{n}=0.\square\square$，且百分位上的数字不为 0，那么 n 的取值共有________个。

【解答】 分母 n 是 100 的约数，不是 10 的约数，n 可以为 2^2，$2^2\times5$，$2^2\times5^2$，2×5^2，5^2，共有 5 个。

针对性练习

练习❶ 把下面小数化成分数。

(1)0.36=________；　　(2)5.62=________。

练习❷ 把下面分数化成小数。

(1)$\frac{21}{40}$=________；　　(2)$\frac{238}{32}$=________。

练习❸ 计算：$23.7\times4.58+2.37\times21.1+66.9\times7.63=$________。

练习❹ 最简分数$\frac{m}{n}=0.\square\square\square$，且千分位上的数字不为 0，那么 n 的取值共有________个。

练习❺ 已知带分数 $a\frac{c}{b}$，$a+b+c=30$，$(b,c)=1$，且这个分数可化为小数部分为两位的小数，那么这样的带分数共有________个。

练习参考答案

练习题号	练习 1	练习 2	练习 3	练习 4	练习 5
参考答案	(1)$\frac{9}{25}$，(2)$5\frac{31}{50}$	(1)0.525，(2)7.4375	669	7	10
解答提示	基本练习	列除法竖式	小数点移动，分步提取公因数	质因数 2 和 5 至少有一个为 3 次方	分母为 4 的有 2 个，分母为 20 的有 4 个，分母为 25 的有 4 个

JS-74 纯循环小数与分数

神器内容	$0.\dot{a}=\frac{a}{9}$，$0.\dot{a}\dot{b}=\frac{\overline{ab}}{99}$，$0.\dot{a}b\dot{c}=\frac{\overline{abc}}{999}$，…。
要点说明	纯循小数化分数，互化方法记清楚。 循环节长是几位，分母同长 9 写对。 赶快去掉循环点，放在分子很明显。

神器溯源

从小数点后第一位开始循环的小数叫作纯循环小数。如 $0.888\cdots=0.\dot{8}$，$0.6565\cdots=0.\dot{6}\dot{5}$，$0.123123\cdots=0.\dot{1}2\dot{3}$。

首先证明 $0.\dot{9}=1$。

证明：设 $x=0.\dot{9}$，则 $x=0.999\cdots$，$10x=9.999\cdots$，$10x=9+0.999\cdots$，

$10x=9+0.\dot{9}$，$10x=9+x$，$9x=9$，$x=1$。

所以，$0.\dot{9}=1$。

故有 $0.\dot{a}=a\times0.\dot{1}=\frac{a}{9}\times0.\dot{9}=\frac{a}{9}\times1=\frac{a}{9}$。

再证明 $0.\dot{a}\dot{b}=\frac{\overline{ab}}{99}$。

证明：设 $x=0.\dot{a}\dot{b}$，则 $100x=ab.\dot{a}\dot{b}$，$100x=\overline{ab}+0.\dot{a}\dot{b}$，$100x=\overline{ab}+x$，$x=\frac{\overline{ab}}{99}$。

所以 $0.\dot{a}\dot{b}=\frac{\overline{ab}}{99}$。

进一步得到 $0.\dot{a}b\dot{c}=\frac{\overline{abc}}{999}$，$0.\dot{a}bc\dot{d}=\frac{\overline{abcd}}{9999}$，…。

可见纯循环小数可以化成分母都是由 9 组成的分数，9 的个数就是循环节长，分子就是一个循环节。

反过来，只有分母是由9组成的分数才能化成纯循环小数，循环节长等于分母中9的个数。约分后的既约真分数的分母只由2和5以外的质因数组成，这个分母最少能整除几个9，那么纯循环小数的循环节就有多长。

既约真分数$\frac{q}{p}=0.\underbrace{\dot{\square}\square\cdots\dot{\square}}_{n\text{位}}$，其中$(p,q)=1$，$p\mid\underbrace{99\cdots9}_{n\text{位}}$，且$p\nmid\underbrace{99\cdots9}_{m\text{位}}(m<n)$。

最小的几个奇质数(5除外)为分数的分母，化成纯循环小数的循环节如下：

$\frac{1}{3}=0.\dot{3}$，$\frac{2}{3}=0.\dot{6}$。

$\frac{1}{7}=0.\dot{1}4285\dot{7}$，$\frac{2}{7}=0.\dot{2}8571\dot{4}$，$\frac{3}{7}=0.\dot{4}2857\dot{1}$，$\frac{4}{7}=0.\dot{5}7142\dot{8}$，$\frac{5}{7}=0.\dot{7}1428\dot{5}$，$\frac{6}{7}=0.\dot{8}5714\dot{2}$。

$\frac{1}{11}=0.\dot{0}\dot{9}$。

$\frac{1}{13}=0.\dot{0}7692\dot{3}$，$\frac{2}{13}=0.\dot{1}5384\dot{6}$，$\frac{3}{13}=0.\dot{2}3076\dot{9}$，$\frac{4}{13}=0.\dot{3}0769\dot{2}$，$\frac{5}{13}=0.\dot{3}8461\dot{5}$，$\frac{6}{13}=0.\dot{4}6153\dot{8}$，$\frac{7}{13}=0.\dot{5}3846\dot{1}$，$\frac{8}{13}=0.\dot{6}1538\dot{4}$，$\frac{9}{13}=0.\dot{6}9230\dot{7}$，$\frac{10}{13}=0.\dot{7}6923\dot{0}$，$\frac{11}{13}=0.\dot{8}4615\dot{3}$，$\frac{12}{13}=0.\dot{9}2307\dot{6}$。

小数有哪些？小数如何分类？整数也看作小数部分为0的小数，如$3=3.0$。具体如下：

- 小数(实数)
  - 有限小数(包括整数)：如3，2.68
  - 无限小数
    - 无限循环小数
      - 无限纯循环小数：如$0.\dot{2}$，$3.\dot{1}\dot{5}$
      - 无限混循环小数：如$0.10\dot{2}$，$3.6\dot{1}\dot{5}$
    - 无限不循环小数(无理数)：π，$\sqrt{2}$，0.1020304…

例题精讲

例题1-1 把下面小数化成分数。

(1)$0.\dot{2}\dot{9}=$________；　　(2)$3.\dot{0}4\dot{5}=$________。

【解答】 (1)$0.\dot{2}\dot{9}=\frac{29}{99}$。　　(2)$3.\dot{0}4\dot{5}=3+\frac{045}{999}=3\frac{5}{111}$。

例题 1-2 把下面分数化成小数。

(1)$\frac{9}{11}=$________；　　(2)$\frac{300}{41}=$________。

【解法一】 列除法竖式，略。

【解法二】 根据分母特点化小数。

(1)$\frac{9}{11}=\frac{81}{99}=0.\dot{8}\dot{1}$。　　(2)$\frac{300}{41}=7\frac{13}{41}=7\frac{31707}{99999}=7.\dot{3}170\dot{7}$。

例题 1-3 计算：$0.\dot{0}\dot{1}\times0.\dot{0}\dot{2}+0.\dot{0}\dot{2}\times0.\dot{0}\dot{3}+\cdots+0.\dot{1}\dot{7}\times0.\dot{1}\dot{8}=$________。（为形式统一，个别循环小数不标准。）

【解答】 原式$=\frac{01}{99}\times\frac{02}{99}+\frac{02}{99}\times\frac{03}{99}+\cdots+\frac{17}{99}\times\frac{18}{99}$

$=\frac{01\times02+02\times03+\cdots+17\times18}{99\times99}$

$=\frac{17\times18\times19}{99\times99\times3}$

$=\frac{646}{3267}$。

例题 2-1 真分数$\frac{a}{7}$化为小数后，如果从小数点后第一位的数字开始连续若干个数字之和是 2000，那么 $a=$________。

【解答】 1)$\frac{a}{7}$的循环节都是“142857”，循环节的六个数字之和为 27；

2)$2000\div27=74\cdots\cdots2$，$0.\dot{2}8571\dot{4}=\frac{2}{7}$。

所以 $a=2$。

例题 2-2 将一个纯循环小数 $0.\dot{a}b\dot{c}$ 化成最简真分数后，它的分子与分母的差为 9，那么 $a+b+c=$________。

【解答】 1)$0.\dot{a}b\dot{c}=\frac{\overline{abc}}{999}$，最简真分数的分母只能是 27，37，111，333，999。

2)分子与分母之差是 9，如果分母是 3 的倍数，那么分子也一定是 3 的倍数，这与最简真分数矛盾，所以分母不是 3 的倍数，只能是 37，这个分数为$\frac{37-9}{37}=\frac{28}{37}=0.\dot{7}5\dot{6}$。

所以，$a+b+c=7+5+6=18$。

例题 2-3 最简真分数$\frac{m}{n}=0.\dot{\square}\dot{\square}$，且循环小数的写法是标准形式，分子与分母之和不大于 60，那么这样的分数共有________个。

【解答】 1）分母 n 是 99 的约数，但不是 9 的约数，又知 $m+n\leqslant 60$，得到 $n=11$ 或 33。

2）当 $n=11$ 时，$m=1\sim 10$，共 10 种；当 $n=33$ 时，$1\leqslant m\leqslant 27$，有 $60-33-9-2+0=16$ 种取值。

所以，这样的分数共有 $10+16=26$ 个。

针对性练习

练习❶ 把下面小数化成分数。

（1）$0.\dot{3}\dot{9}=$________； （2）$8.\dot{0}82\dot{5}=$________。

练习❷ 把下面分数化成小数。

（1）$\frac{16}{33}=$________； （2）$\frac{123}{37}=$________。

练习❸ 计算：$0.\dot{1}\times 0.\dot{2}+0.\dot{2}\times 0.\dot{3}+\cdots+0.\dot{7}\times 0.\dot{8}+0.\dot{8}\times 0.\dot{9}=$________。

练习❹ 真分数$\frac{6}{13}$可化为纯循环小数，从小数点后第 1 位开始，到第 100 位止，这 100 个数字之和为________。

练习❺ 将循环小数 $0.\dot{1}2\dot{3}$ 与 $0.\dot{1}7682\dot{3}$ 相乘，乘积在小数后某位四舍五入取近似值，这个近似值所有数字之和为 101，那么这个小数精确到小数点后第________位。

练习6 循环小数 $0.\dot{a}b\dot{c}$ 可以化为单位分数的共有________个。

练习7 纯循环小数 $0.\dot{a}bc\dot{d}$ 共有________个。（循环小数写法标准，不同的字母可以取相同的数字。）

练习8 算式 $\underbrace{77\cdots7}_{20个7}\times\underbrace{22\cdots2}_{20个2}$ 的计算结果的左边前四位数为________。

练习9 算式$\frac{8}{13}\times\frac{25}{101}$的计算结果化成纯循环小数时，循环节长为________。

练习参考答案

练习题号	练习 1	练习 2	练习 3	练习 4
参考答案	(1)$\frac{13}{33}$,(2)$8\frac{25}{303}$,	(1)$0.\dot{4}\dot{8}$,(2)$3.\dot{3}2\dot{4}$	$\frac{80}{27}$	448
解答提示	$0.\dot{3}\dot{9}=\frac{39}{99}$ $8.\dot{0}82\dot{5}=8\frac{0825}{9999}$	列除法竖式	纯循环小数化为分数，分母相同	$0.\dot{4}6153\dot{8}$ 循环节长为 6，其数字和为 27
练习题号	练习 5	练习 6	练习 7	练习 8
参考答案	34	5	9910	1728
解答提示	乘积为 $0.\dot{0}2177\dot{1}$	$\frac{1}{27}$,$\frac{1}{37}$,$\frac{1}{111}$,$\frac{1}{333}$,$\frac{1}{999}$	$10000-100+10$ $=9910$	所求与 $0.\dot{7}\times0.\dot{2}$ 的小数点后面四位相同
练习题号	练习 9			
参考答案	12			
解答提示	$[6,4]=12$			

JS-75　混循环小数与分数

神器内容	$0.a\dot{b}=\frac{\overline{ab}-a}{90}$，$0.a\dot{b}\dot{c}=\frac{\overline{abc}-a}{990}$，$0.ab\dot{c}=\frac{\overline{abc}-\overline{ab}}{900}$，…。
要点说明	混循小数化分数，互化方法记清楚。 循环节长是几位，分母同长 9 写对。 前面几位不循环，同长添 0 写后面。 循不循环都要到，写在分子要知晓。 到此分子未写完，还要减去不循环。

神器溯源

不是从小数点后第一位开始循环的小数叫作混循环小数。如 $0.12323\cdots=0.1\dot{2}\dot{3}$，$0.15666\cdots=0.15\dot{6}$，$0.2156156156\cdots=0.2\dot{1}5\dot{6}$。

前面已经学习了有限小数和纯循环小数化成分数的方法，这里可以把混循环小数写成有限小数和纯循环小数相加的形式。

$$0.a\dot{b}=0.a+0.0\dot{b}=\frac{a}{10}+0.\dot{b}\div10=\frac{a}{10}+\frac{b}{90}=\frac{9a+b}{90}=\frac{(10a+b)-a}{90}=\frac{\overline{ab}-a}{90}。$$

$$0.a\dot{b}\dot{c}=0.a+0.0\dot{b}\dot{c}=\frac{a}{10}+0.\dot{b}\dot{c}\div10=\frac{a}{10}+\frac{\overline{bc}}{990}=\frac{99a+\overline{bc}}{990}=\frac{100a+\overline{bc}-a}{990}=\frac{\overline{abc}-a}{990}。$$

$$0.ab\dot{c}=0.ab+0.00\dot{c}=\frac{\overline{ab}}{100}+0.\dot{c}\div100=\frac{\overline{ab}}{100}+\frac{c}{900}=\frac{9\overline{ab}+c}{900}=\frac{(10\overline{ab}+c)-\overline{ab}}{900}=\frac{\overline{abc}-\overline{ab}}{900}。$$

可见混循环小数可以化成分数，分母是由 9 和 0 组成的多位数，其中前面 9 的个数等于循环节长，0 的个数是不循环部分的位数；分子是由不循环部分和一个循环节组成的多位数再减去不循环部分数字组成的数。

反过来，既约分数的分母既含有 2，5 这样的质因数，又含有质因数 2，5 以外的质因数，才能化成混循环小数。

既约真分数$\dfrac{q}{2^a\times5^b\times p}=0.\underbrace{\square\square\cdots\square}_{m\text{位}}\underbrace{\dot{\square}\square\square\cdots\dot{\square}}_{n\text{位}}$，其中$(p,10q)=1$，$m=\max\{a,b\}$，

$p\mid\underbrace{99\cdots9}_{n\text{位}}$，且$p\nmid\underbrace{99\cdots9}_{t\text{位}}(t<n)$。

$$\frac{q}{2^a\times5^b\times p}=\frac{q\times2^{m-a}\times5^{m-b}\times s}{10^m\times\underbrace{99\cdots9}_{n\text{位}}}=\frac{q\times2^{m-a}\times5^{m-b}\times s}{\underbrace{99\cdots9}_{n\text{位}}\underbrace{00\cdots0}_{m\text{位}}}=0.\underbrace{\square\square\cdots\square}_{m\text{位}}\underbrace{\dot{\square}\square\square\cdots\dot{\square}}_{n\text{位}}。$$

（其中$m=\max\{a,b\}$，$ps=\underbrace{99\cdots9}_{n\text{位}}$。）

例题精讲

例题 1-1 把下面小数化成分数。

(1)$0.51\dot{2}\dot{9}=$________；　　(2)$2.\dot{8}04\dot{5}=$________。

【解答】 (1)$0.51\dot{2}\dot{9}=\dfrac{5129-51}{9900}=\dfrac{5078}{9900}=\dfrac{2539}{4950}$；

(2)$2.\dot{8}04\dot{5}=2+\dfrac{8045-8}{9990}=2\dfrac{893}{1110}$。

例题 1-2 把下面分数化成小数。

(1)$\dfrac{9}{22}=$________；　　(2)$\dfrac{461}{164}=$________。

【解法一】 列除法竖式，略。

【解法二】 根据分母特点化小数。

(1)$\dfrac{9}{22}=\dfrac{9}{2\times11}=\dfrac{9\times5\times9}{2\times11\times5\times9}=\dfrac{405}{990}=\dfrac{409-4}{990}=0.4\dot{0}\dot{9}$；

(2)$\dfrac{461}{164}=2+\dfrac{133}{2^2\times41}=2+\dfrac{133\times5^2\times2439}{2^2\times41\times5^2\times2439}=2+\dfrac{8109675}{9999900}=2+\dfrac{8109756-81}{9999900}=2.81\dot{0}975\dot{6}$。

例题 1-3 计算：$0.0\dot{1}\times0.0\dot{2}+0.0\dot{2}\times0.0\dot{3}+\cdots+0.1\dot{8}\times0.1\dot{9}=$________。（为形式统一，个别循环小数不标准。）

【解答】 原式$=\dfrac{01-0}{90}\times\dfrac{02-0}{90}+\dfrac{02-0}{90}\times\dfrac{03-0}{90}+\cdots+\dfrac{18-1}{90}\times\dfrac{19-1}{90}+$

$$\frac{09-0}{90}\times\frac{10-1}{90}$$

$$=\frac{1\times2+2\times3+\cdots+17\times18}{90\times90}+\frac{9\times9}{90\times90}$$

$$=\frac{17\times18\times19}{90\times90\times3}+\frac{9\times9\times3}{90\times90\times3}=\frac{673}{2700}。$$

例题 2-1 有个小马虎,在计算 a 与 $1.2\dot{5}$ 的乘积时,由于没有看到循环点,得到的结果比正确的结果少 0.3,那么正确的结果是________。

【解答】 根据题意,得到

$a\times1.2\dot{5}-a\times1.25=0.3$, $a\times0.00\dot{5}=0.3$, $a\times\frac{5}{900}=\frac{3}{10}$, $a=54$。

正确的结果为 $54\times1.2\dot{5}=54\times1\frac{25-2}{90}=67.8$。

例题 2-2 把 1 至 9 各一次,填入下面算式方框内,使得算式结果最大,那么不同的填法共有________种。

$$0.\dot{\square}\square\dot{\square}+0.\square\dot{\square}\dot{\square}+0.\square\square\dot{\square}$$

【解答】 为了使得算式结果尽量大,首先小数点后第一位尽量大,且尽早在后面数位上出现,十分位为 9,8,7,百分位上的数字为 6,5,4,千分位上的数字为 3,2,1。算式结果最大的填法为 $0.\dot{9}5\dot{1}+0.8\dot{6}\dot{2}+0.74\dot{3}$。

其中 8 和 7 可以调换,共 2 种不同填法。

例题 2-3 能化成混循环小数“$0.\square\square\dot{\square}\square\dot{\square}$”形式的单位分数共有________个。

【解答】 1)$0.\square\square\dot{\square}\square\dot{\square}=\frac{\overline{abcde}-\overline{ab}}{999\times100}$,分母中的 999 决定三位循环,约分后,这部分不能是 99 的约数,否则循环节可能缩短,故可以为 999,333,111,37,27,共 5 种。

2)分母中的 100 决定两位不循环,约分后不能是 10 的约数,否则不循环部分有可能缩短,故可以为 100,50,25,20,4,共 5 种。

所以,单位分数共有 $5\times5=25$ 个。

针对性练习

练习❶ 把下面小数化成分数。

(1)$0.2\dot{3}\dot{9}=$________; (2)$3.2\dot{0}7\dot{4}=$________。

练习❷ 把下面分数化成小数。

(1)$\frac{35}{44}$=________； (2)$\frac{125}{54}$=________。

练习❸ 计算：$0.12\dot{3}-0.1\dot{2}\dot{3}\times11+0.\dot{1}2\dot{3}\times37=$________。

练习❹ 计算：$0.2\dot{1}\times0.2\dot{2}+0.2\dot{2}\times0.2\dot{3}+\cdots+0.2\dot{7}\times0.2\dot{8}+0.2\dot{8}\times0.2\dot{9}=$________。（为形式统一，个别循环小数不规范。）

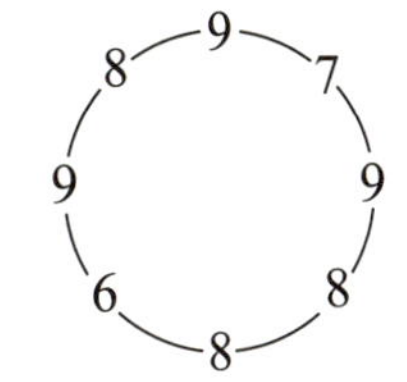

练习❺ 如图，有八个数字排成一圈，从某两个数字之间隔开，按顺时针方向组成一个整数部分只有一位数字的小数，那么这个小数最大是________。

练习❻ 假分数$\frac{2029}{14}$可化为混循环小数，从小数点后第 1 位开始，到第 n 位止，这 n 位数字之和恰好等于整数部分，那么 $n=$ ________。

练习❼ 小马虎做乘法 $2.\dot{8}\dot{5}\times a$，由于不小心看丢了一个循环点，得到结果比实际小 2，那么 $a=$________。

练习❽ 分数$\frac{3}{n}$可化成混循环小数 0.□$\dot{□}$□$\dot{□}$，则这个分数共有________个。

练习参考答案

练习题号	练习 1	练习 2	练习 3	练习 4
参考答案	(1)$\frac{79}{330}$，(2)$3\frac{28}{135}$	(1)$0.79\dot{5}\dot{4}$，(2)$2.3\dot{1}4\dot{8}$	$3.32\dot{3}$	$\frac{356}{675}$
解答提示	混循环小数化分数	分数化混循环小数	循环小数化分数	混循环小数化分数，分子裂项
练习题号	练习 5	练习 6	练习 7	练习 8
参考答案	$9.897\dot{9}88\dot{6}$	31	660	18
解答提示	整数部分为 9，小数部分可以循环	$\frac{2029}{14}=144.9\dot{2}8571\dot{4}$	$(2.\dot{8}\dot{5}-2.8\dot{5})a=2$	2，2×5，5 与 2997，999，333，111，81，37 组合搭配

JS-76　通分去加减

神器内容	分数加减之前先通分 $\frac{b}{a}\pm\frac{d}{c}=\frac{bc\pm ad}{ac}$。
要点说明	分数加减法，分母统一它。 分子再加减，都是如此算。 遇假要化带，整分分离开。

神器溯源

如下图，两个同样大的大饼，一个平均分成 8 份，取出 3 份，另一个平均分成 6 份，取出 5 份，那么两次取出的大饼共有多少呢？我们可以列出算式 $\frac{3}{8}+\frac{5}{6}$，两者相加必须保证两者的标准相同，也就是每小块大饼是一样的，这样就需要把大饼平均分成 24 块，才能得到每一小块大饼相同。

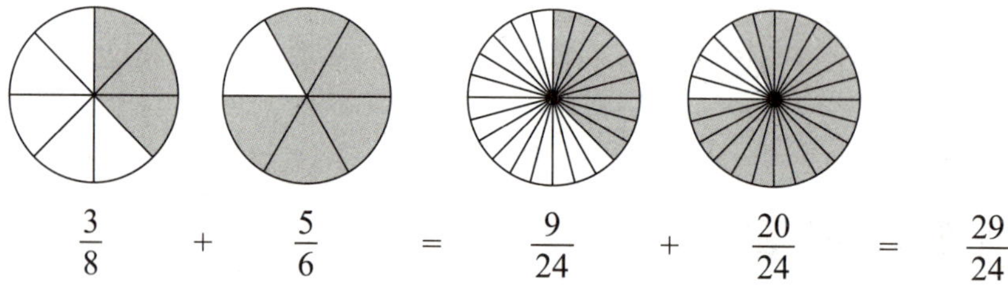

$$\frac{3}{8}+\frac{5}{6}=\frac{9}{24}+\frac{20}{24}=\frac{29}{24}$$

分数加减法，首先要根据分数基本性质进行通分，转化为同分母的分数加减，分母不变，分子相加减。

$\frac{b}{a}\pm\frac{c}{a}=\frac{b\pm c}{a}$，$\frac{b}{a}\pm\frac{d}{c}=\frac{bc}{ac}\pm\frac{ad}{ac}=\frac{bc\pm ad}{ac}$。

注：对于分数数列加减法的内容，将会在分数数列裂项中学习。

例题精讲

例题 1-1 计算：$1\frac{3}{4}+2\frac{7}{10}+3\frac{5}{12}-6\frac{11}{30}=$________。

【解答】 $1\frac{3}{4}+2\frac{7}{10}+3\frac{5}{12}-6\frac{11}{30}$

$=(1+2+3-6)+\frac{45}{60}+\frac{42}{60}+\frac{25}{60}-\frac{22}{60}$

$=\frac{45+42+25-22}{60}$

$=1\frac{1}{2}$。

例题 1-2 计算：$\frac{1}{2}+\frac{1}{3}-\frac{1}{6}+\frac{1}{8}-\frac{1}{9}-\frac{1}{18}+\frac{1}{24}=$______。

【解答】 $\frac{1}{2}+\frac{1}{3}-\frac{1}{6}+\frac{1}{8}-\frac{1}{9}-\frac{1}{18}+\frac{1}{24}$

$=\frac{3}{6}+\frac{2}{6}-\frac{1}{6}+\frac{3}{24}-\frac{2}{18}-\frac{1}{18}+\frac{1}{24}$

$=\frac{3+2-1}{6}+\frac{3+1}{24}-\frac{2+1}{18}$

$=\frac{2}{3}+\frac{1}{6}-\frac{1}{6}$

$=\frac{2}{3}$。

例题 1-3 计算：$\frac{1}{4032}+\frac{1}{63}+\frac{1}{126}+\frac{1}{252}+\frac{1}{504}+\frac{1}{1008}+\frac{1}{2016}+\frac{1}{4032}=$______。

【解答】 $\frac{1}{4032}+\frac{1}{63}+\frac{1}{126}+\frac{1}{252}+\frac{1}{504}+\frac{1}{1008}+\frac{1}{2016}+\frac{1}{4032}$

$=\frac{1}{63}+\frac{1}{126}+\frac{1}{252}+\frac{1}{504}+\frac{1}{1008}+\frac{1}{2016}+\frac{1}{2016}$

$=\frac{1}{63}+\frac{1}{126}+\frac{1}{252}+\frac{1}{504}+\frac{1}{1008}+\frac{1}{1008}$

$=\frac{1}{63}+\frac{1}{126}+\frac{1}{252}+\frac{1}{504}+\frac{1}{504}$

$=\frac{1}{63}+\frac{1}{126}+\frac{1}{252}+\frac{1}{252}$

$=\frac{1}{63}+\frac{1}{126}+\frac{1}{126}$

$$=\frac{1}{63}+\frac{1}{63}$$

$$=\frac{2}{63}。$$

例题 2-1 计算：$\left(\frac{1}{2}+\frac{2}{3}+\cdots+\frac{99}{100}\right)+\left(\frac{1}{3}+\frac{2}{4}+\cdots+\frac{98}{100}\right)+\left(\frac{1}{4}+\frac{2}{5}+\cdots+\frac{97}{100}\right)+\cdots+\left(\frac{1}{99}+\frac{2}{100}\right)+\frac{1}{100}=$________。

【解答】 $\left(\frac{1}{2}+\frac{2}{3}+\cdots+\frac{99}{100}\right)+\left(\frac{1}{3}+\frac{2}{4}+\cdots+\frac{98}{100}\right)+\left(\frac{1}{4}+\frac{2}{5}+\cdots+\frac{97}{100}\right)+\cdots+\left(\frac{1}{99}+\frac{2}{100}\right)+\frac{1}{100}$

$$=\frac{1}{2}+\frac{2+1}{3}+\frac{3+2+1}{4}+\frac{4+3+2+1}{5}+\cdots+\frac{99+98+\cdots+1}{100}$$

$$=0.5+1+1.5+2+\cdots+49.5$$

$$=2475。$$

例题 2-2 计算：$\frac{1}{1}+\left(\frac{2}{1}-\frac{1}{2}\right)+\left(\frac{3}{1}-\frac{2}{2}+\frac{1}{3}\right)+\left(\frac{4}{1}-\frac{3}{2}+\frac{2}{3}-\frac{1}{4}\right)+\cdots+\left(\frac{10}{1}-\frac{9}{2}+\frac{8}{3}-\frac{7}{4}+\cdots-\frac{1}{10}\right)=$________。

【解答】 $\frac{1}{1}+\left(\frac{2}{1}-\frac{1}{2}\right)+\left(\frac{3}{1}-\frac{2}{2}+\frac{1}{3}\right)+\left(\frac{4}{1}-\frac{3}{2}+\frac{2}{3}-\frac{1}{4}\right)+\cdots+\left(\frac{10}{1}-\frac{9}{2}+\frac{8}{3}-\frac{7}{4}+\cdots-\frac{1}{10}\right)$

$$=\frac{1+2+\cdots+10}{1}-\frac{1+2+\cdots+9}{2}+\frac{1+2+\cdots+8}{3}-\frac{1+2+\cdots+7}{4}+\cdots+\frac{1+2}{9}-\frac{1}{10}$$

$$=55-\frac{45}{2}+\frac{36}{3}-\frac{28}{4}+\frac{21}{5}-\frac{15}{6}+\frac{10}{7}-\frac{6}{8}+\frac{3}{9}-\frac{1}{10}$$

$$=40\frac{47}{420}。$$

针对性练习

练习❶ 计算：$9\frac{3}{4}-8\frac{5}{6}+7\frac{7}{12}-6\frac{12}{35}=$______。

练习❷ 计算：$\frac{1}{2}+\frac{1}{4}+\frac{1}{8}+\frac{1}{16}+\frac{1}{31}+\frac{1}{62}+\frac{1}{124}+\frac{1}{248}+\frac{1}{496}=$______。

练习❸ 计算：$\frac{1}{2}+\frac{5}{6}+\frac{11}{12}+\frac{19}{20}+\frac{29}{30}+\frac{41}{42}+\frac{55}{56}=$______。

练习❹ 计算：$\left(\frac{1}{2}+1\frac{2}{3}+2\frac{3}{4}+\cdots+18\frac{19}{20}\right)+\left(\frac{1}{3}+1\frac{2}{4}+2\frac{3}{5}+\cdots+17\frac{18}{20}\right)+\left(\frac{1}{4}+1\frac{2}{5}+2\frac{3}{6}+\cdots+16\frac{17}{20}\right)+\cdots+\left(\frac{1}{19}+1\frac{2}{20}\right)+\frac{1}{20}=$______。

练习❺ 计算：$200\times\left(1+\frac{1}{2}+\frac{1}{3}+\cdots+\frac{1}{199}\right)-1-\left(1+\frac{1}{2}\right)-\left(1+\frac{1}{2}+\frac{1}{3}\right)-\cdots-\left(1+\frac{1}{2}+\frac{1}{3}+\cdots+\frac{1}{199}\right)=$______。

练习❻ 计算：$1\times\left(1-\frac{1}{2}+\frac{1}{3}-\frac{1}{4}+\cdots+\frac{1}{9}\right)-3\times\left(\frac{1}{2}-\frac{1}{3}+\frac{1}{4}-\cdots-\frac{1}{9}\right)+5\times\left(\frac{1}{3}-\frac{1}{4}+\cdots+\frac{1}{9}\right)-\cdots+17\times\frac{1}{9}=$______。

练习参考答案

练习题号	练习 1	练习 2	练习 3	练习 4
参考答案	$2\frac{11}{70}$	1	$6\frac{1}{8}$	1235
解答提示	前三个分数通分	后面 5 个分数一起通分	$\frac{n-1}{n}=1-\frac{1}{n}$	整数分离出来，同分母重组
练习题号	练习 5	练习 6		
参考答案	199	6		
解答提示	去括号，同分母重组	同分母重组		

JS-77　约分去乘除

神器内容	分数乘法：$\frac{b}{a}\times\frac{d}{c}=\frac{b\times d}{a\times c}$。　分数除法：$\frac{b}{a}\div\frac{d}{c}=\frac{b}{a}\times\frac{c}{d}=\frac{b\times c}{a\times d}$。
要点说明	分数乘除法，法则记住它。 分子乘分子，仍然是分子。 分母乘分母，仍然是分母。 分数除法算，子母要互换。 遇带要化假，约分顶呱呱。

神器溯源

1. 分数乘法

分数相乘，分子乘积作为乘积的分子，分母乘积作为乘积的分母。遇到带分数，先化成假分数，能约分的要约分，再相乘。

$$\frac{b}{a}\times\frac{d}{c}=\frac{b\times d}{a\times c},\ a\times\frac{c}{b}=\frac{a}{1}\times\frac{c}{b}=\frac{ac}{b},\ a\frac{c}{b}\times d\frac{f}{e}=\frac{ab+c}{b}\times\frac{de+f}{e}=\frac{(ab+c)(de+f)}{be}。$$

2. 分数除法

分数相除，转化为乘除数的倒数，遇到除数是带分数，要将其化成假分数，然后分子、分母颠倒，能约分的要约分，再相乘。

$$\frac{b}{a}\div\frac{d}{c}=\frac{b}{a}\times\frac{c}{d}=\frac{b\times c}{a\times d},\frac{b}{a}\div c=\frac{b}{a}\times\frac{1}{c}=\frac{b}{ac},a\frac{c}{b}\div d\frac{f}{e}=\frac{ab+c}{b}\times\frac{e}{de+f}=\frac{(ab+c)e}{b(de+f)}。$$

例题精讲

例题 1-1 计算：$199\frac{199}{200}\div199=$________。

【解法一】 原式$=\frac{199\times200+199}{200}\times\frac{1}{199}=\frac{199\times201}{200}\times\frac{1}{199}=\frac{201}{200}=1\frac{1}{200}$。

【解法二】 原式$=\left(199+\frac{199}{200}\right)\div199=\left(1+\frac{1}{200}\right)\times199\div199=1\frac{1}{200}$。

例题 1-2 计算：$\frac{1234321}{12344321}\times2\frac{69}{101}\div1\frac{89}{164}=$________。

【解答】

$$\frac{1234321}{12344321}\times2\frac{69}{101}\div1\frac{89}{164}$$
$$=\frac{1111\times1111}{1111\times11111}\times\frac{271}{101}\times\frac{164}{253}$$
$$=\frac{11\times101}{41\times271}\times\frac{271}{101}\times\frac{41\times4}{11\times23}$$
$$=\frac{4}{23}。$$

例题 1-3 计算：$\left(8\frac{16}{31}\div\frac{25}{17}\times2\frac{91}{102}\right)\div\left(\frac{33}{256}\times\frac{32}{93}\div\frac{3}{236}\right)=$________。

【解答】

$$\left(8\frac{16}{31}\div\frac{25}{17}\times2\frac{91}{102}\right)\div\left(\frac{33}{256}\times\frac{32}{93}\div\frac{3}{236}\right)$$
$$=\left(8\times\frac{33}{31}\times\frac{17}{25}\times\frac{5\times59}{6\times17}\right)\div\left(\frac{33}{256}\times\frac{32}{93}\times\frac{4\times59}{3}\right)$$
$$=\left(\frac{4\times11}{31}\times\frac{59}{5}\right)\div\left(\frac{11\times59}{6\times31}\right)$$
$$=\frac{4\times11}{31}\times\frac{59}{5}\times\frac{6\times31}{11\times59}$$
$$=4\frac{4}{5}。$$

例题 2-1 计算：$\frac{3}{5}\div\left[2\frac{3}{4}\times4.\dot{7}\dot{2}\div\left(4.1\dot{6}\div1\frac{2}{3}\right)\right]\times7.8=$________。

【解答】

$$\frac{3}{5}\div\left[2\frac{3}{4}\times4.\dot{7}\dot{2}\div\left(4.1\dot{6}\div1\frac{2}{3}\right)\right]\times7.8$$
$$=\frac{3}{5}\div2\frac{3}{4}\div4.\dot{7}\dot{2}\times4.1\dot{6}\div1\frac{2}{3}\times7.8$$
$$=\frac{3}{5}\times\frac{4}{11}\times\frac{11}{52}\times\frac{25}{6}\times\frac{3}{5}\times\frac{39}{5}$$

$=\frac{3\times3}{5\times2}$

$=\frac{9}{10}$。

例题 2-2 一根长绳，第 1 次减去全长的$\frac{1}{2}$，第 2 次减去剩下绳长的$\frac{1}{3}$，第 3 次减去剩下绳长的$\frac{1}{4}$，…，第 99 次减去剩下绳长的$\frac{1}{100}$，这时绳子还剩下 0.06 米，那么原来绳长为________米。

【解答】 $0.06\div\frac{99}{100}\div\frac{98}{99}\div\frac{97}{98}\div\cdots\div\frac{1}{2}$

$=\frac{6}{100}\times\frac{100}{99}\times\frac{99}{98}\times\frac{98}{97}\times\cdots\times\frac{2}{1}$

$=6$。

针对性练习

练习① 计算：$9\frac{3}{4}\times1\frac{5}{6}\div2\frac{11}{14}=$________。

练习② 计算：$99\frac{99}{100}\div1\frac{49}{50}\times\frac{6}{49}=$________。

练习③ 计算：$\left(1\frac{1}{7}\times1\frac{1}{9}\times1\frac{1}{11}\right)\div\left(\frac{5}{11}\times\frac{3}{7}\times\frac{2}{9}\right)=$________。

练习❹ 计算：$1\frac{1}{2}\times\left(1\frac{1}{3}\div\frac{4}{5}\right)\times\left(1\frac{1}{5}\div\frac{6}{7}\right)\times\left(1\frac{1}{7}\div\frac{8}{9}\right)=$______。

练习❺ 计算：$\frac{1}{11}\times\frac{121}{1221}\times\frac{12321}{123321}\times\frac{1234321}{12344321}\times\frac{123454321}{1234554321}=$______。

练习❻ 把 500 减去它的$\frac{1}{2}$，再减去剩下的$\frac{1}{3}$，接着减去剩下的$\frac{1}{4}$，如此下去，最后减去剩下的$\frac{1}{50}$，那么最后剩下的数为______。

练习参考答案

练习题号	练习 1	练习 2	练习 3	练习 4
参考答案	$6\frac{5}{12}$	$6\frac{9}{49}$	32	4.5
解答提示	带分数化成假分数，除法化成乘法	$99\frac{99}{100}=99\times1\frac{1}{100}$	分母乘积相同，重点计算分子	带化假，去括号，约分
练习题号	练习 5	练习 6		
参考答案	$\frac{1}{111111}$	10		
解答提示	12321=111×111， 123321=111×1111， …	$500\times\frac{1}{2}\times\frac{2}{3}\times\cdots\times\frac{49}{50}=10$		

JS-78 分数跨级运算

神器内容	跨级运算常规顺序：先乘除，后加减，括号优先。 跨级巧算： (1)提取公因数：$a\times b+a\times c-a\times d=a\times(b+c-d)$。 (2)提取公除数：$a\div d+b\div d-c\div d=(a+b-c)\div d$。
要点说明	同级运算谁都会，从左至右能做对。 跨级运算该咋办？先算乘除后加减。 括号题中若出现，当然括号要优先。 跨级巧算就一宝，提取公因都知道。 没有公因怎么办？想方设法去构造。 如何提取公因数？可以分组或分步。

神器溯源

四则运算与运算法则见下表：

级别	则别	运算名称	算式	运算法则
一级运算	第一则	加法	$a+b=c$	$a+b=b+a,(a+b)+c=a+(b+c)$
	第二则	减法	$c-a=b$ $c-b=a$	$a-b=-b+a$， $a-(b+c)=(a-b)-c$
二级运算	第三则	乘法	$a\times b=c$	$a\times b=b\times a,(a\times b)\times c=a\times(b\times c)$
	第四则	除法	$c\div a=b$ $c\div b=a$	$a\div b=1\div b\times a$， $a\div(b\div c)=(a\div b)\times c$

1. 同级运算的一般顺序：从左至右，依次计算。

   同级巧算：带着符号移动位置，构造逆运算。

2. 跨级运算的一般顺序：先乘除，后加减，括号优先。

   跨级巧算：提取公因数：$a\times b+a\times c-a\times d=a\times(b+c-d)$。

   提取公除数：$a\div d+b\div d-c\div d=(a+b-c)\div d$。

跨级运算的巧算，主要是提取公因数或提取公除数。如果没有公因数或公除数，尽量构造出来。提取公因数的方法可以是统一提取，可以是分组提取，也可以是分步提取，其中道理都是对分配律的逆运用。

特别提醒：不能提取公共的被除数。例如：$10\div2+10\div5\neq10\div(2+5)$。

例题精讲

例题 1-1 计算：$7\frac{17}{29}\times3.6+3\frac{3}{5}\times8\frac{14}{29}-6\frac{2}{29}\div\frac{5}{18}=$______。

【解答】 统一公因数的形式，提取公因数。

$$\begin{aligned}原式&=7\frac{17}{29}\times3.6+8\frac{14}{29}\times3.6-6\frac{2}{29}\times3.6\\&=\left(7\frac{17}{29}+8\frac{14}{29}-6\frac{2}{29}\right)\times3.6\\&=10\times3.6\\&=36。\end{aligned}$$

例题 1-2 计算：$65\times\left(\frac{1}{31}+\frac{1}{34}\right)-31\times\left(\frac{1}{34}+\frac{1}{65}\right)-34\times\left(\frac{1}{31}+\frac{1}{65}\right)=$______。

【解答】 乘法分配律后再重组。

$$\begin{aligned}原式&=\frac{65}{31}+\frac{65}{34}-\frac{31}{34}-\frac{31}{65}-\frac{34}{31}-\frac{34}{65}\\&=\frac{65-34}{31}+\frac{65-31}{34}-\frac{31+34}{65}\\&=1+1-1\\&=1。\end{aligned}$$

例题 1-3 计算：$1\frac{3}{17}\times11\frac{7}{15}-10\frac{1}{3}\div\frac{17}{20}+2\frac{1}{17}\times21\frac{8}{15}-2\frac{1}{17}\times20\frac{2}{5}=$______。

【解答】 分组提取公因数。

$$\begin{aligned}原式&=1\frac{3}{17}\times11\frac{7}{15}-10\frac{1}{3}\times1\frac{3}{17}+2\frac{1}{17}\times21\frac{8}{15}-2\frac{1}{17}\times20\frac{2}{5}\\&=1\frac{3}{17}\times\left(11\frac{7}{15}-10\frac{1}{3}\right)+2\frac{1}{17}\times\left(21\frac{8}{15}-20\frac{2}{5}\right)\\&=1\frac{3}{17}\times1\frac{2}{15}+2\frac{1}{17}\times1\frac{2}{15}\end{aligned}$$

$=\left(1\frac{3}{17}+2\frac{1}{17}\right)\times1\frac{2}{15}$

$=\frac{55}{17}\times\frac{17}{15}=3\frac{2}{3}$。

例题 2-1 计算：$\left(1\frac{7}{2025}+3\frac{7}{675}+5\frac{7}{405}\right)\div\left(5\frac{11}{2025}+3\frac{11}{675}+1\frac{11}{405}\right)=$________。

【解法一】 通分子。

原式$=\left(1\frac{7}{2025}+3\frac{7}{675}+5\frac{7}{405}\right)\div\left(1\frac{11}{2025}+3\frac{11}{675}+5\frac{11}{405}\right)$

$=\left[2032\times\left(\frac{1}{2025}+\frac{1}{675}+\frac{1}{405}\right)\right]\div\left[2036\times\left(\frac{1}{2025}+\frac{1}{675}+\frac{1}{405}\right)\right]$

$=\frac{2032}{2036}=\frac{508}{509}$。

【解法二】 通分母。

原式$=\left(9+\frac{7+21+35}{2025}\right)\div\left(9+\frac{11+33+55}{2025}\right)$

$=\frac{9\times2025+9\times7}{2025}\div\frac{9\times2025+9\times11}{2025}$

$=\frac{2025+7}{2025+11}=\frac{508}{509}$。

例题 2-2 计算：$1\times\frac{25}{36}+3\times\frac{275}{396}+5\times\frac{2775}{3996}+7\times\frac{27775}{39996}+9\times\frac{277775}{399996}+11\times\frac{2777775}{3999996}=$________。

【解答】 分子、分母都是“两边拉，中间加”，只是加的次数不同。

原式$=1\times\frac{25}{36}+3\times\frac{25\times11}{36\times11}+5\times\frac{25\times111}{36\times111}+7\times\frac{25\times1111}{36\times1111}+9\times\frac{25\times11111}{36\times11111}+11\times\frac{25\times111111}{36\times111111}$

$=1\times\frac{25}{36}+3\times\frac{25}{36}+5\times\frac{25}{36}+7\times\frac{25}{36}+9\times\frac{25}{36}+11\times\frac{25}{36}$

$=(1+3+5+7+9+11)\times\frac{25}{36}=36\times\frac{25}{36}=25$。

例题 2-3 计算：$41\frac{1}{9}\times\frac{9}{10}+37\frac{1}{8}\times\frac{8}{9}+33\frac{1}{7}\times\frac{7}{8}+29\frac{1}{6}\times\frac{6}{7}+25\frac{1}{5}\times\frac{5}{6}=$

________。

【解法一】 分数乘除带化假。

原式$=\frac{370}{9}\times\frac{9}{10}+\frac{297}{8}\times\frac{8}{9}+\frac{232}{7}\times\frac{7}{8}+\frac{175}{6}\times\frac{6}{7}+\frac{126}{5}\times\frac{5}{6}$

$=37+33+29+25+21=145$。

【解法二】 乘法分配律。

原式$=\left(40+\frac{10}{9}\right)\times\frac{9}{10}+\left(36+\frac{9}{8}\right)\times\frac{8}{9}+\left(32+\frac{8}{7}\right)\times\frac{7}{8}+\left(28+\frac{7}{6}\right)\times\frac{6}{7}+\left(24+\frac{6}{5}\right)\times\frac{5}{6}$

$=\left(40\times\frac{9}{10}+\frac{10}{9}\times\frac{9}{10}\right)+\left(36\times\frac{8}{9}+\frac{9}{8}\times\frac{8}{9}\right)+\left(32\times\frac{7}{8}+\frac{8}{7}\times\frac{7}{8}\right)+\left(28\times\frac{6}{7}+\frac{7}{6}\times\frac{6}{7}\right)+\left(24\times\frac{5}{6}+\frac{6}{5}\times\frac{5}{6}\right)$

$=(36+1)+(32+1)+(28+1)+(24+1)+(20+1)=145$。

针对性练习

练习❶ 计算：$\left(1\frac{7}{8}+75\%\times\frac{2}{3}-\frac{11}{28}\div2\frac{5}{14}\right)\div\left(4\frac{1}{15}+35\%\right)=$________。

练习❷ 计算：$4\frac{17}{43}\times6.25+10\frac{24}{43}\times6\frac{1}{4}-2\frac{41}{43}\div\frac{4}{25}=$________。

练习❸ 计算：$2\frac{2}{3}\div1.38+\frac{1}{4}\div0.46+\frac{5}{12}\times\frac{50}{69}=$________。

练习❹ 计算：$55\times\left(\frac{1}{23}+\frac{1}{32}\right)-23\times\left(\frac{1}{32}-\frac{1}{55}\right)-32\times\left(\frac{1}{23}-\frac{1}{55}\right)=$________。

练习❺ 计算：$40\frac{5}{8}\times\frac{8}{13}-55\frac{7}{11}\times\frac{11}{18}+58\frac{2}{17}\times\frac{17}{19}-45\frac{1}{21}\times\frac{21}{43}=$________。

练习❻ 计算：$\left(1\frac{11}{100}+2\frac{11}{50}+5\frac{11}{20}\right)\div\left(1\frac{17}{100}+2\frac{17}{50}+5\frac{17}{20}\right)=$________。

练习❼ 计算：$1\times\frac{56}{33}+2\times\frac{616}{363}+3\times\frac{6216}{3663}+4\times\frac{62216}{36663}+\cdots+11\times\frac{622222222216}{366666666663}=$________。

练习参考答案

练习题号	练习 1	练习 2	练习 3	练习 4
参考答案	$\frac{1}{2}$	75	$2\frac{7}{9}$	3
解答提示	括号优先，乘除带化假	提取公因数 6.25	提取公除数 1.38	用乘法分配律后，再重组
练习题号	练习 5	练习 6	练习 7	
参考答案	21	$\frac{37}{39}$	112	
解答提示	带化假，或乘法分配律	通分子或通分母	公因数为$\frac{56}{33}$	

JS-79 等比性质

神器内容	等比性质 简化形式：$\frac{b}{a}=\frac{d}{c}=\frac{b+d}{a+c}=\frac{b-d}{a-c}(a\pm c\neq 0)$。 一般形式：若$\frac{b_1}{a_1}=\frac{b_2}{a_2}=\cdots=\frac{b_n}{a_n}$， 则有$\frac{k_1b_1+k_2b_2+k_3b_3+\cdots+k_nb_n}{k_1a_1+k_2a_2+k_3a_3+\cdots+k_na_n}=\frac{b_1}{a_1}(k_1a_1+k_2a_2+\cdots+k_na_n\neq 0)$。
要点说明	何时分数做加法，能够子母各自加？ 转化角度看作比，等比分数就可以。 相加之前先扩倍，加减多少都能对。 等比性质有条件，分母为 0 就完蛋。

神器溯源

分数能分子与分母各自对应相加，得到的分数大小不变吗？

$\frac{2+5}{3+7}\neq\frac{2}{3}$，$\frac{2+5}{3+7}\neq\frac{5}{7}$；$\frac{2+6}{3+9}=\frac{2}{3}$，$\frac{2+6}{3+9}=\frac{6}{9}$。

根据上例，有些行，有些不行。

把分数看成比例$\left(\frac{a}{b}\text{读作}a\text{ 比}b\right)$时，等比的两个分数可以分子加分子，比上分母加分母，分数的大小不变，这就是比例的等比性质。

等比性质简化形式：$\frac{b}{a}=\frac{d}{c}=\frac{b+d}{a+c}=\frac{b-d}{a-c}(a\pm c\neq 0)$。

等比性质一般形式：若$\frac{b_1}{a_1}=\frac{b_2}{a_2}=\cdots=\frac{b_n}{a_n}$，则有$\frac{k_1b_1+k_2b_2+k_3b_3+\cdots+k_nb_n}{k_1a_1+k_2a_2+k_3a_3+\cdots+k_na_n}=\frac{b_1}{a_1}(k_1a_1+k_2a_2+\cdots+k_na_n\neq 0)$。

这是因为$\frac{b_1}{a_1}=\frac{b_2}{a_2}=\cdots=\frac{b_n}{a_n}$，则有$\frac{k_1b_1}{k_1a_1}=\frac{k_2b_2}{k_2a_2}=\cdots=\frac{k_nb_n}{k_na_n}=s$，

$$\frac{k_1b_1+k_2b_2+k_3b_3+\cdots+k_nb_n}{k_1a_1+k_2a_2+k_3a_3+\cdots+k_na_n}=\frac{k_1a_1s+k_2a_2s+k_3a_3s+\cdots+k_na_ns}{k_1a_1+k_2a_2+k_3a_3+\cdots+k_na_n}$$

$$=\frac{s(k_1a_1+k_2a_2+k_3a_3+\cdots+k_na_n)}{k_1a_1+k_2a_2+k_3a_3+\cdots+k_na_n}$$

$$=s=\frac{b_1}{a_1}(k_1a_1+k_2a_2+\cdots+k_na_n\neq 0)。$$

为了更好地对比例进行变形，给出以下比例性质（所有分母均有意义）：

(1)等比式与等积式互化：$\frac{a}{b}=\frac{c}{d}\Leftrightarrow ad=bc$；

(2)反比性质：$\frac{a}{b}=\frac{c}{d}\Leftrightarrow\frac{b}{a}=\frac{d}{c}$；

(3)更比性质：$\frac{a}{b}=\frac{c}{d}\Leftrightarrow\begin{cases}\frac{d}{b}=\frac{c}{a}\\ \frac{a}{c}=\frac{b}{d}\end{cases}$；

(4)合比性质：$\frac{a}{b}=\frac{c}{d}\Leftrightarrow\frac{a+b}{b}=\frac{c+d}{d}$。

例题精讲

例题 1-1 已知 $2(2a+b)=4b+a$，那么 $\frac{b}{a}=$________。

【解答】 $2(2a+b)=4b+a$，$3a=2b$，$\frac{b}{a}=\frac{3}{2}$。

例题 1-2 已知 $\frac{x}{2}=\frac{y}{3}=\frac{z}{5}$，则 $\frac{3x+2y-z}{x-2y+4z}=$________。

【解答】 设 $\frac{x}{2}=\frac{y}{3}=\frac{z}{5}=k\neq 0$，则 $x=2k$，$y=3k$，$z=5k$。

$$\frac{3x+2y-z}{x-2y+4z}=\frac{3\times 2k+2\times 3k-5k}{2k-2\times 3k+4\times 5k}=\frac{7k}{16k}=\frac{7}{16}。$$

例题 1-3 当分数 $\frac{72}{120}$ 的分母增加 20 时，要想保持分数的大小不变，分子必须同时增加________。

【解答】 因为 $\frac{72}{120}=\frac{3}{5}=\frac{12}{20}=\frac{72+12}{120+20}$，所以分子必须同时增加 12。

例题 2-1 计算：$\dfrac{1\times2+2\times4+3\times6+4\times8+\cdots+100\times200}{1\times3+2\times6+3\times9+4\times12+\cdots+100\times300}=$________。

【解法一】 利用等比性质。

$\because \dfrac{2}{3}=\dfrac{4}{6}=\dfrac{6}{9}=\cdots=\dfrac{200}{300}$，得到$\dfrac{1\times2}{1\times3}=\dfrac{2\times4}{2\times6}=\dfrac{3\times6}{3\times9}=\cdots=\dfrac{100\times200}{100\times300}$，

$\therefore \dfrac{1\times2+2\times4+3\times6+4\times8+\cdots+100\times200}{1\times3+2\times6+3\times9+4\times12+\cdots+100\times300}=\dfrac{1\times2}{1\times3}=\dfrac{2}{3}$。

【解法二】 提取公因数。

$$\frac{1\times2+2\times4+3\times6+4\times8+\cdots+100\times200}{1\times3+2\times6+3\times9+4\times12+\cdots+100\times300}=\frac{1\times2\times(1^2+2^2+3^2+4^2+\cdots+100^2)}{1\times3\times(1^2+2^2+3^2+4^2+\cdots+100^2)}$$

$=\dfrac{2}{3}$。

例题 2-2 计算：$\dfrac{1\times2\times3+2\times4\times9+3\times6\times12+\cdots+20\times40\times63}{1\times3\times5+2\times6\times15+3\times9\times20+\cdots+20\times60\times105}=$________。

【解法一】 利用等比性质。

$\because \dfrac{1\times2\times3}{1\times3\times5}=\dfrac{2\times4\times9}{2\times6\times15}=\dfrac{3\times6\times12}{3\times9\times20}=\cdots=\dfrac{20\times40\times63}{20\times60\times105}$，

$\therefore \dfrac{1\times2\times3+2\times4\times9+3\times6\times12+\cdots+20\times40\times63}{1\times3\times5+2\times6\times15+3\times9\times20+\cdots+20\times60\times105}=\dfrac{1\times2\times3}{1\times3\times5}=\dfrac{2}{5}$。

【解法二】 提取公因数。

$$\frac{1\times2\times3+2\times4\times9+3\times6\times12+\cdots+20\times40\times63}{1\times3\times5+2\times6\times15+3\times9\times20+\cdots+20\times60\times105}$$

$=\dfrac{1\times2\times3\times(1^2+2^2\times3+3^2\times4+4^2\times5+\cdots+20^2\times21)}{1\times3\times5\times(1^2+2^2\times3+3^2\times4+4^2\times5+\cdots+20^2\times21)}=\dfrac{2}{5}$。

例题 2-3 计算：$\dfrac{1234+12341234+123412341234+\cdots+\overbrace{12341234\cdots1234}^{20个1234}}{4936+49364936+493649364936+\cdots+\underbrace{49364936\cdots4936}_{20个4936}}=$________。

【解答】 利用等比性质。

$\because \dfrac{1234}{4936}=\dfrac{1234\times10001}{4936\times10001}=\dfrac{1234\times100010001}{4936\times100010001}=\cdots=\dfrac{1234\times1\overbrace{0001\cdots0001}^{19个“0001”}}{4936\times1\underbrace{0001\cdots0001}_{19个“0001”}}$，

$\therefore$原式$=\dfrac{1234}{4936}=\dfrac{1}{4}$。

针对性练习

练习❶ 已知 $3(a+2b)=5(a-b)$，那么 $\frac{a}{b}=$________。

练习❷ 当分数 $\frac{60}{72}$ 的分子减小 15 时，要想保持分数的大小不变，必须分母同时减小________。

练习❸ 已知 $\frac{x}{3}=\frac{y}{4}=\frac{z}{5}$，则 $\frac{x+2y-z}{2x-y+z}=$________。

练习❹ 已知 $\frac{a+b}{c}=\frac{b+c}{a}=\frac{c+a}{b}$，且 $a+b+c\neq 0$，$2a+3b+c\neq 0$，则 $\frac{4a+3b+5c}{2a+3b+c}=$________。

练习❺ 计算：$\frac{2\times 3+4\times 9+6\times 12+8\times 15+\cdots+20\times 33}{1\times 5+2\times 15+3\times 20+4\times 25+\cdots+10\times 55}=$________。

练习❻ 计算：$\frac{1\times 2\times 3+2\times 4\times 6+4\times 8\times 12+7\times 14\times 21}{1\times 3\times 5+2\times 6\times 10+4\times 12\times 20+7\times 21\times 35}=$________。

练习❼ 计算：$\frac{12+132+1332+13332+\cdots+13333333332}{32+352+3552+35552+\cdots+35555555552}=$________。

练习参考答案

练习题号	练习 1	练习 2	练习 3	练习 4
参考答案	$\frac{11}{2}$	18	$\frac{6}{7}$	2
解答提示	去括号，化简，转化为比例式	$\frac{60}{72}=\frac{5}{6}=\frac{15}{18}$	设 $x=3k$，$y=4k$，$z=5k$	根据分母扩大对应的倍数
练习题号	练习 5	练习 6	练习 7	
参考答案	$\frac{6}{5}$	$\frac{2}{5}$	$\frac{3}{8}$	
解答提示	等比性质，或提取公因数	等比性质，或提取公因数	等比性质，或提取公因数	

JS-80　繁分数

神器内容	分数的分子、分母中至少有一个含有分数或运算，这样的分数称为繁分数。 繁分数化简方法： 从上到下来“下楼”：$\dfrac{\frac{a}{b}}{c}=\dfrac{a}{b\times c}$； 从下到上“翻跟头”：$\dfrac{a}{\frac{b}{c}}=\dfrac{a\times c}{b}$。
要点说明	繁分数，真是烦，如何避繁来化简？ 分数转化成除法，换成乘法来表达。 分母个个都重要，一定分母处理好。 分子的分母要下楼，分母的分母翻跟头。

神器溯源

分数的分子、分母中至少有一个含有分数或运算，这样的分数称为繁分数。如 $\dfrac{\frac{1}{2}}{3}$，$\dfrac{1-\frac{3}{4}}{\frac{2}{5}-\frac{1}{3}}$，$\dfrac{1}{1+\dfrac{1}{1+\frac{1}{2}}}$都是繁分数。繁分数的难点就是繁分数的化简，会利用到分数的基本性质，或者根据除法的意义把繁分数转变成除法形式。

繁分数的计算或化简：

(1)把繁分数转化为除法形式。

例如：$\dfrac{\frac{1}{2}}{\frac{3}{4}}=\dfrac{1}{2}\div\dfrac{3}{4}=\dfrac{1}{2}\times\dfrac{4}{3}=\dfrac{2}{3}$；$\dfrac{1-\frac{3}{4}}{\frac{2}{5}-\frac{1}{3}}=\left(1-\dfrac{3}{4}\right)\div\left(\dfrac{2}{5}-\dfrac{1}{3}\right)=\dfrac{1}{4}\div\dfrac{1}{15}=\dfrac{1}{4}\times15$ $=\dfrac{15}{4}$。

(2)利用分数的基本性质。

例如：$\dfrac{\frac{1}{2}}{\frac{3}{4}}=\dfrac{\frac{1}{2}\times4}{\frac{3}{4}\times4}=\dfrac{2}{3}$；$\dfrac{1-\frac{3}{4}}{\frac{2}{5}-\frac{1}{3}}=\dfrac{\left(1-\frac{3}{4}\right)\times60}{\left(\frac{2}{5}-\frac{1}{3}\right)\times60}=\dfrac{60-45}{24-20}=\dfrac{15}{4}$。

繁分数的分数线一般很多，一定分清分数线的主次，最长的为主分数线，其他为次分数线。如果在主分数线上、下同时做运算，经常采用的是分数的基本性质；如果在相对的主分数线一侧做运算，一般可以先考虑两个分数线一组先化简或计算。

繁分数还有一种特殊形式，分母的分母都是一个整数加上分子为 1 的繁分数形式，它就是连分数。如 $a+\dfrac{1}{b+\dfrac{1}{c+\dfrac{1}{d}}}$，经常简记为 $[a,b,c,d]=a+\dfrac{1}{b+\dfrac{1}{c+\dfrac{1}{d}}}$。

连分数化简经常可以两个分数线一组进行，例如：$\dfrac{1}{1+\dfrac{1}{2+\dfrac{1}{3}}}=\dfrac{1}{1+\dfrac{3}{7}}=\dfrac{7}{10}$。

繁分数的化简或计算，技巧如下：

①从上到下来“下楼”：$\dfrac{\frac{a}{b}}{c}=\dfrac{a}{b\times c}$；

②从下到上“翻跟头”：$\dfrac{a}{\frac{b}{c}}=\dfrac{a\times c}{b}$；

③$\dfrac{a}{\dfrac{b}{\frac{c}{d}}}=\dfrac{a}{\frac{bd}{c}}=\dfrac{ac}{bd}$，　$\dfrac{a}{\dfrac{\frac{b}{c}}{d}}=\dfrac{a}{\frac{b}{cd}}=\dfrac{acd}{b}$，　$\dfrac{\frac{a}{b}}{\frac{c}{d}}=\dfrac{ad}{bc}$，

$\dfrac{\dfrac{\frac{a}{b}}{c}}{d}=\dfrac{\frac{ac}{b}}{d}=\dfrac{ac}{bd}$，　$\dfrac{\dfrac{\frac{a}{b}}{c}}{d}=\dfrac{\frac{a}{bc}}{d}=\dfrac{a}{cbd}$。

例题精讲

例题 1-1 计算：$\dfrac{\left(1\frac{1}{9}-1\div9\div\frac{1}{8}\right)\times27+16\times\left(5.3-4\frac{37}{40}\right)}{6\frac{1}{2}-1.75\times\left(1\frac{2}{3}+\frac{19}{21}\right)}=$______。

【解答】 分子$=\left(1\frac{1}{9}-1\div 9\div\frac{1}{8}\right)\times 27+16\times\left(5.3-4\frac{37}{40}\right)=\frac{2}{9}\times 27+16\times\frac{3}{8}$ $=6+6=12$。分母$=6.5-\frac{7}{4}\times\frac{18}{7}=6.5-4.5=2$，所以，原式$=\frac{12}{2}=6$。

例题 1-2 计算：$\frac{2029+2028\times 2030}{2029\times 2030-1}+\frac{2030+2029\times 2031}{2030\times 2031-1}=$______。

【解答】 原式$=\frac{2029+2029\times 2030-2030}{2029\times 2030-1}+\frac{2030+2029\times 2031}{2029\times 2031+2031-1}$

$=\frac{2029\times 2030-1}{2029\times 2030-1}+\frac{2030+2029\times 2031}{2029\times 2031+2030}$

$=1+1=2$。

例题 1-3 计算：$\frac{1}{\frac{2}{\frac{3}{4}}}+\frac{\frac{1}{2}}{\frac{3}{4}}+\frac{\frac{\frac{1}{2}}{3}}{4}=$______。

【解法一】 原式$=\frac{1}{\frac{2\times 4}{\frac{3}{4}\times 4}}+\frac{\frac{1}{2}\times 4}{\frac{3}{4}\times 4}+\frac{\frac{\frac{1}{2}\times 2}{3\times 2}}{4}=\frac{1}{\frac{8}{3}}+\frac{2}{3}+\frac{\frac{1}{6}}{4}=\frac{1\times 3}{\frac{8}{3}\times 3}+\frac{2}{3}+$ $\frac{\frac{1}{6}\times 6}{4\times 6}=\frac{3}{8}+\frac{2}{3}+\frac{1}{24}=1\frac{1}{12}$。

【解法二】 原式$=\frac{1}{2\div\frac{3}{4}}+\frac{1}{2}\div\frac{3}{4}+\frac{\frac{1}{2}\div 3}{4}=\frac{1}{\frac{8}{3}}+\frac{2}{3}+\frac{\frac{1}{6}}{4}=\frac{3}{8}+\frac{2}{3}+\frac{1}{24}=1\frac{1}{12}$。

例题 2-1 计算：$1+\cfrac{1+\cfrac{1+\cfrac{1+\frac{1}{2}}{3}}{4}}{1+\cfrac{5}{1+\cfrac{6}{1+\frac{7}{8}}}}=$______。

【解答】 $1+\cfrac{1+\cfrac{1+\cfrac{1}{2}}{3}}{\cfrac{4}{1+\cfrac{5}{1+\cfrac{6}{1+\cfrac{7}{8}}}}}$

$$1+\frac{1+\frac{1+\frac{1}{2}}{3}}{4}\Big/\ldots$$

$1+\dfrac{1+\dfrac{1+\frac{1}{2}}{3}}{4} \div \left(1+\dfrac{5}{1+\dfrac{6}{1+\frac{7}{8}}}\right)=1+\dfrac{1+\dfrac{1+\frac{1}{2}}{4}}{1+\dfrac{5}{1+\frac{16}{5}}}=1+\dfrac{1+\frac{3}{8}}{1+\frac{25}{21}}=1+\dfrac{231}{368}=1\dfrac{231}{368}$。

例题 2-2 已知 $5+\cfrac{1}{4+\cfrac{1}{3+\cfrac{1}{2+\cfrac{1}{x}}}}=\dfrac{382}{73}$，那么 $x=$________。

【解答】 $5+\cfrac{1}{4+\cfrac{1}{3+\cfrac{1}{2+\cfrac{1}{x}}}}=5+\dfrac{17}{73}$，$4+\cfrac{1}{3+\cfrac{1}{2+\cfrac{1}{x}}}=\dfrac{73}{17}=4+\dfrac{5}{17}$，$3+\cfrac{1}{2+\cfrac{1}{x}}=\dfrac{17}{5}=3+\dfrac{2}{5}$，$2+\dfrac{1}{x}=\dfrac{5}{2}=2+\dfrac{1}{2}$，$\dfrac{1}{x}=\dfrac{1}{2}$，$x=2$。

针对性练习

练习❶ 计算：$\dfrac{2\frac{2}{3}\times\left(1\frac{7}{8}-\frac{5}{6}\right)-2\frac{1}{2}}{3\frac{1}{4}\div\left(\frac{7}{8}+1\frac{5}{6}\right)-\frac{2}{5}}=$________。

练习❷ 计算：$\dfrac{2027\times5368-4343}{2026\times5368+1025}+\dfrac{2028\times5342-4343}{2027\times5342+999}=$________。

练习❸ 计算：$\dfrac{\frac{1}{3}+\frac{1}{13}}{\frac{1}{11}+\frac{1}{9}}\times\dfrac{\frac{1}{3}-\frac{2}{11}}{\frac{3}{13}-\frac{2}{9}}=$________。

练习④ 计算：$\frac{1}{2}+\frac{\frac{2}{3}}{4}-\frac{\frac{\frac{3}{4}}{5}}{6}=$________。

练习⑤ 计算：$\frac{2.\dot{3}\times2\frac{5}{14}-1.25\div1\frac{9}{16}}{0.6\div0.\dot{2}8571\dot{4}+1\div\frac{5}{18}-2.4\times\frac{5}{12}}=$________。

练习⑥ 计算：$2\times\frac{2\times\frac{2\times\frac{2\times\frac{2}{3}+1}{3}+1}{3}+1}{3}+1=$________。

练习⑦ 计算：$1+\frac{1}{2+\frac{1}{3+\frac{1}{5+\frac{1}{8+\frac{1}{13}}}}}=$________。

练习参考答案

练习题号	练习 1	练习 2	练习 3	练习 4
参考答案	$\frac{25}{72}$	2	36	$\frac{77}{120}$
解答提示	分子、分母分开计算	分子、分母可以化成相同的算式	两个繁分数分别去分母，最简公分母分别为 9×11 和 9×13	找准主分数线
练习题号	练习 5	练习 6	练习 7	
参考答案	1	$2\frac{65}{81}$	$1\frac{1719}{3976}$	
解答提示	分子、分母都是 4.7	从上往下得到的数逐次扩大 2 倍，再加 1	从下到上两个分数线计算一次	

JS-81　分数可换元

神器内容	遇到复杂的分数计算，可以整体打包进行换元，把分数计算问题转化为代数式化简问题。化简过程中复杂的算式得到简化，从而减小计算量。
要点说明	繁分数，真是烦，简化计算可换元。 同一算式多出现，替换字母把它办。 复杂算式来打包，中间过程被抵消。 计算问题代数化，灵活采用换元法。

神器溯源

在分数的计算中，如果遇到复杂的分数计算，可以整体打包进行换元，把分数计算问题转化为代数式化简问题。化简过程中复杂的算式得到简化，从而减小计算量。有时，复杂的算式反复出现，也可以把相同算式进行换元。几个相邻自然数或关系固定的数，为了减少未知数的个数，可以仅设出一个未知数，再根据相邻或固定关系用设定的字母来表达。

例题精讲

例题 1-1 计算：$\left(1+\frac{1}{2}+\frac{1}{3}+\cdots+\frac{1}{2025}\right)\left(\frac{1}{2}+\frac{1}{3}+\frac{1}{4}+\cdots+\frac{1}{2026}\right)-\left(1+\frac{1}{2}+\frac{1}{3}+\cdots+\frac{1}{2026}\right)\left(\frac{1}{2}+\frac{1}{3}+\cdots+\frac{1}{2025}\right)=$________。

【解法一】 设 $a=1+\frac{1}{2}+\frac{1}{3}+\cdots+\frac{1}{2025}$，$b=1+\frac{1}{2}+\frac{1}{3}+\frac{1}{4}+\cdots+\frac{1}{2026}$，则

原式$=a(b-1)-b(a-1)=ab-a-ab+b=b-a=\frac{1}{2026}$。

【解法二】 设 $a=\frac{1}{2}+\frac{1}{3}+\cdots+\frac{1}{2025}$，则

原式$=(1+a)\left(a+\dfrac{1}{2026}\right)-\left(1+a+\dfrac{1}{2026}\right)a$

$=(1+a)a+\dfrac{1}{2026}(1+a)-(1+a)a-\dfrac{1}{2026}a$

$=\dfrac{1}{2026}+\dfrac{1}{2026}a-\dfrac{1}{2026}a$

$=\dfrac{1}{2026}$。

例题 1-2 计算：$\left(3\dfrac{13}{17}\times1\dfrac{8}{21}+\dfrac{3\dfrac{5}{16}\div2\dfrac{3}{8}}{1\dfrac{5}{6}\times2\dfrac{6}{7}}\right)\times\dfrac{3\dfrac{1}{3}\times1\dfrac{4}{7}\times3\dfrac{1}{5}\div1.6}{3\dfrac{13}{17}\times1\dfrac{8}{21}\times1\dfrac{5}{6}\times2\dfrac{6}{7}+3\dfrac{5}{16}\div2\dfrac{3}{8}}$

$=$________。

【解答】 设$a=3\dfrac{13}{17}\times1\dfrac{8}{21}$,$b=3\dfrac{5}{16}\div2\dfrac{3}{8}$,$c=1\dfrac{5}{6}\times2\dfrac{6}{7}$,则

原式$=\left(a+\dfrac{b}{c}\right)\times\dfrac{c\times\dfrac{16}{5}\times\dfrac{5}{8}}{ac+b}=\dfrac{ac+b}{c}\times\dfrac{2c}{ac+b}=2$。

例题 1-3 计算：$\dfrac{\left(1+\dfrac{2}{99}\right)\times\left(2+\dfrac{2}{99}\right)\times\left(3+\dfrac{2}{99}\right)\times\left(4+\dfrac{2}{99}\right)+1}{\left(2+\dfrac{2}{99}\right)^2+\left(1+\dfrac{2}{99}\right)}-\left(1+\dfrac{2}{99}\right)\times\left(3+\dfrac{2}{99}\right)$

$=$________。

【解答】 设$x=2+\dfrac{2}{99}$,则

原式$=\dfrac{(x-1)x(x+1)(x+2)+1}{x^2+x-1}-(x-1)\times(x+1)$

$=\dfrac{(x^2+x-2)(x^2+x)+1}{x^2+x-1}-x^2+1$（设$y=x^2+x-1$）

$=\dfrac{(y-1)(y+1)+1}{y}-x^2+1$

$=\dfrac{y^2-1+1}{y}-x^2+1$

$=y-x^2+1=x^2+x-1-x^2+1=x=2+\dfrac{2}{99}=2\dfrac{2}{99}$。

例题 2-1 计算：$\cfrac{1}{2+\cfrac{1}{2+\cfrac{1}{3+\cfrac{1}{4+\ddots}}}}+\cfrac{1}{1+\cfrac{1}{1+\cfrac{1}{2+\cfrac{1}{3+\cfrac{1}{4+\ddots}}}}}=$______。

【解答】 设 $x=1+\cfrac{1}{2+\cfrac{1}{3+\cfrac{1}{4+\ddots}}}$，则

$$\cfrac{1}{\underbrace{2+\cfrac{1}{2+\cfrac{1}{3+\cfrac{1}{4+\ddots}}}}_{=1+x}}+\cfrac{1}{1+\cfrac{1}{\underbrace{1+\cfrac{1}{2+\cfrac{1}{3+\cfrac{1}{4+\ddots}}}}_{=x}}}=\frac{1}{1+x}+\frac{1}{1+\frac{1}{x}}=\frac{1}{1+x}+\frac{x}{x+1}=\frac{1+x}{x+1}=1。$$

例题 2-2 计算：$2-\cfrac{1}{2-\cfrac{1}{2-\cfrac{1}{2-\ddots}}}=$______。

【解答】 设 $x=2-\cfrac{1}{2-\cfrac{1}{2-\cfrac{1}{2-\ddots}}}$，则

$$\underbrace{2-\cfrac{1}{2-\cfrac{1}{2-\cfrac{1}{2-\ddots}}}}_{=x}=2-\cfrac{1}{\underbrace{2-\cfrac{1}{2-\cfrac{1}{2-\ddots}}}_{=x}}$$

$2-\frac{1}{x}=x$，$x^2-2x+1=0$，$(x-1)^2=0$，$x=1$。

所以，原式=1。

针对性练习

练习① 计算：$\left(\frac{1}{2}+\frac{2}{3}+\frac{3}{4}+\cdots+\frac{98}{99}\right)\left(\frac{2}{3}+\frac{3}{4}+\cdots+\frac{99}{100}\right)-\left(\frac{1}{2}+\frac{2}{3}+\frac{3}{4}+\cdots+\right.$

$\left.\frac{99}{100}\right)\left(\frac{2}{3}+\frac{3}{4}+\cdots+\frac{98}{99}\right)=$________。

练习❷ 计算：$\left(\frac{123}{234}+\frac{234}{345}+\frac{345}{456}\right)\times\left(\frac{234}{345}+\frac{345}{456}+\frac{456}{567}\right)-\left(\frac{123}{234}+\frac{234}{345}+\frac{345}{456}+\frac{456}{567}\right)\times\left(\frac{234}{345}+\frac{345}{456}\right)=$________。

练习❸ 计算：$\left(1\frac{2}{3}\times2\frac{3}{4}-\frac{5\frac{6}{7}\times6\frac{7}{8}}{3\frac{4}{5}\times4\frac{5}{6}}\right)\times\frac{3\frac{4}{5}\times4\frac{5}{6}\times5\frac{6}{7}}{1\frac{2}{3}\times2\frac{3}{4}\times3\frac{4}{5}\times4\frac{5}{6}-5\frac{6}{7}\times6\frac{7}{8}}$

$=$________。

练习❹ 计算：$\frac{3}{7}\times\frac{5}{17}\times\left(1\frac{2}{5}-1\frac{7}{10}\right)+\frac{10}{17}\times\left(1\frac{2}{5}-\frac{1}{\frac{3}{7}\times\frac{5}{17}}\right)+\frac{5}{7}\times\left(1\frac{7}{10}+\frac{1}{\frac{3}{7}\times\frac{5}{17}}\right)=$________。

练习❺ 计算：$\frac{1}{\frac{101}{102}\times\frac{103}{104}+\frac{103}{104}+1}+\frac{1}{\frac{103^2-1}{102^2-1}\times\frac{101}{102}+\frac{101}{102}+1}+\frac{1}{\frac{103^2-1}{102^2-1}\times\frac{103}{104}+\frac{103^2-1}{102^2-1}+1}=$________。

练习 6 计算：$\left[\left(\frac{8^2}{11^2}+\frac{11^2}{8^2}\right)-\left(\frac{8}{11}+\frac{11}{8}\right)\right]\div\left[\left(1+\frac{8}{11}+\frac{11}{8}\right)\times\left(\frac{1}{8}-\frac{1}{11}\right)^2\right]=$ ________。

练习 7 计算：$\cfrac{1}{1+\cfrac{1}{99+\cfrac{1}{100+\cfrac{1}{101+\cfrac{1}{102}}}}}+\cfrac{1}{1-\cfrac{1}{101+\cfrac{1}{100+\cfrac{1}{101+\cfrac{1}{102}}}}}=$ ________。

练习参考答案

练习题号	练习 1	练习 2	练习 3	练习 4
参考答案	$\frac{99}{200}$	$\frac{3116}{7371}$	$5\frac{6}{7}$	3
解答提示	换元后变为 $\left(\frac{1}{2}+a\right)b-\left(\frac{1}{2}+b\right)a$	换元后变为 $\left(\frac{123}{234}+a\right)b-\left(\frac{123}{234}+b\right)a$	换元后变为 $\left(a-\frac{c}{b}\right)\times\frac{bd}{ab-c}$	设 $a=\frac{3}{7}\times\frac{5}{17}$，$b=\frac{10}{17}$，$c=\frac{5}{7}$
练习题号	练习 5	练习 6	练习 7	
参考答案	1	88	2	
解答提示	$\frac{101}{102}\times\frac{103}{104}\times\frac{103^2-1}{102^2-1}=1$	设 $a=\frac{11}{8}$，$\frac{1}{a}=\frac{8}{11}$，先不考虑$\left(\frac{1}{8}-\frac{1}{11}\right)^2$	设 $x=99+\cfrac{1}{100+\cfrac{1}{101+\cfrac{1}{102}}}$	

JS-82 分数裂差

神器内容	分数裂差：(1)$\frac{b-a}{ab}=\frac{1}{a}-\frac{1}{b}$； (2)$\frac{1}{a\times(a+p)}=\frac{1}{p}\times\left(\frac{1}{a}-\frac{1}{a+p}\right)$。
要点说明	连加必裂差，裂差变咔咔。 方法就是撕分母，分子是差别马虎。 为了凑差要扩倍，丢掉倍数做不对。

神器溯源

在分数数列连加的算式中，为了进行加减抵消，需要进行裂差，达成咔咔算式。中间全都咔咔抵消，仅剩下首尾有限项的算式叫作咔咔算式，例如：

$$\frac{1}{1}-\frac{1}{2}+\frac{1}{2}-\frac{1}{3}+\frac{1}{3}-\frac{1}{4}+\frac{1}{4}-\frac{1}{5}+\cdots+\frac{1}{n-1}-\frac{1}{n}=\frac{1}{1}-\frac{1}{n}。$$

$$\frac{1}{1\times2}-\frac{1}{2\times3}+\frac{1}{2\times3}-\frac{1}{3\times4}+\frac{1}{3\times4}-\frac{1}{4\times5}+\frac{1}{4\times5}-\cdots+\frac{1}{(n-1)n}-\frac{1}{n(n+1)}=\frac{1}{1\times2}-\frac{1}{n(n+1)}。$$

分子就是差，赶快撕开它。例如：

$$\frac{1}{2\times3}=\frac{3-2}{2\times3}=\frac{3}{2\times3}-\frac{2}{2\times3}=\frac{1}{2}-\frac{1}{3},\frac{4}{3\times7}=\frac{7-3}{3\times7}=\frac{7}{3\times7}-\frac{3}{3\times7}=\frac{1}{3}-\frac{1}{7}。$$

分子不是差，一脚踢开它。要几就写几，等号对得起。例如：

$$\frac{3}{2\times7}=3\times\frac{1}{2\times7}=\frac{3}{5}\times\frac{5}{2\times7}=\frac{3}{5}\times\frac{7-2}{2\times7}=\frac{3}{5}\times\left(\frac{1}{2}-\frac{1}{7}\right)。$$

$$\frac{5}{3\times11}=5\times\frac{1}{3\times11}=\frac{5}{8}\times\frac{8}{3\times11}=\frac{5}{8}\times\frac{11-3}{3\times11}=\frac{5}{8}\times\left(\frac{1}{3}-\frac{1}{11}\right)。$$

分母多项来相乘，撕成两项要记清。分子就是首尾差，满足条件才刺啦(撕开的意思)。例如：

$$\frac{1}{2\times3\times4}=\frac{1}{2}\times\frac{4-2}{2\times3\times4}=\frac{1}{2}\times\left(\frac{4}{2\times3\times4}-\frac{2}{2\times3\times4}\right)=\frac{1}{2}\times\left(\frac{1}{2\times3}-\frac{1}{3\times4}\right)。$$

$\frac{1}{1\times3\times5\times7}=\frac{1}{6}\times\frac{7-1}{1\times3\times5\times7}=\frac{1}{6}\times\left(\frac{7}{1\times3\times5\times7}-\frac{1}{1\times3\times5\times7}\right)=\frac{1}{6}\times\left(\frac{1}{1\times3\times5}-\frac{1}{3\times5\times7}\right)$。

常见分数裂差算式：

(1) $\frac{1}{1\times2}+\frac{1}{2\times3}+\frac{1}{3\times4}+\cdots+\frac{1}{(n-1)n}=1-\frac{1}{n}$。

(2) $\frac{1}{1\times3}+\frac{1}{3\times5}+\frac{1}{5\times7}+\cdots+\frac{1}{(n-2)n}=\frac{1}{2}\left(1-\frac{1}{n}\right)$（$n$ 为奇数）。

(3) $\frac{1}{1\times2\times3}+\frac{1}{2\times3\times4}+\frac{1}{3\times4\times5}+\cdots+\frac{1}{(n-1)n(n+1)}=\frac{1}{2}\left(\frac{1}{1\times2}-\frac{1}{n(n+1)}\right)$。

(4) $\frac{1}{1\times3\times5}+\frac{1}{3\times5\times7}+\frac{1}{5\times7\times9}+\cdots+\frac{1}{(n-2)n(n+2)}=\frac{1}{4}\left(\frac{1}{1\times3}-\frac{1}{n(n+2)}\right)$（$n$ 为奇数）。

例题精讲

例题 1-1 计算：$\frac{1}{1\times2}+\frac{1}{2\times3}+\frac{1}{3\times4}+\frac{1}{4\times5}+\cdots+\frac{1}{99\times100}=$______。

【解答】

$$\frac{1}{1\times2}+\frac{1}{2\times3}+\frac{1}{3\times4}+\frac{1}{4\times5}+\cdots+\frac{1}{99\times100}$$

$$=\frac{2-1}{1\times2}+\frac{3-2}{2\times3}+\frac{4-3}{3\times4}+\frac{5-4}{4\times5}+\cdots+\frac{100-99}{99\times100}$$

$$=1-\frac{1}{2}+\frac{1}{2}-\frac{1}{3}+\frac{1}{3}-\frac{1}{4}+\frac{1}{4}-\frac{1}{5}+\cdots+\frac{1}{99}-\frac{1}{100}$$

$$=1-\frac{1}{100}=\frac{99}{100}。$$

例题 1-2 计算：$\frac{1}{1\times2}+\frac{3}{2\times5}+\frac{5}{5\times10}+\frac{7}{10\times17}+\cdots+\frac{19}{82\times101}=$______。

【解答】

$$\frac{1}{1\times2}+\frac{3}{2\times5}+\frac{5}{5\times10}+\frac{7}{10\times17}+\cdots+\frac{19}{82\times101}$$

$$=\frac{1}{1}-\frac{1}{2}+\frac{1}{2}-\frac{1}{5}+\frac{1}{5}-\frac{1}{10}+\frac{1}{10}-\frac{1}{17}+\cdots+\frac{1}{82}-\frac{1}{101}$$

$$=\frac{1}{1}-\frac{1}{101}=\frac{100}{101}。$$

例题 1-3 计算：$\frac{1}{1\times4\times7}+\frac{1}{4\times7\times10}+\frac{1}{7\times10\times13}+\frac{1}{10\times13\times16}+\cdots+\frac{1}{94\times97\times100}=$______。

【解答】

$$\frac{1}{1\times4\times7}+\frac{1}{4\times7\times10}+\frac{1}{7\times10\times13}+\frac{1}{10\times13\times16}+\cdots+\frac{1}{94\times97\times100}$$

$$=\frac{1}{6}\left(\frac{7-1}{1\times4\times7}+\frac{10-4}{4\times7\times10}+\frac{13-7}{7\times10\times13}+\frac{16-10}{10\times13\times16}+\cdots+\frac{100-94}{94\times97\times100}\right)$$

$$=\frac{1}{6}\left(\frac{1}{1\times4}-\frac{1}{4\times7}+\frac{1}{4\times7}-\frac{1}{7\times10}+\frac{1}{7\times10}-\frac{1}{10\times13}+\cdots+\frac{1}{94\times97}-\frac{1}{97\times100}\right)$$

$$=\frac{1}{6}\left(\frac{1}{1\times4}-\frac{1}{97\times100}\right)=\frac{101}{2425}。$$

例题 2-1 计算：$\frac{1^2+3^2}{1\times3}+\frac{3^2+5^2}{3\times5}+\frac{5^2+7^2}{5\times7}+\frac{7^2+9^2}{7\times9}+\cdots+\frac{97^2+99^2}{97\times99}=$______。

【解答】

$$\frac{1^2+3^2}{1\times3}+\frac{3^2+5^2}{3\times5}+\frac{5^2+7^2}{5\times7}+\frac{7^2+9^2}{7\times9}+\cdots+\frac{97^2+99^2}{97\times99}$$

$$=2+\frac{4}{1\times3}+2+\frac{4}{3\times5}+2+\frac{4}{5\times7}+2+\frac{4}{7\times9}+\cdots+2+\frac{4}{97\times99}$$

$$=2\times49+2\left(\frac{2}{1\times3}+\frac{2}{3\times5}+\frac{2}{5\times7}+\frac{2}{7\times9}+\cdots+\frac{2}{97\times99}\right)$$

$$=98+2\left(1-\frac{1}{99}\right)=99\frac{97}{99}。$$

例题 2-2 计算：$\frac{20}{1\times2\times3}+\frac{19}{2\times3\times4}+\frac{18}{3\times4\times5}+\frac{17}{4\times5\times6}+\cdots+\frac{1}{20\times21\times22}=$______。

【解答】

$$\frac{20}{1\times2\times3}+\frac{19}{2\times3\times4}+\frac{18}{3\times4\times5}+\frac{17}{4\times5\times6}+\cdots+\frac{1}{20\times21\times22}$$

$$=\frac{23-3}{1\times2\times3}+\frac{23-4}{2\times3\times4}+\frac{23-5}{3\times4\times5}+\frac{23-6}{4\times5\times6}+\cdots+\frac{23-22}{20\times21\times22}$$

$$=23\left(\frac{1}{1\times2\times3}+\frac{1}{2\times3\times4}+\frac{1}{3\times4\times5}+\cdots+\frac{1}{20\times21\times22}\right)-\left(\frac{1}{1\times2}+\frac{1}{2\times3}+\frac{1}{3\times4}+\cdots+\frac{1}{20\times21}\right)$$

$$=\frac{23}{2}\left(\frac{1}{1\times2}-\frac{1}{2\times3}+\frac{1}{2\times3}-\frac{1}{3\times4}+\cdots+\frac{1}{20\times21}-\frac{1}{21\times22}\right)-\left(1-\frac{1}{2}+\frac{1}{2}-\frac{1}{3}+\frac{1}{3}-\frac{1}{4}+\cdots+\frac{1}{20}-\frac{1}{21}\right)$$

$$=\frac{23}{2}\left(\frac{1}{1\times2}-\frac{1}{21\times22}\right)-\left(1-\frac{1}{21}\right)=\frac{23}{2}\times\frac{230}{21\times22}-\frac{20}{21}=\frac{105}{22}。$$

例题 2-3 计算：$\frac{1}{3}\times3!+\frac{2}{3^2}\times4!+\frac{3}{3^3}\times5!+\frac{4}{3^4}\times6!+\cdots+\frac{20}{3^{20}}\times22!=$______。

【解答】

$$\frac{1}{3}\times3!+\frac{2}{3^2}\times4!+\frac{3}{3^3}\times5!+\frac{4}{3^4}\times6!+\cdots+\frac{20}{3^{20}}\times22!$$

$$=\frac{4-3}{3}\times3!+\frac{5-3}{3^2}\times4!+\frac{6-3}{3^3}\times5!+\frac{7-3}{3^4}\times6!+\cdots+\frac{23-3}{3^{20}}\times22!$$

$$=\left(\frac{4}{3}-\frac{1}{1}\right)\times3!+\left(\frac{5}{3^2}-\frac{1}{3}\right)\times4!+\left(\frac{6}{3^3}-\frac{1}{3^2}\right)\times5!+\left(\frac{7}{3^4}-\frac{1}{3^3}\right)\times6!+\cdots+\left(\frac{23}{3^{20}}-\frac{1}{3^{19}}\right)\times22!$$

$$=\frac{4!}{3}-\frac{3!}{1}+\frac{5!}{3^2}-\frac{4!}{3}+\frac{6!}{3^3}-\frac{5!}{3^2}+\frac{7!}{3^4}-\frac{6!}{3^3}+\cdots+\frac{23!}{3^{20}}-\frac{22!}{3^{19}}$$

$$=\frac{23!}{3^{20}}-\frac{3!}{1}=\frac{23!}{3^{20}}-6。$$

针对性练习

练习❶ 计算：$\frac{2}{1\times3}+\frac{2}{3\times5}+\frac{2}{5\times7}+\frac{2}{7\times9}+\frac{2}{9\times11}+\frac{2}{11\times13}+\frac{2}{13\times15}=$______。

练习❷ 计算：$\frac{1}{1\times2}+\frac{4}{2\times6}+\frac{7}{6\times13}+\frac{10}{13\times23}+\cdots+\frac{31}{146\times177}=$______。

练习❸ 计算：$\frac{3}{1}+\frac{3}{3}+\frac{3}{6}+\frac{3}{10}+\frac{3}{15}+\cdots+\frac{3}{210}=$______。

练习❹ 计算：$\frac{3}{1^2\times2^2}+\frac{5}{2^2\times3^2}+\frac{7}{3^2\times4^2}+\cdots+\frac{39}{19^2\times20^2}=$______。

练习❺ 计算：$\frac{1}{1\times2\times3}+\frac{1}{2\times3\times4}+\frac{1}{3\times4\times5}+\cdots+\frac{1}{18\times19\times20}=$______。

练习❻ 计算：$\frac{1}{2!}+\frac{2}{3!}+\frac{3}{4!}+\frac{4}{5!}+\frac{5}{6!}+\cdots+\frac{9}{10!}=$______。

练习❼ 计算：$\frac{(1+2)^2}{1\times2}+\frac{(2+3)^2}{2\times3}+\frac{(3+4)^2}{3\times4}+\cdots+\frac{(29+30)^2}{29\times30}=$______。

练习❽ 计算：$\frac{9}{1\times3\times5}+\frac{8}{3\times5\times7}+\frac{7}{5\times7\times9}+\cdots+\frac{1}{17\times19\times21}=$______。

练习❾ 计算：$\frac{20^3-19^3}{20\times19}+\frac{19^3-18^3}{19\times18}+\frac{18^3-17^3}{18\times17}+\frac{17^3-16^3}{17\times16}+\cdots+\frac{2^3-1^3}{2\times1}=$______。

练习❿ 计算：$\frac{1}{1^4+1^2+1}+\frac{2}{2^4+2^2+1}+\frac{3}{3^4+3^2+1}+\frac{4}{4^4+4^2+1}+\cdots+\frac{10}{10^4+10^2+1}=$______。

练习⑪ 计算：$\frac{1\times1}{1\times5}+\frac{2\times3}{5\times9}+\frac{3\times5}{9\times13}+\frac{4\times7}{13\times17}+\cdots+\frac{20\times39}{77\times81}=$______。

练习⑫ 计算：$\frac{3}{1\times2\times1}+\frac{4}{2\times3\times2^1}+\frac{5}{3\times4\times2^2}+\cdots+\frac{12}{10\times11\times2^9}=$______。

练习参考答案

练习题号	练习 1	练习 2	练习 3	练习 4
参考答案	$\frac{14}{15}$	$\frac{176}{177}$	$\frac{40}{7}$	$\frac{399}{400}$
解答提示	分子就是差，直接撕开它	分子就是差，直接撕开它	分母扩大 2 倍，化为 $n(n+1)$	分子就是差，直接撕开它
练习题号	练习 5	练习 6	练习 7	练习 8
参考答案	$\frac{189}{760}$	$\frac{3628799}{3628800}$	$116\frac{29}{30}$	$\frac{5}{7}$
解答提示	$\frac{1}{2}\left[\frac{1}{(n-1)n}-\frac{1}{n(n+1)}\right]$	$\frac{n-1}{n!}=\frac{1}{(n-1)!}-\frac{1}{n!}$	$\frac{(n+n+1)^2}{n(n+1)}=4+\frac{1}{n(n+1)}$	分子扩大 2 倍，$18=23-5$，$16=23-7$，…
练习题号	练习 9	练习 10	练习 11	练习 12
参考答案	$57\frac{19}{20}$	$\frac{55}{111}$	$2\frac{31}{54}$	$1\frac{5631}{5632}$
解答提示	$\frac{(n+1)^3-n^3}{(n+1)n}=3+\frac{1}{n(n+1)}$	n^4+n^2+1 因式分解为 $(n^2+n+1)(n^2-n+1)$；分子扩大 2 倍，才是分母两个乘数之差	$\frac{1}{8}\left[1+\frac{3}{(4n-3)(4n+1)}\right]$	分母扩大 4 倍 $\frac{1}{n\times2^n}-\frac{1}{(n+1)\times2^{n+1}}$

JS-83　分数裂和

神器内容	分数裂和：$\frac{b+a}{ab}=\frac{1}{a}+\frac{1}{b}$。
要点说明	减加交替要裂和，咔咔算式能复活。 方法仍是撕分母，分子是和别马虎。 为了凑和要扩倍，丢掉倍数做不对。

神器溯源

在分数数列减加交替的算式中，加减号已经配好，就差数量相同的量进行抵消了，可以通过裂和，达成咔咔算式。

分子就是和，赶快撕开做。例如：

$$\frac{5}{2\times3}=\frac{3+2}{2\times3}=\frac{3}{2\times3}+\frac{2}{2\times3}=\frac{1}{2}+\frac{1}{3},\frac{10}{3\times7}=\frac{7+3}{3\times7}=\frac{7}{3\times7}+\frac{3}{3\times7}=\frac{1}{3}+\frac{1}{7}。$$

一般情况下，$\frac{b+a}{ab}=\frac{1}{a}+\frac{1}{b}$。

分子不是和，子母分离做。要几就写几，等号对得起。例如：

$$\frac{3}{2\times7}=\frac{3}{9}\times\frac{9}{2\times7}=\frac{3}{9}\times\frac{7+2}{2\times7}=\frac{1}{3}\times\left(\frac{1}{2}+\frac{1}{7}\right)。$$

$$\frac{5}{3\times11}=\frac{5}{14}\times\frac{14}{3\times11}=\frac{5}{14}\times\frac{11+3}{3\times11}=\frac{5}{14}\times\left(\frac{1}{3}+\frac{1}{11}\right)。$$

例题精讲

例题 1-1 计算：$\frac{3}{1\times2}-\frac{5}{2\times3}+\frac{7}{3\times4}-\frac{9}{4\times5}+\cdots-\frac{77}{38\times39}+\frac{79}{39\times40}=$______。

【解答】

$$\frac{3}{1\times2}-\frac{5}{2\times3}+\frac{7}{3\times4}-\frac{9}{4\times5}+\cdots-\frac{77}{38\times39}+\frac{79}{39\times40}$$

$$=\left(\frac{1}{1}+\frac{1}{2}\right)-\left(\frac{1}{2}+\frac{1}{3}\right)+\left(\frac{1}{3}+\frac{1}{4}\right)-\left(\frac{1}{4}+\frac{1}{5}\right)+\cdots-\left(\frac{1}{38}+\frac{1}{39}\right)+\left(\frac{1}{39}+\frac{1}{40}\right)$$

$$=1+\frac{1}{2}-\frac{1}{2}-\frac{1}{3}+\frac{1}{3}+\frac{1}{4}-\frac{1}{4}-\frac{1}{5}+\cdots-\frac{1}{38}-\frac{1}{39}+\frac{1}{39}+\frac{1}{40}=1\frac{1}{40}。$$

例题 1-2 计算：$\frac{3}{1\times5}-\frac{7}{5\times9}+\frac{11}{9\times13}-\frac{15}{13\times17}+\cdots-\frac{79}{77\times81}=$______。

【解答】

$$\frac{3}{1\times5}-\frac{7}{5\times9}+\frac{11}{9\times13}-\frac{15}{13\times17}+\cdots-\frac{79}{77\times81}$$

$$=\frac{1}{2}\left(\frac{5+1}{1\times5}-\frac{9+5}{5\times9}+\frac{13+9}{9\times13}-\frac{17+13}{13\times17}+\cdots-\frac{81+77}{77\times81}\right)$$

$$=\frac{1}{2}\left[\left(\frac{1}{1}+\frac{1}{5}\right)-\left(\frac{1}{5}+\frac{1}{9}\right)+\left(\frac{1}{9}+\frac{1}{13}\right)-\left(\frac{1}{13}+\frac{1}{17}\right)+\cdots-\left(\frac{1}{77}+\frac{1}{81}\right)\right]$$

$$=\frac{1}{2}\left(1+\frac{1}{5}-\frac{1}{5}-\frac{1}{9}+\frac{1}{9}+\frac{1}{13}-\frac{1}{13}-\frac{1}{17}+\cdots-\frac{1}{77}-\frac{1}{81}\right)$$

$$=\frac{1}{2}\left(1-\frac{1}{81}\right)=\frac{40}{81}。$$

例题 1-3 计算：$\frac{1^3+2^3}{1\times2}-\frac{2^3+3^3}{2\times3}+\frac{3^3+4^3}{3\times4}-\frac{4^3+5^3}{4\times5}+\cdots+\frac{19^3+20^3}{19\times20}=$______。

【解答】

$$\frac{1^3+2^3}{1\times2}-\frac{2^3+3^3}{2\times3}+\frac{3^3+4^3}{3\times4}-\frac{4^3+5^3}{4\times5}+\cdots+\frac{19^3+20^3}{19\times20}$$

$$=\left(3+\frac{3}{1\times2}\right)-\left(5+\frac{5}{2\times3}\right)+\left(7+\frac{7}{3\times4}\right)-\left(9+\frac{9}{4\times5}\right)+\cdots+\left(39+\frac{39}{19\times20}\right)$$

$$=(3-5+7-9+\cdots-37+39)+\left(\frac{3}{1\times2}-\frac{5}{2\times3}+\frac{7}{3\times4}-\frac{9}{4\times5}+\cdots-\frac{37}{18\times19}+\frac{39}{19\times20}\right)$$

$$=21+\left(1+\frac{1}{20}\right)=22\frac{1}{20}。$$

例题 2-1 计算：$\left(\frac{1}{1\times49}+\frac{1}{2\times48}+\frac{1}{3\times47}+\cdots+\frac{1}{25\times25}\right)-\frac{1}{50}\left(\frac{5}{2\times3}+\frac{9}{4\times5}+\frac{13}{6\times7}+\cdots+\frac{97}{48\times49}\right)=$______。

【解答】

$$\left(\frac{1}{1\times49}+\frac{1}{2\times48}+\frac{1}{3\times47}+\cdots+\frac{1}{25\times25}\right)-\frac{1}{50}\left(\frac{5}{2\times3}+\frac{9}{4\times5}+\frac{13}{6\times7}+\cdots+\frac{97}{48\times49}\right)$$

$$=\frac{1}{50}\left(\frac{1+49}{1\times49}+\frac{2+48}{2\times48}+\frac{3+47}{3\times47}+\cdots+\frac{25+25}{25\times25}\right)-\frac{1}{50}\left(\frac{5}{2\times3}+\frac{9}{4\times5}+\frac{13}{6\times7}+\cdots+\frac{97}{48\times49}\right)$$

$$=\frac{1}{50}\left(\frac{1}{1}+\frac{1}{2}+\frac{1}{3}+\cdots+\frac{1}{48}+\frac{1}{49}+\frac{1}{25}\right)-\frac{1}{50}\left(\frac{1}{2}+\frac{1}{3}+\frac{1}{4}+\frac{1}{5}+\cdots+\frac{1}{48}+\frac{1}{49}\right)$$

$$=\frac{1}{50}\left(1+\frac{1}{25}\right)=\frac{13}{625}。$$

例题 2-2 计算：$\dfrac{\frac{1}{2\times3}+\frac{1}{4\times5}+\frac{1}{6\times7}+\cdots+\frac{1}{98\times99}}{\frac{1}{149}-\left(\frac{1}{50\times99}+\frac{1}{51\times98}+\cdots+\frac{1}{74\times75}\right)}=$________。

【解答】

$$分子=\frac{1}{2}-\frac{1}{3}+\frac{1}{4}-\frac{1}{5}+\frac{1}{6}-\frac{1}{7}+\cdots+\frac{1}{98}-\frac{1}{99}$$

$$=\left(\frac{2}{2}+\frac{2}{4}+\frac{2}{6}+\frac{2}{8}+\frac{2}{10}+\cdots+\frac{2}{98}\right)-\left(\frac{1}{2}+\frac{1}{3}+\frac{1}{4}+\frac{1}{5}+\frac{1}{6}+\frac{1}{7}+\cdots+\frac{1}{98}+\frac{1}{99}\right)$$

$$=\left(1+\frac{1}{2}+\frac{1}{3}+\frac{1}{4}+\frac{1}{5}+\cdots+\frac{1}{49}\right)-\left(\frac{1}{2}+\frac{1}{3}+\frac{1}{4}+\frac{1}{5}+\cdots+\frac{1}{49}\right)-\left(\frac{1}{50}+\frac{1}{51}+\frac{1}{52}+\frac{1}{53}+\cdots+\frac{1}{99}\right)$$

$$=1-\left(\frac{1}{50}+\frac{1}{51}+\frac{1}{52}+\frac{1}{53}+\cdots+\frac{1}{99}\right)=a。$$

$$分母=\frac{1}{149}\left[1-\left(\frac{50+99}{50\times99}+\frac{51+98}{51\times98}+\cdots+\frac{74+75}{74\times75}\right)\right]$$

$$=\frac{1}{149}\left[1-\left(\frac{1}{50}+\frac{1}{99}+\frac{1}{51}+\frac{1}{98}+\cdots+\frac{1}{74}+\frac{1}{75}\right)\right]=\frac{1}{149}a。$$

所以，原式$=\dfrac{a}{\frac{1}{149}a}=149$。

例题 2-3 计算：$\left(\frac{1}{1\times3}+\frac{2}{3\times5}+\frac{2^2}{5\times7}+\cdots+\frac{2^{14}}{29\times31}\right)-\left(\frac{2^3}{1\times3\times5}+\frac{2^4}{3\times5\times7}+\frac{2^5}{5\times7\times9}+\cdots+\frac{2^{17}}{29\times31\times33}\right)=$________。

【解答】

$$后式=\frac{2}{1\times3}-\frac{2}{3\times5}+\frac{2^2}{3\times5}-\frac{2^2}{5\times7}+\frac{2^3}{5\times7}-\frac{2^3}{7\times9}+\cdots+\frac{2^{15}}{29\times31}-\frac{2^{15}}{31\times33}$$

$$=\frac{2}{1\times3}+\left(\frac{2}{3\times5}+\frac{2^2}{5\times7}+\frac{2^3}{7\times9}+\cdots+\frac{2^{14}}{29\times31}\right)-\frac{2^{15}}{31\times33}。$$

$$原式=\frac{1}{1\times3}+\left(\frac{2}{3\times5}+\frac{2^2}{5\times7}+\cdots+\frac{2^{14}}{29\times31}\right)-\frac{2}{1\times3}-\left(\frac{2}{3\times5}+\frac{2^2}{5\times7}+\frac{2^3}{7\times9}+\cdots+\frac{2^{14}}{29\times31}\right)+\frac{2^{15}}{31\times33}$$

$$=\frac{2^{15}}{31\times33}-\frac{1}{1\times3}=31\frac{238}{341}。$$

针对性练习

练习❶ 计算：$\frac{3}{1\times2}-\frac{7}{2\times5}+\frac{14}{5\times9}-\frac{24}{9\times15}+\frac{37}{15\times22}-\frac{51}{22\times29}+\frac{59}{29\times30}=$________。

练习❷ 计算：$\frac{1}{1\times3}-\frac{2}{3\times5}+\frac{3}{5\times7}-\frac{4}{7\times9}+\cdots+\frac{8}{15\times17}-\frac{9}{17\times19}=$________。

练习❸ 计算：$\frac{2\times3+1}{1\times2\times3\times4}-\frac{4\times5+1}{3\times4\times5\times6}+\frac{6\times7+1}{5\times6\times7\times8}-\frac{8\times9+1}{7\times8\times9\times10}+\cdots-\frac{16\times17+1}{15\times16\times17\times18}=$________。

练习❹ 计算：$\frac{1^3+3^3}{1\times3}-\frac{3^3+5^3}{3\times5}+\frac{5^3+7^3}{5\times7}-\frac{7^3+9^3}{7\times9}+\cdots+\frac{13^3+15^3}{13\times15}=$________。

练习❺ 计算：$\left(\frac{1}{1\times50}+\frac{1}{2\times49}+\frac{1}{3\times48}+\cdots+\frac{1}{50\times1}\right)-\frac{50}{51}\left(\frac{1}{1\times49}+\frac{1}{2\times48}+\frac{1}{3\times47}+\cdots+\frac{1}{49\times1}\right)=$________。

练习6 计算：$\dfrac{\dfrac{1}{1\times2}+\dfrac{1}{3\times4}+\dfrac{1}{5\times6}+\dfrac{1}{7\times8}+\cdots+\dfrac{1}{99\times100}}{\dfrac{1}{51\times100}+\dfrac{1}{52\times99}+\dfrac{1}{53\times98}+\dfrac{1}{54\times97}+\cdots+\dfrac{1}{75\times76}}=$______。

练习7 计算：$\dfrac{20^3-5\times20+2}{20\times19}-\dfrac{19^3-5\times19+2}{19\times18}+\dfrac{18^3-5\times18+2}{18\times17}-\dfrac{17^3-5\times17+2}{17\times16}+\cdots+\dfrac{2^3-5\times2+2}{2\times1}=$______。

练习参考答案

练习题号	练习1	练习2	练习3	练习4
参考答案	$1\frac{1}{30}$	$\frac{9}{38}$	$\frac{38}{153}$	$20\frac{4}{15}$
解答提示	分子都是和，撕开就能做	分子扩大4倍，裂和	分子扩大2倍，分母两数乘积进行裂和	$\frac{n^3+(n+2)^3}{n(n+2)}=(2n+2)+\frac{4(2n+2)}{n(n+2)}$
练习题号	练习5	练习6	练习7	
参考答案	$\frac{1}{1275}$	151	$9\frac{9}{10}$	
解答提示	前式扩大51倍并裂和，后式50分配进去并裂和	分子裂差，分母裂和	$\frac{n^3-5n+2}{n(n-1)}=(n+1)-\frac{2(2n-1)}{n(n-1)}$	

JS-84　分数裂积

神器内容	分数裂积：$\frac{1}{2}\times\frac{2}{3}\times\frac{3}{4}\times\frac{4}{5}\times\cdots\times\frac{n-1}{n}=\frac{1}{n}$；$\frac{3}{2}\times\frac{4}{3}\times\frac{5}{4}\times\frac{6}{5}\times\cdots\times\frac{n+1}{n}=\frac{n+1}{2}$。
要点说明	连乘必裂积，约分笑嘻嘻。 只要是连乘，约去就可行。 老师再提醒，带化假看清。

神器溯源

分数连乘要裂积，首先约分再乘起。约分之后商为1，别让抵消干扰你。当然遇到带分数，要先把带分数化为假分数，对应位置来约分，不要无规律乱约分，最后剩下首尾有限项。

裂积咔咔算式举例：

(1) $\frac{1}{2}\times\frac{2}{3}\times\frac{3}{4}\times\frac{4}{5}\times\cdots\times\frac{n-1}{n}=\frac{1}{n}$。

(2) $\frac{3}{2}\times\frac{4}{3}\times\frac{5}{4}\times\frac{6}{5}\times\cdots\times\frac{n+1}{n}=\frac{n+1}{2}$。

例题精讲

例题 1-1 计算：$1\frac{1}{2}\times1\frac{1}{3}\times2\frac{1}{4}\times2\frac{1}{9}\times3\frac{1}{19}\times3\frac{1}{58}\times4\frac{1}{175}=$________。

【解答】 $1\frac{1}{2}\times1\frac{1}{3}\times2\frac{1}{4}\times2\frac{1}{9}\times3\frac{1}{19}\times3\frac{1}{58}\times4\frac{1}{175}$

$=\frac{3}{2}\times\frac{4}{3}\times\frac{9}{4}\times\frac{19}{9}\times\frac{58}{19}\times\frac{175}{58}\times\frac{701}{175}$

$=\frac{701}{2}$。

例题 1-2 计算：$\left(1-\frac{1}{2^2}\right)\left(1-\frac{1}{3^2}\right)\left(1-\frac{1}{4^2}\right)\left(1-\frac{1}{5^2}\right)\cdots\left(1-\frac{1}{20^2}\right)=$________。

【解答】 $\left(1-\frac{1}{2^2}\right)\left(1-\frac{1}{3^2}\right)\left(1-\frac{1}{4^2}\right)\left(1-\frac{1}{5^2}\right)\cdots\left(1-\frac{1}{20^2}\right)$

$=\frac{1}{2}\times\boxed{\frac{3}{2}\times\frac{2}{3}\times\frac{4}{3}\times\frac{3}{4}\times\frac{5}{4}\times\frac{4}{5}\times\frac{6}{5}\times\cdots\times\frac{19}{20}}\times\frac{21}{20}$

$=\frac{1}{2}\times\frac{21}{20}$

$=\frac{21}{40}$。

例题 1-3 计算：$\frac{2^3-1}{2^3+1}\times\frac{3^3-1}{3^3+1}\times\frac{4^3-1}{4^3+1}\times\frac{5^3-1}{5^3+1}\times\cdots\times\frac{20^3-1}{20^3+1}=$________。

【解答】 $\frac{2^3-1}{2^3+1}\times\frac{3^3-1}{3^3+1}\times\frac{4^3-1}{4^3+1}\times\frac{5^3-1}{5^3+1}\times\cdots\times\frac{20^3-1}{20^3+1}$

$=\frac{1\times7}{3\times3}\times\frac{2\times13}{4\times7}\times\frac{3\times21}{5\times13}\times\frac{4\times31}{6\times21}\times\cdots\times\frac{19\times421}{21\times381}$

$=\left(\frac{1}{3}\times\frac{2}{4}\times\frac{3}{5}\times\frac{4}{6}\times\cdots\times\frac{19}{21}\right)\times\left(\frac{7}{3}\times\frac{13}{7}\times\frac{21}{13}\times\frac{31}{21}\times\cdots\times\frac{421}{381}\right)$

$=\frac{1\times2}{20\times21}\times\frac{421}{3}$

$=\frac{421}{630}$。

例题 2-1 计算：$\frac{\left(1+\frac{2}{33}\right)\left(1+\frac{4}{33}\right)\left(1+\frac{6}{33}\right)\left(1+\frac{8}{33}\right)\cdots\left(1+\frac{32}{33}\right)}{\left(1-\frac{1}{66}\right)\left(1-\frac{3}{66}\right)\left(1-\frac{5}{66}\right)\left(1-\frac{7}{66}\right)\cdots\left(1-\frac{31}{66}\right)}=$________。

【解答】 原式$=\frac{\frac{35\times37\times39\times\cdots\times65}{33^{16}}}{\frac{65\times63\times61\times\cdots\times35}{66^{16}}}=\frac{66^{16}}{33^{16}}=\left(\frac{66}{33}\right)^{16}=2^{16}=65536$。

例题 2-2 计算：$\frac{(2^4+2^2+1)\times(4^4+4^2+1)\times(6^4+6^2+1)\times\cdots\times(20^4+20^2+1)}{(3^4+3^2+1)\times(5^4+5^2+1)\times(7^4+7^2+1)\times\cdots\times(21^4+21^2+1)}$

$=$________。

【解答】 $n^4+n^2+1=n^4+2n^2+1-n^2=(n^2+1)^2-n^2=(n^2-n+1)(n^2+n+1)$。

又知 $n^2+n+1=n^2+2n+1-n=(n+1)^2-n=(n+1)^2-(n+1)+1$。

$$原式=\frac{(2^2-2+1)\times(2^2+2+1)\times(4^2-4+1)\times(4^2+4+1)\times\cdots\times(20^2-20+1)\times(20^2+20+1)}{(3^2-3+1)\times(3^2+3+1)\times(5^2-5+1)\times(5^2+5+1)\times\cdots\times(21^2-21+1)\times(21^2+21+1)}$$

$$=\frac{3\times7\times13\times21\times\cdots\times381\times421}{7\times13\times21\times31\times\cdots\times421\times463}$$

$$=\frac{3}{463}。$$

针对性练习

练习❶ 计算：$1\frac{1}{2}\times2\frac{2}{3}\times3\frac{3}{8}\times4\frac{4}{27}\times1\frac{1}{112}\times2\frac{2}{113}=$________。

练习❷ 计算：$2025\times\left(1-\frac{1}{2}\right)\left(1-\frac{1}{3}\right)\left(1-\frac{1}{4}\right)\cdots\left(1-\frac{1}{45}\right)=$________。

练习❸ 计算：$\left(1-\frac{4}{3^2}\right)\left(1-\frac{4}{5^2}\right)\left(1-\frac{4}{7^2}\right)\left(1-\frac{4}{9^2}\right)\cdots\left(1-\frac{4}{19^2}\right)=$________。

练习❹ 计算：$\left(1+\frac{3}{1\times5}\right)\left(1+\frac{3}{2\times6}\right)\left(1+\frac{3}{3\times7}\right)\left(1+\frac{3}{4\times8}\right)\cdots\left(1+\frac{3}{16\times20}\right)=$________。

练习❺ 计算：$\frac{\left(1+\frac{1}{36}\right)\times\left(1+\frac{2}{36}\right)\times\left(1+\frac{3}{36}\right)\times\cdots\times\left(1+\frac{10}{36}\right)}{\left(1-\frac{2}{48}\right)\times\left(1-\frac{3}{48}\right)\times\left(1-\frac{4}{48}\right)\times\cdots\times\left(1-\frac{11}{48}\right)}\times\frac{3^{10}}{2^{10}}=$________。

练习6 计算：$\frac{1^4+4}{3^4+4}\times\frac{5^4+4}{7^4+4}\times\frac{9^4+4}{11^4+4}\times\frac{13^4+4}{15^4+4}\times\cdots\times\frac{29^4+4}{31^4+4}=$______。

练习7 计算：$\frac{\left(1+\frac{1}{1\times3}\right)\left(1+\frac{1}{2\times4}\right)\left(1+\frac{1}{3\times5}\right)\cdots\left(1+\frac{1}{16\times18}\right)}{\left(1-\frac{2}{3}\right)\times\left(1-\frac{2}{5}\right)\times\left(1-\frac{2}{7}\right)\times\cdots\times\left(1-\frac{2}{27}\right)}=$______。

练习8 下面三个图中每条基本线段长为1，图1的周长为a_1，图2的周长为a_2，图3的周长为a_3……图n的周长为a_n，则

(1)$\frac{1}{a_1}+\frac{1}{a_2}+\frac{1}{a_3}+\cdots+\frac{1}{a_{20}}=$______；

(2)$\frac{a_3}{a_1}\times\frac{a_4}{a_2}\times\frac{a_7}{a_5}\times\frac{a_8}{a_6}\times\cdots\times\frac{a_{19}}{a_{17}}\times\frac{a_{20}}{a_{18}}=$______。

图1

图2

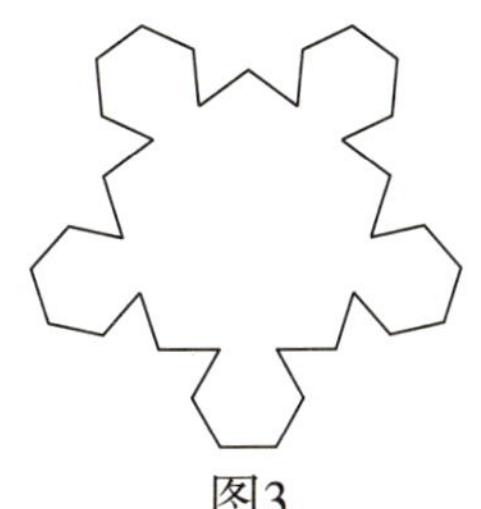

图3

…

练习参考答案

练习题号	练习1	练习2	练习3	练习4
参考答案	114	45	$\frac{7}{19}$	$\frac{17}{5}$
解答提示	带分数化假分数，错位约分	错位约分	连乘裂积	裂积后，分两组对应约分
练习题号	练习5	练习6	练习7	练习8
参考答案	1024	$\frac{1}{1025}$	51	(1)$\frac{275}{1102}$，(2)46
解答提示	分子的分子与分母的分子相同	$n^4+4=[(n-1)^2+1]\times[(n+1)^2+1]$	分子、分母分开裂积，$\frac{17}{9}\times27=51$	$a_n=(n+2)(n+4)$

JS-85　整分互嵌来裂项

神器内容	整数数列与分数数列裂项互相嵌入综合计算。
要点说明	整数数列和记熟，嵌入分数有用途。 一眼就能看清楚，公式使用挡不住。 整数分数都熟练，哪有难题不会算。

神器溯源

在分数数列裂项中嵌入整数数列求和算式，如果能熟练掌握整数数列求和公式，能使得分数数列裂项的算式简单化。常用的整数数列求和公式如下：

(1)$1+2+3+4+\cdots+n=\dfrac{n(n+1)}{2}$。

(2)$1\times2+2\times3+3\times4+4\times5+\cdots+n(n+1)=\dfrac{n(n+1)(n+2)}{3}$。

(3)$1\times2\times3+2\times3\times4+3\times4\times5+4\times5\times6+\cdots+n(n+1)(n+2)=\dfrac{n(n+1)(n+2)(n+3)}{4}$。

(4)$1^2+2^2+3^2+4^2+\cdots+n^2=\dfrac{n(n+1)(2n+1)}{6}$。

(5)$1^3+2^3+3^3+4^3+\cdots+n^3=\dfrac{n^2(n+1)^2}{4}$。

例题精讲

例题 1-1 计算：$\dfrac{2}{1\times(1+2)}+\dfrac{3}{(1+2)\times(1+2+3)}+\dfrac{4}{(1+2+3)\times(1+2+3+4)}+\cdots+\dfrac{100}{(1+2+\cdots+99)\times(1+2+\cdots+100)}=$______。

【解答】 分子就是差，直接撕开它。等差公式不用套，撕开抵消能做到。

$$原式=\frac{1}{1}-\frac{1}{1+2}+\frac{1}{1+2}-\frac{1}{1+2+3}+\frac{1}{1+2+3}-\frac{1}{1+2+3+4}+\cdots+\frac{1}{1+2+\cdots+99}-\frac{1}{1+2+\cdots+100}$$

$$=\frac{1}{1}-\frac{1}{1+2+\cdots+100}$$

$$=\frac{5049}{5050}。$$

例题 1-2 计算：$\frac{2}{1\times2}+\frac{3}{1\times2+2\times3}+\frac{4}{1\times2+2\times3+3\times4}+\cdots+\frac{20}{1\times2+2\times3+\cdots+19\times20}=$______。

【解答】 $1\times2+2\times3+\cdots+n\times(n+1)=\frac{n(n+1)(n+2)}{3}$。

$$原式=\frac{2}{\frac{1\times2\times3}{3}}+\frac{3}{\frac{2\times3\times4}{3}}+\frac{4}{\frac{3\times4\times5}{3}}+\cdots+\frac{20}{\frac{19\times20\times21}{3}}$$

$$=3\times\left(\frac{1}{1\times3}+\frac{1}{2\times4}+\frac{1}{3\times5}+\cdots+\frac{1}{19\times21}\right)$$

$$=\frac{3}{2}\times\left(\frac{1}{1}+\frac{1}{2}-\frac{1}{20}-\frac{1}{21}\right)$$

$$=2\frac{29}{280}。$$

例题 1-3 计算：$\frac{3}{1^2}+\frac{5}{1^2+2^2}+\frac{7}{1^2+2^2+3^2}+\cdots+\frac{101}{1^2+2^2+3^2+\cdots+50^2}=$______。

【解答】 $1^2+2^2+3^2+\cdots+n^2=\frac{n(n+1)(2n+1)}{6}$。

$$原式=\frac{3}{\frac{1\times2\times3}{6}}+\frac{5}{\frac{2\times3\times5}{6}}+\frac{7}{\frac{3\times4\times7}{6}}+\cdots+\frac{101}{\frac{50\times51\times101}{6}}$$

$$=6\times\left(\frac{1}{1\times2}+\frac{1}{2\times3}+\frac{1}{3\times4}+\cdots+\frac{1}{50\times51}\right)=6\times\left(\frac{1}{1}-\frac{1}{51}\right)$$

$$=\frac{100}{17}。$$

例题 2-1 计算：$\frac{1^3}{1}+\frac{1^3+2^3}{1+2}+\frac{1^3+2^3+3^3}{1+2+3}+\cdots+\frac{1^3+2^3+3^3+\cdots+20^3}{1+2+3+\cdots+20}=$ ________。

【解答】 $1+2+3+\cdots+n=\frac{n(n+1)}{2}$，$1^3+2^3+3^3+\cdots+n^3=\frac{n^2(n+1)^2}{4}$。

$$原式=\frac{\frac{1^2\times 2^2}{4}}{\frac{1\times 2}{2}}+\frac{\frac{2^2\times 3^2}{4}}{\frac{2\times 3}{2}}+\frac{\frac{3^2\times 4^2}{4}}{\frac{3\times 4}{2}}+\cdots+\frac{\frac{20^2\times 21^2}{4}}{\frac{20\times 21}{2}}$$

$$=\frac{1\times 2}{2}+\frac{2\times 3}{2}+\frac{3\times 4}{2}+\cdots+\frac{20\times 21}{2}$$

$$=\frac{1}{2}(1\times 2+2\times 3+3\times 4+\cdots+20\times 21)$$

$$=\frac{1}{2}\times\frac{20\times 21\times 22}{3}$$

$=1540$。

例题 2-2 计算：$\frac{1}{1^3}+\frac{1+2}{1^3+2^3}+\frac{1+2+3}{1^3+2^3+3^3}+\cdots+\frac{1+2+3+\cdots+20}{1^3+2^3+3^3+\cdots+20^3}=$ ________。

【解答】 $1+2+3+\cdots+n=\frac{n(n+1)}{2}$，$1^3+2^3+3^3+\cdots+n^3=\frac{n^2(n+1)^2}{4}$。

$$原式=\frac{\frac{1\times 2}{2}}{\frac{1^2\times 2^2}{4}}+\frac{\frac{2\times 3}{2}}{\frac{2^2\times 3^2}{4}}+\frac{\frac{3\times 4}{2}}{\frac{3^2\times 4^2}{4}}+\cdots+\frac{\frac{20\times 21}{2}}{\frac{20^2\times 21^2}{4}}$$

$$=\frac{2}{1\times 2}+\frac{2}{2\times 3}+\frac{2}{3\times 4}+\cdots+\frac{2}{20\times 21}$$

$$=2\left(1-\frac{1}{21}\right)$$

$=\frac{40}{21}$。

例题 2-3 计算：$\frac{1^2}{1^3}-\frac{1^2+2^2}{1^3+2^3}+\frac{1^2+2^2+3^2}{1^3+2^3+3^3}-\frac{1^2+2^2+3^2+4^2}{1^3+2^3+3^3+4^3}+\cdots-\frac{1^2+2^2+3^2+\cdots+20^2}{1^3+2^3+3^3+\cdots+20^3}=$ ________。

【解答】 $1^2+2^2+3^2+\cdots+n^2=\dfrac{n(n+1)(2n+1)}{6}$，$1^3+2^3+3^3+\cdots+n^3=\dfrac{n^2(n+1)^2}{4}$。

$$原式=\frac{\frac{1\times2\times3}{6}}{\frac{1^2\times2^2}{4}}-\frac{\frac{2\times3\times5}{6}}{\frac{2^2\times3^2}{4}}+\frac{\frac{3\times4\times7}{6}}{\frac{3^2\times4^2}{4}}-\frac{\frac{4\times5\times9}{6}}{\frac{4^2\times5^2}{4}}+\cdots-\frac{\frac{20\times21\times41}{6}}{\frac{20^2\times21^2}{4}}$$

$$=\frac{4}{6}\left(\frac{3}{1\times2}-\frac{5}{2\times3}+\frac{7}{3\times4}-\frac{9}{4\times5}+\cdots-\frac{41}{20\times21}\right)$$

$$=\frac{2}{3}\left(1-\frac{1}{21}\right)$$

$$=\frac{40}{63}。$$

例题 2-4 计算：$12\left(\dfrac{1}{1\times3}+\dfrac{1}{2\times5}+\dfrac{1}{3\times7}+\cdots+\dfrac{1}{20\times41}\right)-\left(\dfrac{1}{1^2}+\dfrac{1}{1^2+2^2}+\dfrac{1}{1^2+2^2+3^2}+\cdots+\dfrac{1}{1^2+2^2+\cdots+20^2}\right)=$______。

【解答】 $1^2+2^2+3^2+\cdots+n^2=\dfrac{n(n+1)(2n+1)}{6}$，

$$\frac{12}{1\times3}-\frac{1}{1^2}=\frac{12}{1\times3}-\frac{6}{1\times2\times3}=6\times\frac{2\times2-1}{1\times2\times3}=6\times\frac{1}{1\times2},$$

$$\frac{12}{2\times5}-\frac{1}{1^2+2^2}=\frac{12}{2\times5}-\frac{6}{2\times3\times5}=6\times\frac{2\times3-1}{2\times3\times5}=6\times\frac{1}{2\times3},$$

$$\frac{12}{3\times7}-\frac{1}{1^2+2^2+3^2}=\frac{12}{3\times7}-\frac{6}{3\times4\times7}=6\times\frac{2\times4-1}{3\times4\times7}=6\times\frac{1}{3\times4},$$

…

$$\frac{12}{20\times41}-\frac{1}{1^2+2^2+\cdots+20^2}=\frac{12}{20\times41}-\frac{6}{20\times21\times41}=6\times\frac{2\times21-1}{20\times21\times41}=6\times\frac{1}{20\times21}。$$

$$原式=6\left(\frac{1}{1\times2}+\frac{1}{2\times3}+\frac{1}{3\times4}+\cdots+\frac{1}{20\times21}\right)$$

$$=6\left(1-\frac{1}{21}\right)$$

$$=\frac{40}{7}。$$

针对性练习

练习❶ 计算：$1+\frac{1}{1+2}+\frac{1}{1+2+3}+\frac{1}{1+2+3+4}+\cdots+\frac{1}{1+2+3+\cdots+20}=$________。

练习❷ 计算：$\frac{1^2}{1}+\frac{1^2+2^2}{1+2}+\frac{1^2+2^2+3^2}{1+2+3}+\cdots+\frac{1^2+2^2+3^2+\cdots+20^2}{1+2+3+\cdots+20}=$________。

练习❸ 计算：$\frac{2^2+4^2+6^2+8^2+\cdots+30^2}{1^2+3^2+5^2+7^2+\cdots+29^2}=$________。

练习❹ 计算：$\frac{1}{1\times2\times3}+\frac{1+2}{1\times2\times3+2\times3\times4}+\frac{1+2+3}{1\times2\times3+2\times3\times4+3\times4\times5}+\cdots+\frac{1+2+3+\cdots+20}{1\times2\times3+2\times3\times4+3\times4\times5+\cdots+20\times21\times22}=$________。

练习❺ 计算：$\frac{1^2+2^2}{1\times2\times3}-\frac{1^2+2^2+3^2}{1\times2\times3+2\times3\times4}+\frac{1^2+2^2+3^2+4^2}{1\times2\times3+2\times3\times4+3\times4\times5}-\cdots+\frac{1^2+2^2+3^2+\cdots+20^2}{1\times2\times3+2\times3\times4+\cdots+19\times20\times21}=$________。

练习⑥ 计算：$\frac{1+2+3}{2}\times\frac{1+2+3+4}{2+3}\times\frac{1+2+3+4+5}{2+3+4}\times\cdots\times\frac{1+2+3+\cdots+20}{2+3+4+\cdots+19}=$______。

练习⑦ 计算：$\frac{2\times1^2+1}{1\times2}-\frac{2\times2^2+2}{1\times2+2\times5}+\frac{2\times3^2+3}{1\times2+2\times5+3\times8}-\frac{2\times4^2+4}{1\times2+2\times5+3\times8+4\times11}+\cdots-\frac{2\times20^2+20}{1\times2+2\times5+3\times8+\cdots+20\times59}=$______。

练习参考答案

练习题号	练习 1	练习 2	练习 3	练习 4
参考答案	$\frac{40}{21}$	$\frac{440}{3}$	$\frac{32}{29}$	$\frac{40}{69}$
解答提示	分母扩大 2 倍可裂差	每项都是$\frac{2n+1}{3}$	分子、分母分别套用公式	每项都是$\frac{2}{(n+2)(n+3)}$
练习题号	练习 5	练习 6	练习 7	
参考答案	$\frac{1357}{2310}$	190	$\frac{20}{21}$	
解答提示	每项为$\frac{2}{3}\left(\frac{1}{n-1}+\frac{1}{n+2}\right)$	裂积为$\frac{3}{1}\times\frac{4}{2}\times\frac{5}{3}\times\cdots\times\frac{20}{18}$	每项都是$\frac{2n+1}{n(n+1)}$	

JS-86　分数比较大小

神器内容	分数比较大小常用方法：①同分母比分子；②同分子比分母；③小数法；④交叉相乘法；⑤倒数法；⑥增减常量法；⑦扩倍缩小法。
要点说明	分数大小来比较，基本方法掌握牢。 分子、分母有相同，比较大小不头疼。 不同子母交叉乘，化成小数也常用。 有时使用倒数法，和同差小积就大。

神器溯源

两个或多个分数如何比较大小？常用方法总结如下：

(1)分母相同，比较分子，分子大的分数大。例如：$\frac{10}{27}<\frac{11}{27}$。

(2)分子相同，比较分母，分母大的分数小。例如：$\frac{25}{32}<\frac{25}{31}$。

(3)转化为小数比较大小。例如：$\frac{22}{7}=3.\dot{1}4285\dot{7}$，$\frac{355}{113}=3.1415929\cdots$，所以 $\frac{22}{7}>\frac{355}{113}$。

(4)交叉相乘法，固定分子比较大小。例如：因为 $11\times43=473>472=8\times59$，所以 $\frac{11}{59}>\frac{8}{43}$。

(5)倒数法。例如：$\frac{94}{191}=\frac{1}{2+\frac{3}{94}}$，$\frac{31}{63}=\frac{1}{2+\frac{1}{31}}$，又因为 $\frac{3}{94}<\frac{3}{93}=\frac{1}{31}$，所以 $\frac{94}{191}>\frac{31}{63}$。

(6)增减常量法。例如：因为 $\frac{87}{172}-\frac{1}{2}=\frac{87}{172}-\frac{86}{172}=\frac{1}{172}$，$\frac{47}{92}-\frac{1}{2}=\frac{47}{92}-\frac{46}{92}=\frac{1}{92}$，又因为 $\frac{1}{172}<\frac{1}{92}$，所以 $\frac{87}{172}<\frac{47}{92}$。

(7)扩倍缩小法。例如：因为$\frac{23}{71}\times3=\frac{69}{71}$，$\frac{31}{94}\times3=\frac{93}{94}$，又因为$\frac{69}{71}<\frac{93}{94}$，所以$\frac{23}{71}<\frac{31}{94}$。

注：在分数比较大小时，有时会用到"和同差小积大，积同差小和小"的性质。

所有真分数大小排列如下：

$$
\begin{array}{lllllllll}
\frac{1}{2} & \frac{2}{3} & \frac{3}{4} & \frac{4}{5} & \frac{5}{6} & \frac{6}{7} & \frac{7}{8} & \frac{8}{9} & \cdots \\
\frac{1}{3} & \frac{2}{4} & \frac{3}{5} & \frac{4}{6} & \frac{5}{7} & \frac{6}{8} & \frac{7}{9} & \cdots & \\
\frac{1}{4} & \frac{2}{5} & \frac{3}{6} & \frac{4}{7} & \frac{5}{8} & \frac{6}{9} & \cdots & & \\
\frac{1}{5} & \frac{2}{6} & \frac{3}{7} & \frac{4}{8} & \frac{5}{9} & \cdots & & & \\
\frac{1}{6} & \frac{2}{7} & \frac{3}{8} & \frac{4}{9} & \cdots & & & & \\
\frac{1}{7} & \frac{2}{8} & \frac{3}{9} & \cdots & & & & & \\
\frac{1}{8} & \frac{2}{9} & \cdots & & & & & & \\
\frac{1}{9} & \cdots & & & & & & & \\
\cdots & & & & & & & &
\end{array}
$$

例题精讲

例题 1-1 比较大小。

(1)$\frac{35}{79}\bigcirc\frac{21}{47}$；　　(2)$\frac{133}{137}\bigcirc\frac{113}{117}$。

【解答】 (1)通分子，比分母，分母大的反而小。

$\frac{35}{79}=\frac{105}{237}$，$\frac{21}{47}=\frac{105}{235}$，因为$\frac{105}{237}<\frac{105}{235}$，所以$\frac{35}{79}<\frac{21}{47}$。

(2)两数都接近 1，比较各个分数与 1 的差。

$1-\frac{133}{137}=\frac{4}{137}$，$1-\frac{113}{117}=\frac{4}{117}$，因为$\frac{4}{137}<\frac{4}{117}$，所以$\frac{133}{137}>\frac{113}{117}$。

例题 1-2 比较大小。

(1)$\frac{30}{61},\frac{14}{29},\frac{70}{141},\frac{42}{86}$；　　(2)$\frac{121}{1221},\frac{12321}{123321},\frac{1234321}{12344321}$。

【解法一】 (1)每个分数都接近$\frac{1}{2}$，可以先扩大2倍，再用倒数法。

$\frac{30}{61}\times2=\frac{60}{61},\frac{61}{60}=1+\frac{1}{60}$，　　$\frac{14}{29}\times2=\frac{28}{29},\frac{29}{28}=1+\frac{1}{28}$，

$\frac{70}{141}\times2=\frac{140}{141},\frac{141}{140}=1+\frac{1}{140}$，　　$\frac{42}{86}\times2=\frac{42}{43},\frac{43}{42}=1+\frac{1}{42}$。

$\because\frac{1}{28}>\frac{1}{42}>\frac{1}{60}>\frac{1}{140}$，$\therefore\frac{14}{29}<\frac{42}{86}<\frac{30}{61}<\frac{70}{141}$。

【解法二】 同时与$\frac{1}{2}$作差。

$\frac{1}{2}-\frac{30}{61}=\frac{0.5}{61}=\frac{1}{122},\frac{1}{2}-\frac{14}{29}=\frac{0.5}{29}=\frac{1}{58},\frac{1}{2}-\frac{70}{141}=\frac{1}{282},\frac{1}{2}-\frac{42}{86}=\frac{1}{86}$。

$\because\frac{1}{282}<\frac{1}{122}<\frac{1}{86}<\frac{1}{58}$，$\therefore\frac{14}{29}<\frac{42}{86}<\frac{30}{61}<\frac{70}{141}$。

(2)每个分数先化简，再用倒数法。

$\frac{121}{1221}=\frac{11\times11}{11\times111}=\frac{11}{111}$，　　$\frac{111}{11}=10+\frac{1}{11}$，

$\frac{12321}{123321}=\frac{111\times111}{111\times1111}=\frac{111}{1111}$，　　$\frac{1111}{111}=10+\frac{1}{111}$，

$\frac{1234321}{12344321}=\frac{1111\times1111}{1111\times11111}=\frac{1111}{11111}$，　　$\frac{11111}{1111}=10+\frac{1}{1111}$。

$\because\frac{1}{11}>\frac{1}{111}>\frac{1}{1111}$，$\therefore\frac{121}{1221}<\frac{12321}{123321}<\frac{1234321}{12344321}$。

例题 1-3 请在每个括号内填入一个正整数，满足四个最简真分数的大小关系，那么所填的四个数之和最小为________。

$\frac{1}{(\quad)}>\frac{2}{(\quad)}>\frac{3}{(\quad)}>\frac{4}{(\quad)}$。

【解答】 每个分数尽量小，第一个括号内最小是2，后面可以交叉相乘，确定每个分母所取的最小值。

设$\frac{1}{2}>\frac{2}{a}>\frac{3}{b}>\frac{4}{c}$，则

$\frac{1}{2}>\frac{2}{a}$，$a>2\times2$，$a>4$，取 $a=5$。　　$\frac{2}{5}>\frac{3}{b}$，$2b>15$，$b>7.5$，取 $b=8$。

$\frac{3}{8}>\frac{4}{c}$，$3c>32$，$c>10\frac{2}{3}$，取 $c=11$。

所以，所填四个正整数之和最小为 $2+5+8+11=26$。

例题 2-1 已知 $A=\frac{1}{11}+\frac{1}{38}$，$B=\frac{1}{13}+\frac{1}{36}$，$C=\frac{1}{14}+\frac{1}{35}$，$D=\frac{1}{9}+\frac{1}{40}$。将 A，B，C，D 按从小到大排列：________ < ________ < ________ < ________。

【解答】 根据和同差小积大，则有 $14\times35>13\times36>11\times38>9\times40$。

又知 $A=\frac{1}{11}+\frac{1}{38}=\frac{38+11}{11\times38}$，$B=\frac{1}{13}+\frac{1}{36}=\frac{36+13}{13\times36}$，$C=\frac{1}{14}+\frac{1}{35}=\frac{35+14}{14\times35}$，$D=\frac{1}{9}+\frac{1}{40}=\frac{40+9}{9\times40}$，

所以 $C<B<A<D$。

例题 2-2 分数比较大小。

①$\left(\frac{1}{12}+\frac{1}{13}\right)\times15$，②$\left(\frac{1}{23}+\frac{1}{27}\right)\times30$，③$\left(\frac{1}{36}+\frac{1}{40}\right)\times45$，④$\left(\frac{1}{46}+\frac{1}{50}\right)\times60$。

【解答】 各式缩小为原来的$\frac{1}{15}$后，再进行比较。

①$\left(\frac{1}{12}+\frac{1}{13}\right)\times1=\frac{1}{12}+\frac{1}{13}=\frac{1}{12}+\frac{3}{39}$，　　②$\left(\frac{1}{23}+\frac{1}{27}\right)\times2=\frac{2}{23}+\frac{2}{27}$，

③$\left(\frac{1}{36}+\frac{1}{40}\right)\times3=\frac{1}{12}+\frac{3}{40}$，　　④$\left(\frac{1}{46}+\frac{1}{50}\right)\times4=\frac{2}{23}+\frac{2}{25}$。

因为$\frac{3}{39}>\frac{3}{40}$，所以③<①；又因为$\frac{2}{25}>\frac{2}{27}$，所以②<④。

又知$\left(\frac{1}{12}+\frac{1}{13}\right)\times1=\frac{13+12}{12\times13}=\frac{100}{24\times26}$，$\left(\frac{1}{23}+\frac{1}{27}\right)\times2=\frac{27+23}{23\times27}\times2=\frac{100}{23\times27}$，且 $24\times26>23\times27$，所以①<②，从而③<①<②<④。

例题 2-3 现有七个数，其中五个数分别为

$$3.\dot{1}\dot{4},\ 3\frac{1}{7},\ \frac{116}{37},\ 3.\dot{1}\dot{5},\ 3\frac{37}{273}。$$

如果这七个数按照从小到大排列的第三个数是$\frac{116}{37}$，那么第五个数是________。

【解答】 把已知的五个数都化成无限小数。

$3.\dot{1}\dot{4}=3.141414\cdots$ $3\frac{1}{7}=3.142857\cdots$

$\frac{116}{37}=3.135135\cdots$ $3.\dot{1}\dot{5}=3.151515\cdots$

$3\frac{37}{273}=3.135531\cdots$

这五个数从小到大排列为$\frac{116}{37}<3\frac{37}{273}<3.\dot{1}\dot{4}<3\frac{1}{7}<3.\dot{1}\dot{5}$。

$\frac{116}{37}$在七个数从小到大排列中为第三个数，又已知五个数从小到大排列的第一个数，说明未知的两个数都比$\frac{116}{37}$小。即

$\square<\square<\frac{116}{37}<3\frac{37}{273}<3.\dot{1}\dot{4}<3\frac{1}{7}<3.\dot{1}\dot{5}$。

所以，这七个数从小到大排列，第五个数是$3.\dot{1}\dot{4}$。

针对性练习

练习❶ 比较大小。

(1)$\frac{17}{24}\bigcirc\frac{35}{48}$； (2)$\frac{15}{41}\bigcirc\frac{40}{109}$； (3)$\frac{365}{91}\bigcirc 3.9\dot{7}$。

练习❷ 比较大小。

(1)$\frac{61}{80}\bigcirc\frac{36}{47}$； (2)$\frac{83}{107}\bigcirc\frac{93}{117}$； (3)$\frac{240}{41}\bigcirc\frac{180}{31}$。

练习❸ 把下面分数从小到大进行排列。

(1)$\frac{29}{56},\frac{15}{29},\frac{61}{120}$； (2)$\frac{11}{222},\frac{222}{4444},\frac{3333}{66666}$。

练习❹ 请在每个括号内填入一个两位整数，满足四个最简真分数的大小关系，那么所填的四个数之和最大为________。

$$\frac{1}{(\quad)}>\frac{2}{(\quad)}>\frac{3}{(\quad)}>\frac{4}{(\quad)}。$$

练习❺ 八位学生在黑板上各写一个数，被值日生擦掉了两个数。黑板上剩下的6个数为

$$0.\dot{5}\dot{1},\frac{47}{90},\ \frac{5}{9},0.5\dot{1},\frac{24}{47},\frac{13}{25}。$$

若从小到大排列时，第5个数是$0.\dot{5}\dot{1}$，则按从大到小排列时，第3个数是________。

练习❻ 已知8个加法算式如下，那么和最小的算式为________。（填序号）

①$\frac{4}{6}+\frac{6}{25}$，②$\frac{4}{7}+\frac{7}{25}$，③$\frac{4}{8}+\frac{8}{25}$，④$\frac{4}{9}+\frac{9}{25}$，⑤$\frac{4}{11}+\frac{11}{25}$，⑥$\frac{4}{12}+\frac{12}{25}$，⑦$\frac{4}{13}+\frac{13}{25}$，⑧$\frac{4}{14}+\frac{14}{25}$。

练习参考答案

练习题号	练习1	练习2	练习3	练习4
参考答案	(1)<，(2)<，(3)>	(1)<，(2)<，(3)>	(1)$\frac{61}{120}<\frac{15}{29}<\frac{29}{56}$， (2)$\frac{11}{222}<\frac{222}{4444}<\frac{3333}{66666}$	246
解答提示	(1)通分母， (2)通分子， (3)整数比较	(1)交叉相乘， (2)倒数法， (3)通分子	(1)都减去$\frac{1}{2}$， (2)倒数后分离整数	$\frac{1}{24}>\frac{2}{49}>\frac{3}{74}>\frac{4}{99}$
练习题号	练习5	练习6		
参考答案	$\frac{13}{25}$	⑤		
解答提示	未知的两个数是最小的两个	乘积相同，差小和小		

JS-87 相减与 0 比大小

神器内容	对于两个数 a,b, 若 $a-b>0$,则 $a>b$;若 $a-b=0$,则 $a=b$;若 $a-b<0$,则 $a<b$。
要点说明	两数比大小,作差也挺好。 相减与 0 比,三者一成立。 减法很好算,正负要判断。

神器溯源

对于两个数 a,b 比较大小,可以把这两个数作差比较。

$a-b>0$;$a-b=0$;$a-b<0$。

以上三者有且仅有一种情况成立。

作差法比较大小分为三步:

(1)作差 $a-b$;

(2)算式变形;

(3)与 0 比较大小:若 $a-b>0$,则 $a>b$;若 $a-b=0$,则 $a=b$;若 $a-b<0$,则 $a<b$。

例题精讲

例题 1-1 比较大小。

(1)$\frac{25}{37}○\frac{32}{47}$; (2)$\frac{11}{125}○\frac{8}{91}$。

【解答】 (1)$\frac{25}{37}-\frac{32}{47}=\frac{25\times47-32\times37}{37\times47}=\frac{16\times(75-74)-25}{37\times47}=\frac{16-25}{37\times47}<0$,所以$\frac{25}{37}<\frac{32}{47}$;

(2)$\frac{11}{125}-\frac{8}{91}=\frac{11\times91-8\times125}{125\times91}=\frac{1001-1000}{125\times91}=\frac{1}{125\times91}>0$,所以$\frac{11}{125}>\frac{8}{91}$。

例题 1-2 已知 $a=\frac{20220425}{20220436}, b=\frac{20220420}{20220430}$，则 a, b 的大小关系为 a ________ b。

【解答】 设 $20220436=x$，则

$$a-b=\frac{x-11}{x}-\frac{x-16}{x-6}=\frac{(x-11)(x-6)-x(x-16)}{x(x-6)}=\frac{x^2-17x+66-x^2+16x}{x(x-6)}$$

$=\frac{66-x}{x(x-6)}<0$，所以 $a<b$。

例题 1-3 比较大小：$\frac{2604567}{5201314}\bigcirc\frac{2604569}{5201317}$。

【解答】 设 $\frac{n}{m}=\frac{2604567}{5201314}$，则 $\frac{n+2}{m+3}=\frac{2604569}{5201317}$，$n<m$，则

$$\frac{n}{m}-\frac{n+2}{m+3}=\frac{n(m+3)-m(n+2)}{m(m+3)}=\frac{3n-2m}{m(m+3)}<\frac{3\times 2600000-2\times 5210000}{m(m+3)}=$$

$\frac{(780-1042)\times 10000}{m(m+3)}<0$，所以 $\frac{2604567}{5201314}<\frac{2604569}{5201317}$。

例题 2-1 比较大小：$\frac{346712}{853423}\bigcirc\frac{3467}{8534}$。

【解答】 设 $a=8534, b=3467$，则

$$\frac{100b+12}{100a+23}-\frac{b}{a}=\frac{(100b+12)a-(100a+23)b}{a(100a+23)}=\frac{12a-23b}{a(100a+23)}=$$

$\frac{12\times 8534-23\times 3467}{a(100a+23)}>\frac{12\times 8000-23\times 4000}{a(100a+23)}>0$，所以 $\frac{346712}{853423}>\frac{3467}{8534}$。

例题 2-2 已知 $M=\left(1+\frac{1}{2}+\frac{1}{3}+\cdots+\frac{1}{10}\right)\times\left[\left(\frac{1}{2}+\frac{1}{3}+\cdots+\frac{1}{10}\right)^2+\frac{1}{2}\left(\frac{1}{2}+\frac{1}{3}+\cdots+\frac{1}{10}\right)+1\right]$，

$$N=\left[\frac{1}{2}+\left(\frac{1}{2}+\frac{1}{3}+\cdots+\frac{1}{10}\right)\right]\times\left[\left(\frac{1}{2}+\frac{1}{3}+\cdots+\frac{1}{10}\right)^2+\left(\frac{1}{2}+\frac{1}{3}+\cdots+\frac{1}{10}\right)+1\right]。$$

那么 M, N 的大小关系是________。

【解答】 设 $a=\frac{1}{2}+\frac{1}{3}+\cdots+\frac{1}{10}$，则

$$M-N=(1+a)\left(a^2+\frac{1}{2}a+1\right)-\left(\frac{1}{2}+a\right)(a^2+a+1)$$

$$=(1+a)\left(a^2+1+\frac{1}{2}a\right)-\left(1+a-\frac{1}{2}\right)(a^2+1+a)$$

$=\frac{1}{2}a(1+a)-a(1+a)+\frac{1}{2}(a^2+a)+\frac{1}{2}=\frac{1}{2}>0$。

所以 $M>N$。

例题 2-3 在分母不大于 100 的分数中，小于 1.433 且与 1.433 最接近的最简分数为________。

【解法一】 设这个分数为 $1\frac{b}{a}$，则 $\frac{433}{1000}-\frac{b}{a}=\frac{433a-1000b}{1000a}>0$，$433a-1000b=1$。

$\begin{cases}a=97+1000t\\ b=42+433t\end{cases}$（$t$ 为整数）。

取 $t=0$ 时，则这个分数为 $1\frac{42}{97}$。

【解法二】 根据连分数求渐近分数，小于 1.433 且与 1.433 最接近的最简分数为第奇数次渐近分数，如右图。

2×	433	1000	
	402	866	
4×	31	134	×3
	30	124	
10×	1	10	×3
		10	
		0	

$$1+\cfrac{1}{2+\cfrac{1}{3+\cfrac{1}{4+\cfrac{1}{3}}}}=1+\cfrac{1}{2+\cfrac{1}{3+\cfrac{3}{13}}}=1+\cfrac{1}{2+\cfrac{13}{42}}=$$

$1+\frac{42}{97}=1\frac{42}{97}$。

所以，第 5 次渐近分数 $1\frac{42}{97}$ 最接近 1.433。

针对性练习

练习❶ 比较大小。

(1) $\frac{17}{72}$○$\frac{43}{180}$；　　(2) $\frac{97}{100}$○$\frac{100}{104}$。

练习❷ 比较大小。

(1)$\frac{10351}{20701}$○$\frac{10354}{20705}$；　　(2)$\frac{35726}{67835}$○$\frac{357}{678}$。

练习❸ 比较大小：$\frac{34}{59}-\frac{29}{61}$______$\frac{41}{61}-\frac{36}{59}$。

练习❹ 比较大小：$\left(\frac{3456}{7327}\right)^2\times\frac{345}{732}$______$\left(\frac{345}{732}\right)^2\times\frac{3456}{7327}$。

练习❺ 已知 $M=\left[\left(\frac{1}{2}\times\frac{1}{3}+\frac{1}{4}\times\frac{1}{5}+\frac{1}{6}\times\frac{1}{7}\right)+4\right]\times\left[\left(\frac{1}{2}\times\frac{1}{3}+\frac{1}{4}\times\frac{1}{5}+\frac{1}{6}\times\frac{1}{7}\right)+1\right]$，$N=\left(\frac{1}{2}\times\frac{1}{3}+\frac{1}{4}\times\frac{1}{5}+\frac{1}{6}\times\frac{1}{7}\right)^2+5\left(\frac{1}{2}\times\frac{1}{3}+\frac{1}{4}\times\frac{1}{5}+\frac{1}{6}\times\frac{1}{7}\right)+3$。

那么 M,N 的大小关系是______。

练习❻ 在分母不大于 50 的分数中，与 3.14 最接近的最简分数为______。

练习参考答案

练习题号	练习 1	练习 2	练习 3	练习 4
参考答案	(1)<，(2)>	(1)<，(2)>	>	>
解答提示	作差比较	换元，再作差比较	作差比较	$\frac{3456}{7327}>\frac{345}{732}$
练习题号	练习 5	练习 6		
参考答案	$M>N$	$3\frac{6}{43}$		
解答提示	换元，作差比较	作差，再辗转相除		

JS-88　相除与 1 比大小

神器内容	对于两个正数 a,b， 若$\frac{b}{a}<1$，则 $a>b$；若$\frac{b}{a}=1$，则 $a=b$；若$\frac{b}{a}>1$，则 $a<b$。
要点说明	两数比大小，作商也挺好。 相除与 1 比，三者一成立。 除法要好算，同正是条件。

神器溯源

两个正数 a,b 比较大小，可以把这两个数作商比较。

$\frac{b}{a}<1$；$\frac{b}{a}=1$；$\frac{b}{a}>1$。

以上三者有且仅有一种情况成立。

作商法比较大小分为三步：

(1)作商$\frac{b}{a}$；

(2)算式变形；

(3)与 1 比较大小：若$\frac{b}{a}<1$，则 $a>b$；若$\frac{b}{a}=1$，则 $a=b$；若$\frac{b}{a}>1$，则 $a<b$。

例题精讲

例题 1-1 比较大小。

(1)$\frac{48}{79}\bigcirc\frac{32}{53}$；　　(2)$\frac{63}{125}\bigcirc\frac{21}{50}$。

【解答】 (1)$\frac{48}{79}\div\frac{32}{53}=\frac{48}{79}\times\frac{53}{32}=\frac{3\times53}{79\times2}=\frac{159}{158}>1$，所以$\frac{48}{79}>\frac{32}{53}$；

(2)$\frac{63}{125}\div\frac{21}{50}=\frac{63}{125}\times\frac{50}{21}=\frac{6}{5}>1$，所以$\frac{63}{125}>\frac{21}{50}$。

例题 1-2 比较大小：$\frac{31}{59}-\frac{29}{61}$______$\frac{41}{61}-\frac{36}{59}$。

【解法一】 作商与 1 比大小。

$$\frac{\frac{31}{59}-\frac{29}{61}}{\frac{41}{61}-\frac{36}{59}}=\frac{31\times61-29\times59}{41\times59-36\times61}=\frac{180}{223}<1\text{，所以}\frac{31}{59}-\frac{29}{61}<\frac{41}{61}-\frac{36}{59}\text{。}$$

【解法二】 作差与 0 比大小。

$$\left(\frac{31}{59}-\frac{29}{61}\right)-\left(\frac{41}{61}-\frac{36}{59}\right)=\frac{31+36}{59}-\frac{29+41}{61}=\frac{67}{59}-\frac{70}{61}=\frac{8}{59}-\frac{9}{61}=\frac{8\times61-9\times59}{59\times61}$$

$$=\frac{488-531}{59\times61}<0\text{，所以}\frac{31}{59}-\frac{29}{61}<\frac{41}{61}-\frac{36}{59}\text{。}$$

例题 1-3 已知 $a=\frac{2025\times2026}{2027\times2028}$，$b=\frac{2026\times2027}{2028\times2029}$，$c=\frac{2027\times2028}{2029\times2030}$。请把 a，b，c 从小到大排列：______$<$______$<$______。

【解答】 $$\frac{a}{b}=\frac{\frac{2025\times2026}{2027\times2028}}{\frac{2026\times2027}{2028\times2029}}=\frac{2025\times2029}{2027\times2027}<1\text{（和同差小积大），}$$

$$\frac{b}{c}=\frac{\frac{2026\times2027}{2028\times2029}}{\frac{2027\times2028}{2029\times2030}}=\frac{2026\times2030}{2028\times2028}<1\text{。}$$

所以，$a<b<c$。

例题 2-1 比较大小：$\underbrace{2\times2\times2\times\cdots\times2}_{253个2}$______$\underbrace{3\times3\times3\times\cdots\times3}_{161个3}$。

【解答】 $$\because\frac{\overbrace{2\times2\times2\times\cdots\times2}^{253个2}}{\underbrace{3\times3\times3\times\cdots\times3}_{161个3}}=\frac{2^{253}}{3^{161}}=\left(\frac{2^{11}}{3^{7}}\right)^{23}=\left(\frac{2048}{2187}\right)^{23}<1,$$

$$\therefore\underbrace{2\times2\times2\times\cdots\times2}_{253个2}<\underbrace{3\times3\times3\times\cdots\times3}_{161个3}\text{。}$$

例题 2-2 把 2^{77}，3^{55}，5^{33} 从小到大排列：______$<$______$<$______。

【解答】 $\because 2^{77}=(2^{7})^{11}=128^{11}$，$3^{55}=(3^{5})^{11}=243^{11}$，$5^{33}=(5^{3})^{11}=125^{11}$，

$\frac{125^{11}}{128^{11}}=\left(\frac{125}{128}\right)^{11}<1$，$\frac{128^{11}}{243^{11}}=\left(\frac{128}{243}\right)^{11}<1$，(也可以 $125<128<243$。)

$\therefore 5^{33}<2^{77}<3^{55}$。

例题 2-3 比较大小：$\frac{3^{2029}+5}{3^{2028}+2}$○$\frac{3^{2030}+5}{3^{2029}+2}$。

【解答】 设 $x=3^{2028}$，作商得 $\frac{\frac{3^{2029}+5}{3^{2028}+2}}{\frac{3^{2030}+5}{3^{2029}+2}}=\frac{3x+5}{x+2}\times\frac{3x+2}{9x+5}=\frac{9x^2+21x+10}{9x^2+23x+10}=1-\frac{2x}{9x^2+23x+10}<1$，所以 $\frac{3^{2029}+5}{3^{2028}+2}<\frac{3^{2030}+5}{3^{2029}+2}$。

针对性练习

练习❶ 比较大小。

(1) $\frac{16}{35}$○$\frac{19}{41}$；　　(2) $\frac{77}{153}$○$\frac{143}{289}$。

练习❷ 比较大小：$\frac{17}{36}-\frac{29}{37}$______$\frac{11}{37}-\frac{23}{36}$。

练习❸ 已知$a=\frac{679\times681}{683\times685}$，$b=\frac{681\times683}{685\times687}$，$c=\frac{683\times685}{687\times689}$。请把$a$，$b$，$c$从小到大排列：______$<$______$<$______。

练习❹ 比较大小：$28^{27}\times27^{28}$______$28^{28}\times27^{27}$。

练习❺ 比较大小：$\frac{2^{100}+1}{2^{101}+1}\bigcirc\frac{2^{101}+1}{2^{102}+1}$。

练习参考答案

练习题号	练习 1	练习 2	练习 3	练习 4
参考答案	(1)$<$，(2)$>$	$>$	$a<b<c$	$<$
解答提示	作商比较	化为加法，再作商 $\frac{17}{36}+\frac{23}{36}\bigcirc\frac{11}{37}+\frac{29}{37}$	换元或直接作商比	作商比较，可以约分
练习题号	练习 5			
参考答案	$>$			
解答提示	换元作商比较，设$x=2^{101}$			

JS-89　糖水不等式

神器内容	对于两个正数 a,b， (1)当 $a>b,n>0$ 时，$\frac{b-n}{a-n}<\frac{b}{a}<\frac{b+n}{a+n}$。 真分数的分子与分母同时加上一个正数，越加越大，越减越小； (2)当 $a<b,n>0$ 时，$\frac{b-n}{a-n}>\frac{b}{a}>\frac{b+n}{a+n}$。 假分数的分子与分母同时加上一个正数，越加越小，越减越大。
要点说明	糖水之中再加糖，越加越甜不用尝。 掌握糖水不等式，相关问题不是事。 根据等比可推广，比较大小常用上。 分子分母差相同，十有八九糖水用。

神器溯源

在 a 克糖水中含有 b 克糖，则糖水含糖率为 $\frac{b}{a}$。再向糖水中放入 n 克糖，则糖水含糖率增高，从而得到 $\frac{b}{a}<\frac{b+n}{a+n}$，这个不等式称为“糖水不等式”。

与糖水不等式有关的更一般的不等式：

(1)当 $a>b>0,n>0$ 时，$\frac{b-n}{a-n}<\frac{b}{a}<\frac{b+n}{a+n}$。

真分数的分子与分母同时加上一个正数，越加越大，越减越小；

证明：作差法。

因为 $a>b>0,n>0$，则有

$$\frac{b+n}{a+n}-\frac{b}{a}=\frac{a(b+n)-b(a+n)}{a(a+n)}=\frac{n(a-b)}{a(a+n)}>0，所以\frac{b}{a}<\frac{b+n}{a+n}；$$

$$\frac{b-n}{a-n}-\frac{b}{a}=\frac{a(b-n)-b(a-n)}{a(a-n)}=\frac{n(b-a)}{a(a-n)}<0，所以\frac{b-n}{a-n}<\frac{b}{a}。$$

故有$\frac{b-n}{a-n}<\frac{b}{a}<\frac{b+n}{a+n}$。

(2)当 $b>a>0,n>0$ 时，$\frac{b-n}{a-n}>\frac{b}{a}>\frac{b+n}{a+n}$。

假分数的分子与分母同时加上一个正数，越加越小，越减越大。(证法与上面类似。)

现在有更加广泛的不等式性质，又称超级调日不等式：

不等式 $0<\frac{b}{a}<\frac{d}{c}$，当 $n>0,m>0,ma>nc$ 时，有$\frac{mb-nd}{ma-nc}<\frac{b}{a}<\frac{mb+nd}{ma+nc}<\frac{d}{c}$。

注：调日法是由我国南北朝时期的数学家何承天发明的，是一种取近似分数的方法，被用在历法日期计算中。

证明：因为 $0<\frac{b}{a}<\frac{d}{c}$，且 $n>0,m>0$，则有

$\frac{d}{c}-\frac{mb+nd}{ma+nc}=\frac{d(ma+nc)-c(mb+nd)}{c(ma+nc)}=\frac{m(ad-bc)}{c(ma+nc)}>0$，所以$\frac{mb+nd}{ma+nc}<\frac{d}{c}$；

$\frac{b}{a}-\frac{mb+nd}{ma+nc}=\frac{b(ma+nc)-a(mb+nd)}{a(ma+nc)}=\frac{n(bc-ad)}{a(ma+nc)}<0$，所以$\frac{b}{a}<\frac{mb+nd}{ma+nc}$；

$\frac{b}{a}-\frac{mb-nd}{ma-nc}=\frac{b(ma-nc)-a(mb-nd)}{a(ma-nc)}=\frac{n(ad-bc)}{a(ma-nc)}$，当 $ma>nc$ 时，则有$\frac{n(ad-bc)}{a(ma-nc)}>0$，从而$\frac{mb-nd}{ma-nc}<\frac{b}{a}$。

所以原结论成立。

这个性质可以从等比性质出发，得到更加适用的比较分数大小的“等比优化性质”：

(1)若$\frac{b}{a}<\frac{d}{c}$，则有$\frac{b}{a}<\frac{b+d}{a+c}$；

(2)若$\frac{b}{a}=\frac{d}{c}$，则有$\frac{b}{a}=\frac{b+d}{a+c}$；

(3)若$\frac{b}{a}>\frac{d}{c}$，则有$\frac{b}{a}>\frac{b+d}{a+c}$；

(4)若$\frac{b}{a}<\frac{d}{c}$，则有$\frac{b}{a}<\frac{b+d}{a+c}<\frac{d}{c}$。(调日不等式)

例题精讲

例题 1-1 比较大小。

(1) $\frac{78}{79}\bigcirc\frac{52}{53}$；　　　　(2) $\frac{44}{125}\bigcirc\frac{43}{121}$。

【解答】 (1)因为$\frac{78}{79}=\frac{52+26}{53+26}$，又知$\frac{52}{53}<\frac{26}{26}$，所以$\frac{78}{79}>\frac{52}{53}$。

(2)因为$\frac{44}{125}=\frac{43+1}{121+4}$，又知$\frac{43}{121}>\frac{1}{4}$，所以$\frac{44}{125}<\frac{43}{121}$。

例题 1-2 比较大小：$\frac{2604567}{5201314}\bigcirc\frac{2604569}{5201317}$。

【解答】 因为$\frac{2604569}{5201317}=\frac{2604567+2}{5201314+3}$，又知$\frac{2604567}{5201314}<\frac{2}{3}$，

所以$\frac{2604567}{5201314}<\frac{2604569}{5201317}$。

例题 1-3 把分数$\frac{11}{111}$，$\frac{111}{1111}$，$\frac{1111}{11111}$从小到大排列：________<________<________。

【解法一】 扩大10倍，分子、分母相差1。

$\frac{110}{111}<\frac{110+1000}{111+1000}=\frac{1110}{1111}$，$\frac{1110}{1111}<\frac{1110+10000}{1111+10000}=\frac{11110}{11111}$，

所以$\frac{110}{111}<\frac{1110}{1111}<\frac{11110}{11111}$，$\frac{11}{111}<\frac{111}{1111}<\frac{1111}{11111}$。

【解法二】 采用超级调日法。

因为$\frac{11}{111}<\frac{1}{10}$，$\frac{11}{111}<\frac{11+100\times1}{111+100\times10}=\frac{111}{1111}$，

又因为$\frac{111}{1111}<\frac{1}{10}$，$\frac{111}{1111}<\frac{111+1000\times1}{111+1000\times10}=\frac{1111}{11111}$，

所以$\frac{11}{111}<\frac{111}{1111}<\frac{1111}{11111}$。

例题 2-1 在不等式$\frac{1}{7}<\frac{(\quad)}{36}<\frac{1}{5}$的括号内填入一个整数，使得$\frac{(\quad)}{36}$为最简分数，那么括号内所填的整数为________。

【解法一】 设$\frac{1}{7}<\frac{x}{36}<\frac{1}{5}$，则$\frac{36}{7}<x<\frac{36}{5}$，$5\frac{1}{7}<x<7\frac{1}{5}$。所以$x=6$(舍)，或$x=7$。

【解法二】 因为$3\times5+3\times7=36$，$\frac{1}{7}=\frac{3}{21}<\frac{3+3}{21+15}<\frac{3}{15}=\frac{1}{5}$，而$\frac{6}{36}$不是最简分数。

因为$6.5\times5+0.5\times7=36$，$\frac{1}{7}=\frac{0.5}{3.5}<\frac{0.5+6.5}{3.5+32.5}<\frac{6.5}{32.5}=\frac{1}{5}$，得到$\frac{0.5+6.5}{3.5+32.5}=\frac{7}{36}$，括号内所填整数为7。

例题 2-2 比较大小：$\frac{3^{2029}+5}{3^{2028}+2}\bigcirc\frac{3^{2030}+5}{3^{2029}+2}$。

【解答】 因为$\frac{3}{1}>\frac{5}{2}=\frac{\frac{5}{3}}{\frac{2}{3}}$，所以$\frac{3^{2030}+5}{3^{2029}+2}=\frac{3\times3^{2028}+\frac{5}{3}}{1\times3^{2028}+\frac{2}{3}}>\frac{3\times3^{2028}+\frac{5}{3}+\frac{10}{3}}{1\times3^{2028}+\frac{2}{3}+\frac{4}{3}}=\frac{3^{2029}+5}{3^{2028}+2}$。

所以$\frac{3^{2029}+5}{3^{2028}+2}<\frac{3^{2030}+5}{3^{2029}+2}$。

针对性练习

练习❶ 比较大小。

(1)$\frac{36}{37}\bigcirc\frac{47}{48}$； (2)$\frac{34}{33}\bigcirc\frac{93}{92}$。

练习❷ 比较大小。

(1)$\frac{31}{86}\bigcirc\frac{29}{81}$； (2)$\frac{1927}{2028}\bigcirc\frac{19\times27}{20\times28}$。

练习❸ 把$\frac{13}{12}$，$\frac{123}{122}$，$\frac{12}{13}$，$\frac{122}{123}$从小到大排列：______<______<______<______。

练习❹ 在大于$\frac{1}{7}$且小于$\frac{3}{11}$的最简真分数中，分子不超过3的共有______个。

练习❺ 比较大小。

(1)$\frac{2^{2029}}{2^{2028}}$○$\frac{2^{2029}+2}{2^{2028}+5}$；　　(2)$\frac{2^{2028}+3}{2^{2029}+5}$○$\frac{2^{2029}+3}{2^{2030}+5}$。

练习❻ 已知 $a>b$，设 $c=\frac{2a+b}{3}$，$d=\frac{2c+b}{3}$，$e=\frac{2c+a}{3}$，把 a,b,c,d,e 用"<"连接：______<______<______<______<______。

练习❼ 已知 30 个真分数：$\frac{1}{a_1}>\frac{2}{a_2}>\frac{3}{a_3}>\cdots>\frac{30}{a_{30}}$，其中 $a_1,a_2,a_3,\cdots,a_{30}$ 均为正整数，那么 $a_1+a_2+a_3+\cdots+a_{30}$ 的最小值为______。

练习❽ 已知 $\frac{7}{11}<\frac{b}{a}<\frac{2}{3}$，存在两个同分母的不同分数 $\frac{b}{a}$，其和最小为______。

练习参考答案

练习题号	练习 1	练习 2	练习 3	练习 4
参考答案	(1)<，(2)>	(1)>，(2)>	$\frac{12}{13}<\frac{122}{123}<\frac{123}{122}<\frac{13}{12}$	12
解答提示	糖水不等式	采用等比优化性质	假分数大于真分数，各自采用等比优化性质	调日法或解连不等式
练习题号	练习 5	练习 6	练习 7	练习 8
参考答案	(1)>，(2)>	$b<d<c<e<a$	1365	$\frac{61}{47}$
解答提示	超级调日法或换元作商比较	取特殊值或调日法	$a_1=2$，依次分子加 1，分母加 3	设 $a=11m+3n$，m,n 存在 2 个解，且 a 最小

JS-90　分数缩放

神器内容	(1)分数放大的方法： ①仅分子增大；②仅分母减小；③分子增大的同时分母减小。 (2)分数缩小的方法： ①仅分子减小；②仅分母增大；③分子减小的同时分母增大。
要点说明	分数如何来变大？一般都有三方法。 分子分母有变化，同时变化目的达。 分数算式求极值，通过缩放变咔咔。

神器溯源

把一个分数放大，有三种方法：

①仅分子增大；②仅分母减小；③分子增大的同时分母减小。

把一个分数缩小，有三种方法：

①仅分子减小；②仅分母增大；③分子减小的同时分母增大。

分数数列求和的算式极值，往往需要对算式进行缩放，经常利用不等号的同向性，构造一个中间量进行比较。例如：

证明：$A<B$。可以构造中间量 C，使得 $A<C$，然后证明 $C<B$，则有 $A<C<B$，得到 $A<B$。

缩放法的常见技巧如下：

(1)增加或去掉一些项；

(2)遵循一个分数缩放的基本方法；

(3)构造等比数列；

(4)创建分数数列裂项条件。

常用裂项算式：$\frac{1}{n}-\frac{1}{n+1}=\frac{1}{n(n+1)}<\frac{1}{n^2}<\frac{1}{n(n-1)}=\frac{1}{n-1}-\frac{1}{n}$。

加强版裂项算式：$\frac{1}{n^2}=\frac{4}{4n^2}<\frac{4}{4n^2-1}=2\left(\frac{1}{2n-1}-\frac{1}{2n+1}\right)$。

正确使用缩放法的注意事项：

(1)缩放的方向要保持一致。要证明算式小于某个值，可以把算式中的某些项适当放大；要证明算式大于某个值，可以把算式中的某些项适当缩小。

(2)缩放幅度不宜过大。放大得到的值不能超过要证明的极大值；缩小得到的值不能小于要证明的极小值。当然，如果缩放幅度大一点，可以减小一定的计算量，所以缩放幅度要适度。

(3)适当增加或去掉某些项，容易找到中间量。

 例题精讲

例题 1-1 比较大小。

(1)$\frac{28}{117}\bigcirc\frac{2}{9}$；　　(2)$\frac{29}{119}\bigcirc\frac{1}{4}$。

【解答】 (1)因为$\frac{28}{117}>\frac{28-2}{117}=\frac{26}{117}=\frac{2}{9}$，所以$\frac{28}{117}>\frac{2}{9}$。

(2)因为$\frac{29}{119}<\frac{29+1}{119+1}=\frac{30}{120}=\frac{1}{4}$，所以$\frac{29}{119}<\frac{1}{4}$。

例题 1-2 比较大小：$1+\frac{1}{2}+\frac{1}{3}+\frac{1}{4}+\cdots+\frac{1}{2^{20}}$________11。

【解答】

$$
\begin{aligned}
&1+\frac{1}{2}+\frac{1}{3}+\frac{1}{4}+\cdots+\frac{1}{2^{20}}\\
&=1+\frac{1}{2}+\left(\frac{1}{3}+\frac{1}{4}\right)+\left(\frac{1}{5}+\frac{1}{6}+\frac{1}{7}+\frac{1}{8}\right)+\left(\frac{1}{9}+\frac{1}{10}+\cdots+\frac{1}{16}\right)+\cdots\\
&\quad+\left(\frac{1}{2^{19}+1}+\cdots+\frac{1}{2^{20}-1}+\frac{1}{2^{20}}\right)\\
&>1+\frac{1}{2}+\frac{1}{2^2}\times2+\frac{1}{2^3}\times2^2+\frac{1}{2^4}\times2^3+\cdots+\frac{1}{2^{20}}\times2^{19}\\
&=11,
\end{aligned}
$$

所以$1+\frac{1}{2}+\frac{1}{3}+\frac{1}{4}+\cdots+\frac{1}{2^{20}}>11$。

例题 1-3 已知$a=\frac{1}{16}+\frac{1}{17}+\frac{1}{18}+\frac{1}{19}+\frac{1}{20}+\frac{1}{21}+\frac{1}{22}+\frac{1}{23}+\frac{1}{24}$，证明：$21<\frac{10}{a}<23$。

【证明】 分数缩放。

$$\because a=\frac{1}{16}+\frac{1}{17}+\frac{1}{18}+\frac{1}{19}+\frac{1}{20}+\frac{1}{21}+\frac{1}{22}+\frac{1}{23}+\frac{1}{24}<\left(\frac{1}{16}+\frac{1}{16}\right)+\left(\frac{1}{18}+\frac{1}{18}+\frac{1}{18}\right)+\frac{45}{21\times24}+\frac{45}{22\times23}$$

$$<\frac{1}{8}+\frac{1}{6}+\frac{45\times2}{21\times24}=\frac{1}{8}+\frac{1}{6}+\frac{5}{7\times4}=\frac{79}{168}<\frac{80}{168}=\frac{10}{21},$$

$\therefore a<\frac{10}{21}$。

又$\because \frac{1}{n-1}+\frac{1}{n+1}=\frac{n+1+n-1}{(n-1)(n+1)}=\frac{2n}{n^2-1}>\frac{2n}{n^2}=\frac{2}{n}$，

$$a=\frac{1}{16}+\frac{1}{17}+\frac{1}{18}+\frac{1}{19}+\frac{1}{20}+\frac{1}{21}+\frac{1}{22}+\frac{1}{23}+\frac{1}{24}>\frac{3}{17}+\frac{3}{20}+\frac{3}{23}$$

$$=3\times\frac{460+391+340}{17\times20\times23}=\frac{3573}{17\times20\times23}>\frac{3400}{17\times20\times23}=\frac{10}{23},$$

$\therefore a>\frac{10}{23}$。

从而$\frac{10}{23}<a<\frac{10}{21}$，$21<\frac{10}{a}<23$。

例题 2-1 比较大小：$\frac{1}{1^2}+\frac{1}{2^2}+\frac{1}{3^2}+\cdots+\frac{1}{100^2}$________1.65。

【证明】 $\frac{1}{1^2}+\frac{1}{2^2}+\frac{1}{3^2}+\cdots+\frac{1}{100^2}<\frac{1}{1}+\frac{1}{4}+\frac{4}{6^2-1}+\frac{4}{8^2-1}+\cdots+\frac{4}{200^2-1}$

$$<\frac{1}{1}+\frac{1}{4}+2\left(\frac{1}{5}-\frac{1}{7}+\frac{1}{7}-\frac{1}{9}+\cdots+\frac{1}{199}-\frac{1}{201}\right)$$

$$=\frac{1}{1}+\frac{1}{4}+2\left(\frac{1}{5}-\frac{1}{201}\right)$$

$$<\frac{1}{1}+\frac{1}{4}+\frac{2}{5}=1.65,$$

所以$\frac{1}{1^2}+\frac{1}{2^2}+\frac{1}{3^2}+\cdots+\frac{1}{100^2}<1.65$。

例题 2-2 证明：$\frac{1}{1^3}+\frac{1}{2^3}+\frac{1}{3^3}+\cdots+\frac{1}{n^3}<\frac{5}{4}$。

【证明】 $\frac{1}{1^3}+\frac{1}{2^3}+\frac{1}{3^3}+\cdots+\frac{1}{n^3}<1+\frac{1}{1\times2\times3}+\frac{1}{2\times3\times4}+\frac{1}{3\times4\times5}+\cdots+\frac{1}{(n-1)n(n+1)}$

$=1+\frac{1}{2}\times\left[\frac{1}{1\times2}-\frac{1}{2\times3}+\frac{1}{2\times3}-\frac{1}{3\times4}+\frac{1}{3\times4}-\frac{1}{4\times5}+\cdots+\frac{1}{(n-1)n}-\frac{1}{n(n+1)}\right]$

$=1+\frac{1}{2}\times\left[\frac{1}{1\times2}-\frac{1}{n(n+1)}\right]<1+\frac{1}{4}=\frac{5}{4}$。

例题 2-3 比较$\frac{3}{4}\times\frac{6}{7}\times\frac{9}{10}\times\frac{12}{13}\times\cdots\times\frac{126}{127}$与$\frac{1}{4}$的大小，并证明你的结论。

【解答】 可以得到$\frac{3}{4}\times\frac{6}{7}\times\frac{9}{10}\times\frac{12}{13}\times\cdots\times\frac{126}{127}>\frac{1}{4}$，理由如下：

设$a=\frac{2}{3}\times\frac{5}{6}\times\frac{8}{9}\times\frac{11}{12}\times\cdots\times\frac{125}{126}$，

$b=\frac{3}{4}\times\frac{6}{7}\times\frac{9}{10}\times\frac{12}{13}\times\cdots\times\frac{126}{127}$，

$c=\frac{4}{5}\times\frac{7}{8}\times\frac{10}{11}\times\frac{13}{14}\times\cdots\times\frac{127}{128}$，

从而$a\times b\times c=\frac{2}{3}\times\frac{3}{4}\times\frac{4}{5}\times\frac{5}{6}\times\frac{6}{7}\times\cdots\times\frac{126}{127}\times\frac{127}{128}=\frac{2}{128}=\left(\frac{1}{4}\right)^3$。

又知$\frac{n-1}{n}\times\frac{n+1}{n+2}=\frac{n^2-1}{n^2+2n}<\frac{n^2}{n^2+2n+1}=\left(\frac{n}{n+1}\right)^2$，$\frac{n-1}{n}\times\frac{n}{n+1}\times\frac{n+1}{n+2}<\left(\frac{n}{n+1}\right)^3$，所以$b^3>a\times b\times c=\left(\frac{1}{4}\right)^3$，$b>\frac{1}{4}$，即$\frac{3}{4}\times\frac{6}{7}\times\frac{9}{10}\times\frac{12}{13}\times\cdots\times\frac{126}{127}>\frac{1}{4}$。

针对性练习

练习❶ 比较大小。

(1)$\frac{40}{159}$○$\frac{1}{4}$；

(2)$\frac{2023\times2025}{2024\times2026}$○$\left(\frac{2024}{2025}\right)^2$。

练习❷　比较大小：$1+\frac{1}{2}+\frac{1}{3}+\frac{1}{4}+\cdots+\frac{1}{2^{12}}$________7。

练习❸　比较大小：$\frac{1}{21}+\frac{1}{22}+\frac{1}{23}+\cdots+\frac{1}{40}$________$\frac{7}{12}$。

练习❹　证明：$\frac{1}{4^2}+\frac{1}{5^2}+\frac{1}{6^2}+\cdots+\frac{1}{50^2}<\frac{2}{7}$。

练习❺　证明：$\frac{1}{6}<\frac{1}{3^2}+\frac{1}{5^2}+\frac{1}{7^2}+\cdots+\frac{1}{99^2}<\frac{2}{9}$。

练习❻ 已知 $a=\frac{2}{3}\times\frac{4}{5}\times\frac{6}{7}\times\cdots\times\frac{100}{101}$，那么 a 与 $\frac{1}{7}$ 的大小关系是________。

练习❼ 证明：$\left(1+\frac{1}{1}\right)\times\left(1+\frac{1}{3}\right)\times\left(1+\frac{1}{5}\right)\times\cdots\times\left(1+\frac{1}{2023}\right)>45$。

练习参考答案

练习题号	练习 1	练习 2	练习 3	练习 4
参考答案	(1)>，(2)<	>	>	略
解答提示	$\frac{40}{159}>\frac{40}{160}=\frac{1}{4}$，$\frac{a^2-1}{(a+1)^2-1}<\frac{a^2}{(a+1)^2}$	$\frac{1}{2^{n-1}+1}+\frac{1}{2^{n-1}+2}+\cdots+\frac{1}{2^{n-1}+2^{n-1}}>\frac{1}{2}$	原式$>\frac{10}{30}+\frac{10}{40}=\frac{7}{12}$	$\frac{1}{n^2}<2\left(\frac{1}{2n-1}-\frac{1}{2n+1}\right)$
练习题号	练习 5	练习 6	练习 7	
参考答案	略	$a<\frac{1}{7}$	略	
解答提示	$\frac{1}{n^2}>\frac{1}{2}\left(\frac{1}{n}-\frac{1}{n+2}\right)$，$\frac{1}{n^2}<\frac{1}{2}\left(\frac{1}{n-2}-\frac{1}{n}\right)$	$b=\frac{3}{4}\times\frac{5}{6}\times\cdots\times\frac{101}{102}$，$ab<\frac{1}{49}$	设左边$=a$，则 $a>b=\frac{3}{2}\times\frac{5}{4}\times\cdots\times\frac{2025}{1024}$	

JS-91　分数近似两边夹★

神器内容	求一个分数或分数算式的整数部分或一个小数的前几位，可以采用合理缩放，两边夹出所求的近似值。 如果 $0<\overline{a.b}<x<\overline{a.c}$，则 $[x]=a$。（其中"$[x]$"表示 x 的整数部分。）
要点说明	分数要求近似值，精度范围要合适。 适当缩放两边夹，同位相同不变化。 整数部分要确定，两端整数必相同。 如果放得有点大，想方设法变小它。 如果缩得有点小，增大一点那最好。

神器溯源

要求一个分数或复杂算式的近似值，只要满足其精确度即可。要精确到小数点后前几位，特别采用去尾法精确到个位时，就是寻找算式的整数部分。

为了找到近似值，一般采用"两边夹"的方法。找到一个比算式小一点的数，再找到一个比算式大一点的数。如果这两个数的整数部分相同，那么所求算式的整数部分就是它们的整数部分；如果这两个数的整数部分与十分位上的数字都相同，那么所求算式的整数部分和十分位上的数字也是确定的。

如果 $0<\overline{a.b}<x<\overline{a.c}$，则 $[x]=a$。（其中"$[x]$"表示 x 的整数部分。）

采用"两边夹"求近似值，首先要合理进行缩小与放大。缩小与放大的技巧在上一讲已经学习过了。这里"两边夹"出来的可以是算式结果的整数部分、前几位，或者最靠近的整数等。

例题精讲

例题 1-1 算式 $a=\dfrac{1}{\dfrac{1}{30}+\dfrac{1}{31}+\dfrac{1}{32}+\cdots+\dfrac{1}{39}}$ 结果的整数部分是________。

【解答】 采用缩放法，进行两边夹。

因为 $3=\dfrac{1}{\frac{1}{30}\times10}<a<\dfrac{1}{\frac{1}{39}\times10}=3.9$，所以这个算式结果的整数部分为 3。

例题 1-2 算式 $a=\dfrac{1}{\frac{1}{30}+\frac{1}{31}+\frac{1}{32}+\cdots+\frac{1}{49}}$结果的整数部分是________。

【解答】 如果仍采用例题 1-1 的缩放法，进行两边夹，则

$1.5=\dfrac{1}{\frac{1}{30}\times20}<a<\dfrac{1}{\frac{1}{49}\times20}=2.45$。算式整数部分可为 1 或 2，缩放幅度大了。

根据“和同差小积大”，则有$\frac{1}{39}+\frac{1}{40}<\frac{1}{38}+\frac{1}{41}<\frac{1}{37}+\frac{1}{42}<\cdots<\frac{1}{30}+\frac{1}{49}$。

$1<\dfrac{147}{79}=\dfrac{30\times49}{79\times10}=\dfrac{1}{\left(\frac{1}{30}+\frac{1}{49}\right)\times10}<a<\dfrac{1}{\left(\frac{1}{39}+\frac{1}{40}\right)\times10}=\dfrac{39\times40}{79\times10}=\dfrac{156}{79}<2$。

因为 $1<a<2$，$[a]=1$，所以算式结果的整数部分为 1。

例题 1-3 已知 $a=1+\frac{1}{2}+\frac{1}{3}+\frac{1}{4}+\cdots+\frac{1}{16}$，那么 a 的整数部分为________。

【解答】 一方面，$a=1+\frac{1}{2}+\left(\frac{1}{3}+\frac{1}{4}\right)+\left(\frac{1}{5}+\frac{1}{6}+\frac{1}{7}+\frac{1}{8}\right)+\left(\frac{1}{9}+\frac{1}{10}+\cdots+\frac{1}{16}\right)>1+\frac{1}{2}+\left(\frac{1}{4}+\frac{1}{4}\right)+\left(\frac{1}{8}+\frac{1}{8}+\frac{1}{8}+\frac{1}{8}\right)+\left(\frac{1}{16}+\frac{1}{16}+\cdots+\frac{1}{16}\right)$

$=1+\frac{1}{2}+\frac{1}{2}+\frac{1}{2}+\frac{1}{2}=3$；

另一方面，$a=1+\left(\frac{1}{2}+\frac{1}{3}+\frac{1}{16}\right)+\left(\frac{1}{4}+\frac{1}{5}+\frac{1}{6}+\frac{1}{7}\right)+\left(\frac{1}{8}+\frac{1}{9}+\cdots+\frac{1}{15}\right)<1+1+1+1=4$。

$3<a<4$，所以 a 的整数部分为 3。

例题 2-1 把自然数 1～99 从小到大排成一个多位数 123456…9899，那么这个多位数除以它的倒序数，得到的商的小数点后前三位数字依次为________。

【解答】 设 $a=\dfrac{123456\cdots9899}{9989\cdots654321}$，则

$a>\dfrac{1234\overbrace{00\cdots0}^{185个0}}{9990\underbrace{00\cdots0}_{185个0}}=\dfrac{1234}{9990}>0.1235$，又知 $a<\dfrac{1235\overbrace{00\cdots0}^{185个0}}{9989\underbrace{00\cdots0}_{185个0}}=\dfrac{1235}{9989}<0.1237$。

$0.1235<a<0.1237$，所以商的小数点后前三位数字依次为 1,2,3。

例题 2-2 算式 $5-\dfrac{5}{2}+\dfrac{5}{3}-\dfrac{5}{4}+\dfrac{5}{5}-\dfrac{5}{6}+\cdots+\dfrac{5}{49}-\dfrac{5}{50}$ 结果的整数部分为________。

【解答】 设原式 $=a$，则

$a=5\times\left(1-\dfrac{1}{2}+\dfrac{1}{3}-\dfrac{1}{4}+\dfrac{1}{5}-\dfrac{1}{6}+\cdots+\dfrac{1}{49}-\dfrac{1}{50}\right)>5\times\left[\left(1-\dfrac{1}{2}\right)+\left(\dfrac{1}{3}-\dfrac{1}{4}\right)+\left(\dfrac{1}{5}-\dfrac{1}{6}\right)\right]=3\dfrac{1}{12}$，$a=5\times\left(1-\dfrac{1}{2}+\dfrac{1}{3}-\dfrac{1}{4}+\dfrac{1}{5}-\dfrac{1}{6}+\cdots+\dfrac{1}{49}-\dfrac{1}{50}\right)<5\times\left[1-\left(\dfrac{1}{2}-\dfrac{1}{3}\right)-\left(\dfrac{1}{4}-\dfrac{1}{5}\right)\right]=3\dfrac{11}{12}$。

$3\dfrac{1}{12}<a<3\dfrac{11}{12}$，$[a]=3$，所以算式结果的整数部分为 3。

例题 2-3 算式 $\dfrac{29\times66+28\times67+\cdots+20\times75}{29\times71+28\times72+\cdots+20\times80}\times70$ 结果的整数部分为________。

【解答】 设 $a=\dfrac{29\times66+28\times67+\cdots+20\times75}{29\times71+28\times72+\cdots+20\times80}\times70$，则

$$a=\frac{29\times71+28\times72+\cdots+20\times80-(29\times5+28\times5+\cdots+20\times5)}{29\times71+28\times72+\cdots+20\times80}\times70$$

$$=70-\frac{29\times5\times(71-1)+28\times5\times(72-2)+\cdots+20\times5\times(80-10)}{29\times71+28\times72+\cdots+20\times80}$$

$$=70-5+\frac{29\times5+28\times10+\cdots+20\times50}{29\times71+28\times72+\cdots+20\times80}$$

$$=65+\frac{29\times5+28\times10+\cdots+20\times50}{29\times71+28\times72+\cdots+20\times80}。$$

因为 $0<\dfrac{29\times5+28\times10+\cdots+20\times50}{29\times71+28\times72+\cdots+20\times80}<1$，

所以 $65+0<a<65+1$，$65<a<66$，$[a]=65$，算式结果的整数部分为 65。

针对性练习

练习❶ 算式 $a=\dfrac{1}{\frac{1}{20}+\frac{1}{21}+\frac{1}{22}+\frac{1}{23}+\frac{1}{24}}$结果的整数部分为________。

练习❷ 算式 $a=\dfrac{1}{\frac{1}{20}+\frac{1}{21}+\frac{1}{22}+\cdots+\frac{1}{35}}$结果的整数部分为________。

练习❸ 算式 $a=1+\frac{1}{2}+\frac{1}{3}+\frac{1}{4}+\cdots+\frac{1}{10}$结果的整数部分为________。

练习❹ 分数$\dfrac{12131415\cdots46474849}{49484746\cdots15141312}$化为小数，小数点后前三位数字依次为________。

练习❺ 算式 $3\div\left(\frac{1}{2000}+\frac{1}{2001}+\frac{1}{2002}+\cdots+\frac{1}{2099}\right)$的结果最接近的整数是________。

练习❻ 计算$\left[\frac{10}{3^2}+\frac{10}{4^2}+\frac{10}{5^2}+\cdots+\frac{10}{1000^2}\right]=$________。（“[ ]”为取整符号。）

练习❼ 设 $N=10\times\dfrac{10^{11}+11^{12}}{10^{10}+11^{11}}$，那么 N 的整数部分为________。

练习参考答案

练习题号	练习 1	练习 2	练习 3	练习 4
参考答案	4	1	2	2，4，5
解答提示	$\frac{20}{5}<$原式$<\frac{24}{5}$	$\frac{20\times35}{8\times55}<$原式$<\frac{27\times28}{8\times55}$	$\frac{1}{4}+\frac{1}{5}+\frac{1}{7}+\frac{1}{8}+\frac{1}{9}+\frac{1}{10}<1$	$\frac{1213}{4949}<$原式$<\frac{1214}{4948}$
练习题号	练习 5	练习 6	练习 7	
参考答案	61	3	109	
解答提示	和同差小积大	从第三项放大，使其小于 4。从$\frac{10}{3^2}$到$\frac{10}{11^2}$的和大于 3	$N=110-\frac{10^{11}}{10^{10}+11^{11}}$	

JS-92　连分数的近似值★

神器内容	对于连分数 $q_0+\cfrac{1}{q_1+\cfrac{1}{q_2+\ddots}}$ 可以采用"去尾法"求其近似值。
要点说明	连分数，近似算，去掉尾部很好办。 去掉尾部可变大，一步一步去简化。 去掉尾部可变小，翻着跟斗往上找。 左右摆动离不远，渐近分数多钻研。

神器溯源

对于连分数 $q_0+\cfrac{1}{q_1+\cfrac{1}{q_2+\ddots}}$，可记作 $[q_0;q_1,q_2,\cdots]$，本书为了减少麻烦，统一用逗号隔开，记作 $[q_0,q_1,q_2,\cdots]$，即 $[q_0,q_1,q_2,\cdots]=q_0+\cfrac{1}{q_1+\cfrac{1}{q_2+\ddots}}$。

连分数的近似值，可以采用"去尾法"，去掉的尾部越少（不是越小哦），那么与连分数的误差就越小。如果是逐级去掉尾部，得到连分数的不同近似值，叫作连分数的渐近分数，有 $n(n\geqslant 0)$ 条分数线就有 $(n+1)$ 个渐近分数，第 1 渐进分数为 q_0，第 2 渐近分数为 $q_0+\dfrac{1}{q_1}$，第 3 渐近分数为 $q_0+\cfrac{1}{q_1+\cfrac{1}{q_2}}$，…。

渐进分数的整数部分，可以用辗转相除法来计算，如图 1。

	a bq_1	b r_1q_2	q_0
q_1	r_1 r_2q_3	r_1 r_3q_4	q_2
q_3	r_3	r_4 $\cdots$	

图 1

设 $\dfrac{a}{b}=q_0+\dfrac{r_1}{b}$，

$\dfrac{b}{r_1}=q_1+\dfrac{r_2}{r_1}$，

$$\frac{r_1}{r_2}=q_2+\frac{r_3}{r_2},$$

…

可以得到渐近分数分子与分母的递推规律：

$$\frac{a_1}{b_1}=\frac{q_0}{1},\frac{a_2}{b_2}=\frac{a_1q_1+1}{q_1},\frac{a_3}{b_3}=\frac{a_2q_2+a_1}{b_2q_2+1},\frac{a_4}{b_4}=\frac{a_3q_3+a_2}{b_3q_3+b_2},\cdots,\frac{a_n}{b_n}=\frac{a_{n-1}q_{n-1}+a_{n-2}}{b_{n-1}q_{n-1}+b_{n-2}}。$$

例题精讲

例题 1-1 与 $2+\cfrac{1}{3+\cfrac{1}{3+\cfrac{1}{2+\cfrac{1}{5}}}}$ 最接近的最简分数为________。

【解答】 去掉$\frac{1}{5}$，得到与原来分数最接近的最简分数为 $2+\cfrac{1}{3+\cfrac{1}{3+\cfrac{1}{2}}}=2+\cfrac{1}{3+\cfrac{2}{7}}=2+\frac{7}{23}=2\frac{7}{23}$。

例题 1-2 在分母为两位数的最简分数中，与连分数 [0,2,3,2,3,2,3,…] 最接近的最简分数为________。

【解法一】 $0+\cfrac{1}{2+\cfrac{1}{3}}=\frac{3}{7}$，$0+\cfrac{1}{2+\cfrac{1}{3+\cfrac{1}{2}}}=\cfrac{1}{2+\cfrac{2}{7}}=\frac{7}{16}$，$0+\cfrac{1}{2+\cfrac{1}{3+\cfrac{1}{2+\cfrac{1}{3}}}}=\cfrac{1}{2+\cfrac{1}{3+\cfrac{3}{7}}}=\cfrac{1}{2+\cfrac{7}{24}}=\frac{24}{55}$，

$$0+\cfrac{1}{2+\cfrac{1}{3+\cfrac{1}{2+\cfrac{1}{3+\cfrac{1}{2}}}}}=\cfrac{1}{2+\cfrac{1}{3+\cfrac{1}{2+\cfrac{2}{7}}}}=\cfrac{1}{2+\cfrac{1}{3+\cfrac{7}{16}}}=\cfrac{1}{2+\cfrac{16}{55}}=\frac{55}{126}。$$

所以与连分数[0,2,3,2,3,2,3,…]最接近且分母是两位数的分数为$\frac{24}{55}$。

【解法二】 $\frac{a_1}{b_1}=0,\frac{a_2}{b_2}=\frac{0\times2+1}{1\times2}=\frac{1}{2},\frac{a_3}{b_3}=\frac{1\times3+0}{2\times3+1}=\frac{3}{7},\frac{a_4}{b_4}=\frac{3\times2+1}{7\times2+2}=\frac{7}{16},$

$\frac{a_4}{b_4}=\frac{7\times3+3}{16\times3+7}=\frac{24}{55},\frac{a_5}{b_5}=\frac{24\times2+7}{55\times2+16}=\frac{55}{126},\cdots$。

所以与连分数[0,2,3,2,3,2,3,…]最接近且分母是两位数的分数为$\frac{24}{55}$。

例题 2-1 在分子小于 50 的最简分数中，与分数$\frac{365}{2022}$最接近的为________。

【解答】

把$\frac{365}{2022}$化成连分数或进行辗转相除，如图 2。

	2022 1825	365 197	×5
1×	197 168	168 145	×1
5×	29 23	23 18	×1
3×	6 5	5 5	×1
5×	1	0	

图 2

$$\frac{365}{2022}=0+\cfrac{1}{5+\cfrac{197}{365}}=0+\cfrac{1}{5+\cfrac{1}{1+\cfrac{168}{197}}}=0+\cfrac{1}{5+\cfrac{1}{1+\cfrac{1}{1+\cfrac{29}{168}}}}$$

$$=0+\cfrac{1}{5+\cfrac{1}{1+\cfrac{1}{1+\cfrac{1}{5+\cfrac{23}{29}}}}}=0+\cfrac{1}{5+\cfrac{1}{1+\cfrac{1}{1+\cfrac{1}{5+\cfrac{1}{1+\cfrac{6}{23}}}}}}$$

$$=0+\cfrac{1}{5+\cfrac{1}{1+\cfrac{1}{1+\cfrac{1}{5+\cfrac{1}{1+\cfrac{1}{3+\cfrac{5}{6}}}}}}}=0+\cfrac{1}{5+\cfrac{1}{1+\cfrac{1}{1+\cfrac{1}{5+\cfrac{1}{1+\cfrac{1}{3+\cfrac{1}{1+\cfrac{1}{5}}}}}}}}。$$

$\frac{a_0}{b_0}=\frac{0}{1}$， $\frac{a_1}{b_1}=0+\frac{1}{5}=\frac{0\times5+1}{1\times5+0}=\frac{1}{5}$，

$\frac{a_2}{b_2}=\frac{1\times1+0}{5\times1+1}=\frac{1}{6}$， $\frac{a_3}{b_3}=\frac{1\times1+1}{6\times1+5}=\frac{2}{11}$，

$\frac{a_4}{b_4}=\frac{2\times5+1}{11\times5+6}=\frac{11}{61}$， $\frac{a_5}{b_5}=\frac{11\times1+2}{61\times1+11}=\frac{13}{72}$，

$\frac{a_6}{b_6}=\frac{13\times3+11}{72\times3+61}=\frac{50}{277}$， …

所以分子小于 50 且与$\frac{365}{2022}$最接近的最简分数为$\frac{13}{72}$。

例题 2-2 把圆周率 π 近似到3.14159，那么在分母不大于 1000 的最简分数中，与 π 最接近的为________。

【解答】

$$\pi=3+\frac{14159}{100000}=3+\cfrac{1}{7+\cfrac{887}{14159}}=3+\cfrac{1}{7+\cfrac{1}{15+\cfrac{854}{887}}}$$

$$=3+\cfrac{1}{7+\cfrac{1}{15+\cfrac{1}{1+\cfrac{33}{854}}}}=3+\cfrac{1}{7+\cfrac{1}{15+\cfrac{1}{1+\cfrac{1}{25+\cfrac{29}{33}}}}}$$

$$=3+\cfrac{1}{7+\cfrac{1}{15+\cfrac{1}{1+\cfrac{1}{25+\cfrac{1}{1+\cfrac{4}{29}}}}}}=3+\cfrac{1}{7+\cfrac{1}{15+\cfrac{1}{1+\cfrac{1}{25+\cfrac{1}{1+\cfrac{1}{7+\cfrac{1}{4}}}}}}}。$$

$\frac{a_0}{b_0}=\frac{3}{1}$， $\frac{a_1}{b_1}=\frac{7\times3+1}{7\times1+0}=\frac{22}{7}$，

$\frac{a_2}{b_2}=\frac{22\times15+3}{7\times15+1}=\frac{333}{106}$， $\frac{a_3}{b_3}=\frac{333\times1+22}{106\times1+7}=\frac{355}{113}$，

$\frac{a_4}{b_4}=\frac{355\times25+333}{113\times25+106}=\frac{9208}{2931}$， …

所以在分母不大于 1000 的最简分数中，与 π 最接近的为$\frac{355}{113}$。

例题 2-3 一个小数的平方等于 2，那么这个小数为________。（精确到小数点后四位。）

【解答】 设这个小数为 x，则

$$x^2=2, x^2-1=1, (x-1)(x+1)=1, x-1=\frac{1}{x+1}, x=1+\frac{1}{1+x},$$

所以 $$x=1+\cfrac{1}{1+1+\cfrac{1}{1+x}}=1+\cfrac{1}{2+\cfrac{1}{1+x}}=1+\cfrac{1}{2+\cfrac{1}{1+1+\cfrac{1}{1+x}}}$$

$$=1+\cfrac{1}{2+\cfrac{1}{2+\cfrac{1}{1+1+\cfrac{1}{1+x}}}}=1+\cfrac{1}{2+\cfrac{1}{2+\cfrac{1}{2+\cfrac{1}{\ddots}}}}。$$

$\frac{a_1}{b_1}=\frac{1}{1}=1, \frac{a_2}{b_2}=\frac{1\times2+1}{1\times2+0}=\frac{3}{2}=1.5, \frac{a_3}{b_3}=\frac{3\times2+1}{2\times2+1}=\frac{7}{5}=1.4, \frac{a_4}{b_4}=\frac{7\times2+3}{5\times2+2}=\frac{17}{12}=1.4166\cdots, \frac{a_5}{b_5}=\frac{17\times2+7}{12\times2+5}=\frac{41}{29}=1.4137\cdots, \frac{a_6}{b_6}=\frac{41\times2+17}{29\times2+12}=\frac{99}{70}=1.4142\cdots,$

$\frac{a_7}{b_7}=\frac{99\times2+41}{70\times2+29}=\frac{239}{169}=1.4142\cdots$。

所以，这个小数为 1.4142。

针对性练习

练习❶ 与 $5+\cfrac{1}{4+\cfrac{1}{3+\cfrac{1}{2}}}$ 最接近的最简分数为________。

练习❷ 在分母为两位数的最简分数中，与连分数 $[0,3,2,3,2,3,2,\cdots]$ 最接近的为________。

练习❸ 混循环小数 $2.16\dot{2}\dot{8}$ 的第 4 渐近分数是________。

练习❹ 在分子小于 100 的最简分数中，与分数$\frac{54321}{12345}$最接近的为________。

练习❺ 线段上一点把线段分成两段，较长线段的平方恰好等于原来线段与较短线段的乘积，那么较长线段为原来线段的________倍。（用小数表示，精确到千分位。）

练习❻ 一个小数的平方等于 3，那么这个小数为________。（精确到小数点后三位。）

练习参考答案

练习题号	练习 1	练习 2	练习 3	练习 4
参考答案	$5\frac{3}{13}$	$\frac{16}{55}$	$2\frac{99}{608}$	$4\frac{2}{5}$
解答提示	去掉一层分数线	依次计算渐近分数	转化为连分数	转化为连分数
练习题号	练习 5	练习 6		
参考答案	0.618	1.732		
解答提示	列方程，转化为连分数并取渐近分数	列方程，转化为连分数并取渐近分数		

JS-93　数组与数表

神器内容	对一些数进行分组或者按一定规律填入数表。
要点说明	数组与数表，规律来探讨。 合理来分组，是否有特殊。 数表来圈数，特点看清楚。

神器溯源

把连续自然数、偶数、奇数、新定义数列中的数进行分组，或者把这些数填入数表中，探索其存在的规律。判断某组或某个位置上数的大小；或者给定一个数，确定其在数表中的位置；或者对数表中某些特定位置的数进行求和，涉及整数数列求和的相关知识。数组和数表的形式多种多样，一般具有一定周期性，每个数都与所在位置的坐标存在一定的数量关系。

例题精讲

例题 1-1 下列数组中的数是按一定顺序排列的：

(1,1),(1,2),(2,1),(1,3),(2,2),(3,1),(1,4),(2,3),…。

第 100 组数是________，前 100 组所有数字之和为________，前 100 组中，"5"这个数字出现________次。

【解答】 1)把数组重新排列成三角阵，数组(a,b)代表排在第$(a+b-1)$行、第 a 列，同行的数组内两数之和相等，如图 1。

(1,1)

(1,2)(2,1)

(1,3)(2,2)(3,1)

(1,4)(2,3)(3,2)(4,1)

(1,5)(2,4)(3,3)(4,2)(5,1)

…

图 1

2)第 n 组共有 n 组数，1+2+3+…+13=91，100−91=9，故第 100 组数排在第 14 行的第 9 位，是(9,6)。

3)前 100 组数所有数字之和为

$$
\begin{aligned}
&(1\times2+2\times3+3\times4+\cdots+13\times14)+9\times15\\
=&\frac{13\times14\times15}{3}+135\\
=&1045。
\end{aligned}
$$

4)从第 5 行开始，后一个数是“5”的有(1,5)，(2,5)，…，(9,5)，共 9 个；从第 5 行开始，第 5 列的前一个数都是 5，有(5,1)，(5,2)，…，(5,10)，共 10 个。所以，一共有 9+10=19 个“5”，“5”这个数字出现 19 次。

例题 1-2 已知数组：(1)，(3，4)，(7，8，9)，(13，14，15，16)，(21，22，23，24，25)，…。

第 20 组内所有数字之和为________，前 20 组所有数字之和为________。

【解答】 1)观察数组规律，第 n 组有 n 个数，且最后一个数是 n^2。

2)第 20 组有 20 个数：(381，382，383，…，400)，其和为

$(20^2-19)+(20^2-18)+(20^2-17)+\cdots+(20^2-1)+20^2=20\times20^2-(1+2+3+\cdots+19)=20^3-19\times20\div2=7810$。

3)前 20 组所有数字之和为

$$
\begin{aligned}
&(1^3-0\times1\div2)+(2^3-1\times2\div2)+(3^3-2\times3\div2)+\cdots+(20^3-19\times20\div2)\\
=&(1^3+2^3+3^3+\cdots+20^3)-(1\times2+2\times3+3\times4+\cdots+19\times20)\div2\\
=&\frac{20^2\times21^2}{4}-\frac{19\times20\times21}{3\times2}\\
=&44100-1330\\
=&42770。
\end{aligned}
$$

例题 2-1 如图 2，把非零自然数排成三角阵，那么 1000 排在第________行，从左至右第________个。第 20 行从左至右第 6 个数是________。

【解答】 1)观察可知，第 n 行有 n 个数，且奇数行从左至右依次增加 1，偶数行从右至左依次增加 1。

2)因为 $1000=(1+2+3+\cdots+44)+10$，所以 1000 在第 45 行，从左至右第 10 个。

3)第 20 行从左至右第 6 个数是 $(1+2+3+\cdots+19)+(20-6+1)=205$。

1

3 2

4 5 6

10 9 8 7

11 12 13 14 15

…

图 2

例题 2-2 如图 3，把非零自然数排成方阵，那么 1000 排在第________行，从左至右第________列。第 20 行从左至右第 27 列的数是________。

1	2	9	10	25	…
4	3	8	11	24	…
5	6	7	12	23	…
16	15	14	13	22	…
17	18	19	20	21	…
…	…	…	…	…	…

图 3

【解法一】 1)观察图 4，奇平方数 n^2 在第 1 行、第 n 列；偶平方数 n^2 在第 n 行、第 1 列。

2)1000 接近平方数 $1024=32^2$，推出 1024 在第 32 行、第 1 列，得到 1000 在第 32 行、第 $1+(1024-1000)=25$ 列。

3)第 27 列、第 1 行的数是 $27^2=729$，那么第 20 行、第 27 列的数是 $729-(20-1)=710$。

【解法二】 观察图 5，主对角线上的数依次是 $0\times1+1, 1\times2+1, 2\times3+1, \cdots$。

2)对角线上的数小于且接近 1000 的是 $31\times32+1=993$，在第 32 行、第 32 列处，推出 1000 在第 32 行、第 $32-(1000-993)=25$ 列。

3)第 27 行、第 27 列的数是 $26\times27+1=703$，推出第 20 行、第 27 列的数是 $703+(27-20)=710$。

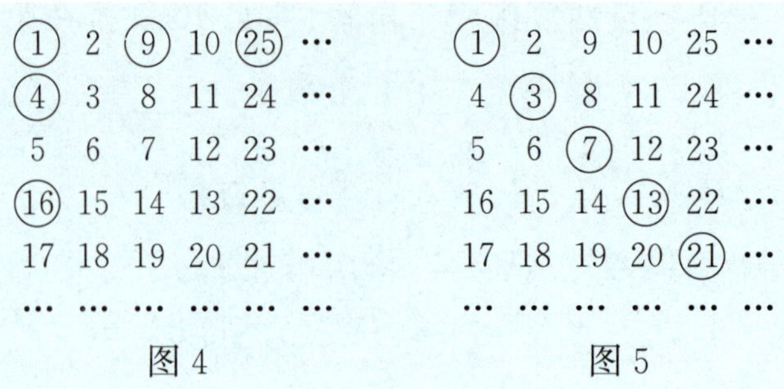

图 4　　图 5

例题 3-1 如图 6，杨辉三角是中国古代数学的杰出研究成果之一，是二项式系数的一种排列。在欧洲称作帕斯卡三角，比杨辉三角要迟 393 年。

(1)第 15 行第 4 个数是________。

(2)前 15 行所有数字之和为________。

(3)从左边开始，依次由右上向左下画斜线。第 1 条斜线上取前 8 个数，第 3 条斜线取前 7 个数，第 5 条斜线取前 6 个数，……，第 15 条斜线取前 1 个数，所取的 36 个数字之和为________。

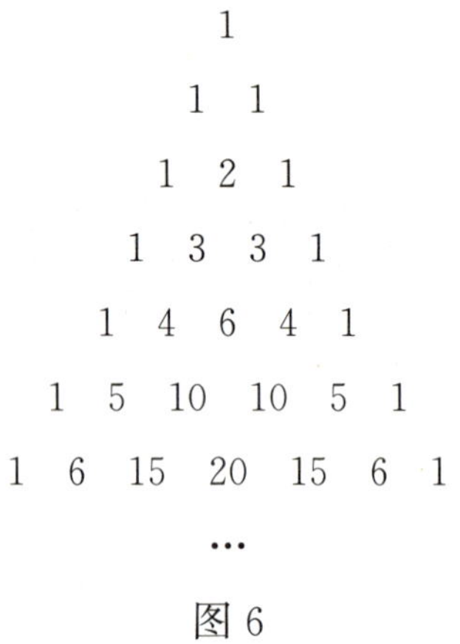

图 6

【解答】 1)观察杨辉三角发现，每个数是它上面两个“肩膀”上的数之和，第 n 行第 m 个数，是 $(x+1)^{n-1}$ 按降幂展开的第 $m-1$ 项的系数 C_{n-1}^{m-1}，故第 15 行第 4 个数等于 $C_{15-1}^{4-1}=\dfrac{14\times13\times12}{3\times2\times1}=364$。

2)第 n 行的数之和为 2^{n-1}，故 $2^0+2^1+2^2+2^3+\cdots+2^{14}=2^{15}-1=32767$。

3)如图 7，共取了 8 条斜线上的 36 个数。所取的这 36 个数按照如图 8 所示的斜线求和，构成斐波那契数列的奇数项，则有

$F_1+F_3+F_5+F_7+F_9+F_{11}+F_{13}+F_{15}=F_{16}$，

$1+2+5+13+34+89+233+610=987$。

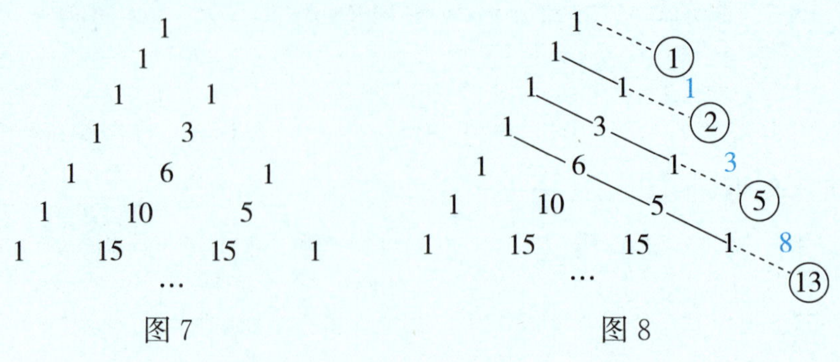

图 7　　图 8

例题 3-2 如图 9,把奇数按照一定规律排成数表。

(1)四个未填数的阴影方格从上到下、从左到右依次填的数是__________,__________,__________,__________;

(2)20 个阴影方格内的数总和最小是__________。

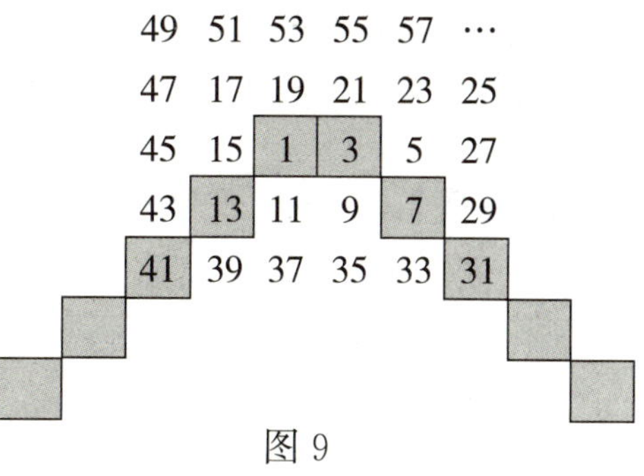

图 9

【解答】 (1)把连续奇数表转化为连续自然数表。

如图 10。先不考虑 1 和 2,右下角上的数规律为 $2^2,4^2,6^2,\cdots$;左下角上的数规律为 $2\times3+1,4\times5+1,5\times6+1,\cdots$。

图 9 中的方格从上到下、从右到左依次填 $6^2\times2-1=71,(6\times7+1)\times2-1=85,8^2\times2-1=127,(8\times9+1)\times2-1=145$。

(2)图 10 中 20 个阴影方格内的数总和最小为

$(2\times3+4\times5+6\times7+\cdots+18\times19)+9+(2^2+4^2+6^2+\cdots+18^2)+1+2=2\times\dfrac{9\times10}{2}\times\dfrac{3+2\times19}{3}+\dfrac{18\times19\times20}{6}+12=2382$。

对应图 9 中 20 个阴影方格内的数总和最小为 $2382\times2-20=4744$。

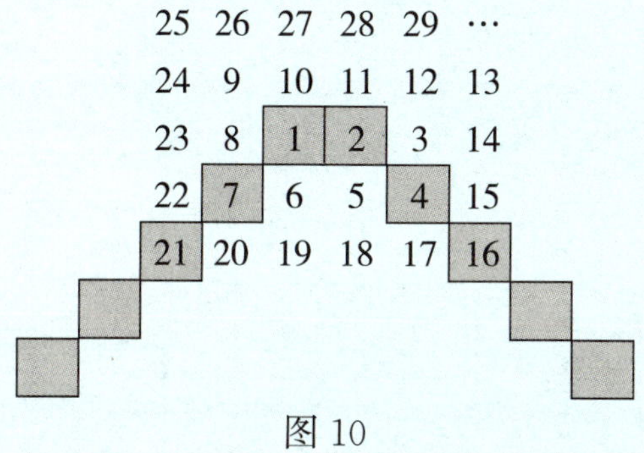

图 10

例题 3-3 在表 1 中,1 所在的行称为第 0 行,上面的行依次称为上 1 行、上 2 行、…;下面的行依次为下 1 行、下 2 行、…。同理 1 所在的列称为第 0 列,左边的列依次为左 1 列、左 2 列、…;右边的列依次称为右 1 列、右 2 列、…,那么

(1)1000 所在位置是__________行、__________列;

表 1

			22			
		23	11	21		
	24	12	4	10	20	
25	13	5	1	3	9	19
…	14	6	2	8	18	
	…	15	7	17		
			16			

(2)1000 所在行中的最小数是________,所在列中的最小数是________;

(3)第 0 行中,最小的 30 个数之和为________。

【解答】 (1)把第 0 行的数从小到大排列起来:

1,3,5,9,13,19,25,…。

这个数列的邻差构成数列:2,2,4,4,6,6,8,8,…,如果每个数都减去 1,就是大衍数列。

观察第 0 行最接近 1000 的数。$1+2\times(2+4+6+8+\cdots+44)=1013$,1013 在第 0 行左 22 列,向右上减少 $1013-1000=13$ 个数,得到 1000 在上第 $0+13=13$ 行,左第 $22-13=9$ 列。

(2)1000 所在行是上第 13 行,最小数是 $1+(1\times4-1)+(2\times4-1)+(3\times4-1)+\cdots+(13\times4-1)=352$。

1000 所在列是左第 9 列,最小数是 $1+1\times4+2\times4+3\times4+\cdots+9\times4=181$。

(3)第 0 行中,最小的 30 个数各减去 1,构成大衍数列:0,2,4,8,12,18,24,…,450。

$$
\begin{aligned}
&(0+2+4+8+12+18+\cdots+450)+30\\
=&\frac{1}{2}[(1^2-1)+2^2+(3^2-1)+4^2+\cdots+(29^2-1)+30^2]+30\\
=&\frac{1}{2}\left(\frac{30\times31\times61}{6}-15\right)+30\\
=&4750。
\end{aligned}
$$

针对性练习

练习❶ 观察数组规律:

(1,2,3),(3,4,5),(5,6,7),(7,8,9),…,

那么第 20 组中的三个数字之和为________,前 20 组中所有数字之和为________。

练习❷ 观察数组规律：

(1,0,1),(3,4,5),(5,12,13),(7,24,25),(9,40,41),…,

那么第 20 组中的三个数字之和为________，前 20 组中所有数字之和为________。

练习❸ 将自然数有规律地填入表 2 中，那么 500 在第________行、第________列。第 100 行、第 2 列处的数是________。

表 2

1	2	3	4	5	6
	7		8		9
10	11	12	13	14	15
	16		17		18
…					
	997		998		999

练习❹ 表 3 中的数字是按一定规律排列的，那么第 100 行、左起第 5 列处的数字是________。

表 3

1	2	3	4	5	6	7	8
9	1	0	1	1	1	2	1
3	1	4	1	5	1	6	1
7	1	8	1	9	2	0	2
1	…	…	…	…	…	…	…

练习❺ 如表 4，用“十字架”框出表中的六个数的和为 130，中间数 19 在第 3 行、第 3 列。如果框出的六个数的总和是 2020，那么中间数在表格的第________行、________列。（“十字架”可以旋转。）

表 4

1	2	3	4	5	6	7	8
9	10	11	12	13	14	15	16
17	18	19	20	21	22	23	24
25	26	27	28	29	30	31	32
33	34	35	36	37	38	39	40
…	…	…	…	…	…	…	…

练习❻ 如表 5，把从 1 开始的自然数按某种方式排列起来，那么 200 在第________行、第________列。第 18 行、第 22 列处的数是________。

表 5

1	2	6	7	15	…
3	5	8	14	…	
10	12	…			
11	…				
…					

练习❼ 如图 11，把自然数按照一定规律排列，那么在带圆圈的数中，从小到大第 20 个数为________，前 20 个数的和为________。

21	(22)	23	24	25	26
20	7	(8)	9	10	27
19	6	1	(2)	11	28
18	5	4	3	(12)	29
17	16	15	14	13	(30)
		…			

图 11

练习8 如图 12，把非零自然数按照一定规律排列，那么与“2030”同一列的圆圈内的数为________，前 40 个圆圈内的数之和为________。

						28	
				15	16	27	
		6	7	14	17	26	…
①	②	⑤	⑧	⑬	⑱	㉕	
3	4	9	12	19	24	…	
			10	11	20	23	
					21	22	

图 12

练习参考答案

练习题号	练习 1	练习 2	练习 3	练习 4
参考答案	120，1260	1560，11060	111，5，448	0
解答提示	$(2n-1, 2n, 2n+1)$	勾股数组	每两行 9 个数	自然数按数字排列，写到 302 的十位数字 0
练习题号	练习 5	练习 6	练习 7	练习 8
参考答案	42，6	10，11，763	422，3100	2048，11080
解答提示	“十字架”旋转有四种类型	同一条斜线上的数所在行、列数之和相等	从小到大排列，形成两个二阶等差数列	在圆圈内的数中找邻差的规律，前面添 0

JS-94 行列式★

神器内容	$\begin{vmatrix} a_{11} & a_{12} \\ a_{21} & a_{22} \end{vmatrix} = a_{11}a_{22} - a_{12}a_{21}$。
要点说明	行列式,很有名,计算特点很鲜明。 学会用来解方程,程序处理很轻松。 行列对齐做运算,准确搭配不能乱。

神器溯源

把 n^2 个数排成 n 行、n 列的方阵,然后在其两旁各放置一条竖线,则形成 n 阶行列式。行列式中的每个数都由行和列唯一确定其位置,其中 a_{ij},表示第 i 行、第 j 列处的数。每个行列式定义一个数与其对应,具体定义如下:

二阶行列式:$\begin{vmatrix} a_{11} & a_{12} \\ a_{21} & a_{22} \end{vmatrix} = a_{11}a_{22} - a_{12}a_{21}$。如 $\begin{vmatrix} 4 & 1 \\ 3 & 5 \end{vmatrix} = 4\times5 - 1\times3 = 17$。

在三阶行列式中,从左上到右下的对角线叫主对角线,不足 3 个数的配对互补成 3 个数;从右上到左下的对角线叫副对角线,不足 3 个数的配对互补成 3 个数;三阶行列式定义的数可以用主对角线上三数之积再相加,然后减去副对角线上三数之积的差。每个乘积来自不同行也不同列的三个数相乘,三个数的位置脚码第一个数字最好按 1,2,3 排列好,第二个数字是 1,2,3 任意排列,共有 3! =6 个乘积进行相加或相减得到的结果。

到底是相加还是相减?取决于第二个数字的排列。对于每个数字,它前面的数字中比它大的数的个数就是这个数的怨言数,所有数字的怨言数之和称为这个排列的逆序数,记作 $\tau(b_1b_2b_3)$,$b_1b_2b_3$ 是 1,2,3 的一个排列,则有 $(-1)^{\tau(b_1b_2b_3)} \cdot a_{1b_1}a_{2b_2}a_{3b_3}$。如 $a_{12}a_{23}a_{31}$,$\tau(231)=0+0+2=2$,$(-1)^2a_{12}a_{23}a_{31}=a_{12}a_{23}a_{31}$,故 $a_{12}a_{23}a_{31}$ 前面是"+";再如 $a_{12}a_{21}a_{33}$,$\tau(213)=0+1+0=1$,$(-1)^1a_{12}a_{23}a_{31}=-a_{12}a_{23}a_{31}$,故 $a_{12}a_{21}a_{33}$ 前面是"−"。

$$\begin{vmatrix} a_{11} & a_{12} & a_{13} \\ a_{21} & a_{22} & a_{23} \\ a_{31} & a_{32} & a_{33} \end{vmatrix} = a_{11}a_{22}a_{33} + a_{12}a_{23}a_{31} + a_{13}a_{21}a_{32} - a_{13}a_{22}a_{31} - a_{12}a_{21}a_{33} - a_{11}a_{23}a_{32}。$$

如 $\begin{vmatrix} 1 & 2 & 3 \\ 2 & 4 & 6 \\ 0 & 1 & 2 \end{vmatrix} = 1\times4\times2+2\times6\times0+3\times2\times1-3\times4\times0-2\times2\times2-1\times1\times6 = 8+6-8-6=0$。

1.行列式的主要性质

(1)行列对应换,其值不会变。

$\begin{vmatrix} a_{11} & a_{12} & a_{13} \\ a_{21} & a_{22} & a_{23} \\ a_{31} & a_{32} & a_{33} \end{vmatrix} = \begin{vmatrix} a_{11} & a_{21} & a_{31} \\ a_{12} & a_{22} & a_{32} \\ a_{13} & a_{23} & a_{33} \end{vmatrix}$。如 $\begin{vmatrix} 1 & 2 & 3 \\ 0 & 1 & 1 \\ 0 & 2 & 3 \end{vmatrix} = \begin{vmatrix} 1 & 0 & 0 \\ 2 & 1 & 2 \\ 3 & 1 & 3 \end{vmatrix} = 3-2=1$。

(2)一行扩 k 倍,值乘 k 才对。

$\begin{vmatrix} a_{11} & a_{12} & a_{13} \\ ka_{21} & ka_{22} & ka_{23} \\ a_{31} & a_{32} & a_{33} \end{vmatrix} = k \times \begin{vmatrix} a_{11} & a_{12} & a_{13} \\ a_{21} & a_{22} & a_{23} \\ a_{31} & a_{32} & a_{33} \end{vmatrix}$。如 $\begin{vmatrix} 1 & 2 & 3 \\ 3\times0 & 3\times1 & 3\times1 \\ 0 & 2 & 3 \end{vmatrix} = 3 \times \begin{vmatrix} 1 & 2 & 3 \\ 0 & 1 & 1 \\ 0 & 2 & 3 \end{vmatrix} = 3\times(3-2)=3$。

(3)一行两组和,可以拆两个。

$\begin{vmatrix} a_{11} & a_{12} & a_{13} \\ b_1+c_1 & b_2+c_2 & b_3+c_3 \\ a_{31} & a_{32} & a_{33} \end{vmatrix} = \begin{vmatrix} a_{11} & a_{12} & a_{13} \\ b_1 & b_2 & b_3 \\ a_{31} & a_{32} & a_{33} \end{vmatrix} + \begin{vmatrix} a_{11} & a_{12} & a_{13} \\ c_1 & c_2 & c_3 \\ a_{31} & a_{32} & a_{33} \end{vmatrix}$。

如 $\begin{vmatrix} 1 & 2 & 3 \\ 3+0 & 1+1 & 0+1 \\ 0 & 2 & 3 \end{vmatrix} = \begin{vmatrix} 1 & 2 & 3 \\ 3 & 1 & 0 \\ 0 & 2 & 3 \end{vmatrix} + \begin{vmatrix} 1 & 2 & 3 \\ 0 & 1 & 1 \\ 0 & 2 & 3 \end{vmatrix} = 3+1=4$。

(4)两行位置换,其值符号变。

$\begin{vmatrix} a_{11} & a_{12} & a_{13} \\ a_{21} & a_{22} & a_{23} \\ a_{31} & a_{32} & a_{33} \end{vmatrix} = -\begin{vmatrix} a_{11} & a_{12} & a_{13} \\ a_{31} & a_{32} & a_{33} \\ a_{21} & a_{22} & a_{23} \end{vmatrix}$。如 $\begin{vmatrix} 1 & 2 & 3 \\ 0 & 1 & 1 \\ 0 & 2 & 3 \end{vmatrix} = -\begin{vmatrix} 1 & 2 & 3 \\ 0 & 2 & 3 \\ 0 & 1 & 1 \end{vmatrix} =$

$-(-1)=1$。

(5)行倍加某行,其值都一样。

$$\begin{vmatrix} a_{11} & a_{12} & a_{13} \\ a_{21} & a_{22} & a_{23} \\ a_{31} & a_{32} & a_{33} \end{vmatrix} = \begin{vmatrix} a_{11} & a_{12} & a_{13} \\ a_{21}+ka_{11} & a_{22}+ka_{12} & a_{23}+ka_{13} \\ a_{31} & a_{32} & a_{33} \end{vmatrix}$$

。如 $\begin{vmatrix} 1 & 2 & 0 \\ 2 & 1 & 2 \\ 3 & 1 & 3 \end{vmatrix} = \begin{vmatrix} 1 & 2 & 0 \\ 2-2\times1 & 1-2\times2 & 2-2\times0 \\ 3 & 1 & 3 \end{vmatrix} = 1$。

(6)某行全为0,结果就是0。

$\begin{vmatrix} a_{11} & a_{12} & a_{13} \\ 0 & 0 & 0 \\ a_{31} & a_{32} & a_{33} \end{vmatrix} = 0$。如 $\begin{vmatrix} 1 & 2 & 1 \\ 0 & 0 & 0 \\ 3 & 1 & 3 \end{vmatrix} = 0$。

(7)两行成比例,结果0谨记。

$\begin{vmatrix} a_{11} & a_{12} & a_{13} \\ ka_{11} & ka_{12} & ka_{13} \\ a_{31} & a_{32} & a_{33} \end{vmatrix} = 0$。如 $\begin{vmatrix} 1 & 2 & 1 \\ 2 & 4 & 2 \\ 3 & 1 & 3 \end{vmatrix} = 0$。

(8)去掉行和列,三阶变两阶。

$$\begin{vmatrix} a_{11} & a_{12} & a_{13} \\ a_{21} & a_{22} & a_{23} \\ a_{31} & a_{32} & a_{33} \end{vmatrix} = (-1)^{1+1}a_{11} \begin{vmatrix} a_{22} & a_{23} \\ a_{32} & a_{33} \end{vmatrix} + (-1)^{1+2}a_{12} \begin{vmatrix} a_{21} & a_{23} \\ a_{31} & a_{33} \end{vmatrix} + (-1)^{1+3}a_{13} \begin{vmatrix} a_{21} & a_{22} \\ a_{31} & a_{32} \end{vmatrix}$$

。

如 $\begin{vmatrix} 1 & 0 & 1 \\ 2 & 4 & 2 \\ 3 & 1 & 3 \end{vmatrix} = (-1)^{1+1}\times1\times \begin{vmatrix} 4 & 2 \\ 1 & 3 \end{vmatrix} + (-1)^{1+2}\times0\times \begin{vmatrix} 2 & 2 \\ 3 & 3 \end{vmatrix} + (-1)^{1+3}\times1\times \begin{vmatrix} 2 & 4 \\ 3 & 1 \end{vmatrix} = \begin{vmatrix} 4 & 2 \\ 1 & 3 \end{vmatrix} + \begin{vmatrix} 2 & 4 \\ 3 & 1 \end{vmatrix} = 10-10=0$。

注:行上所做运算及性质,在列上同样可以照样做。上面的行列式的性质或运算,从定义出发都可以进行严谨推导。

2. 克莱姆法则

以二元一次方程组为例,说明克莱姆法则解方程组的方法。

已知$\begin{cases}a_1x+b_1y=c_1\\a_2x+b_2y=c_2\end{cases}$，记 $D=\begin{vmatrix}a_1 & b_1\\a_2 & b_2\end{vmatrix}\neq 0,D_x=\begin{vmatrix}c_1 & b_1\\c_2 & b_2\end{vmatrix}D_y=\begin{vmatrix}a_1 & c_1\\a_2 & c_2\end{vmatrix}$，则有$\begin{cases}x=\dfrac{D_x}{D}\\y=\dfrac{D_y}{D}\end{cases}$。

推导：$\begin{cases}a_1x+b_1y=c_1 & ①\\a_2x+b_2y=c_2 & ②\end{cases}$，用加减消元法解二元一次方程组。

先消 y，①$\times b_2-$②$\times b_1$ 得$(a_1b_2-a_2b_1)x=b_2c_1-b_1c_2$，$x=\dfrac{b_2c_1-b_1c_2}{a_1b_2-a_2b_1}=\dfrac{\begin{vmatrix}c_1 & b_1\\c_2 & b_2\end{vmatrix}}{\begin{vmatrix}a_1 & b_1\\a_2 & b_2\end{vmatrix}}=\dfrac{D_x}{D}$，其中 $D\neq 0$。

再消 x，①$\times a_2-$②$\times a_1$ 得$(a_2b_1-a_1b_2)y=a_2c_1-a_1c_2$，$y=\dfrac{a_2c_1-a_1c_2}{a_2b_1-a_1b_2}=\dfrac{\begin{vmatrix}a_1 & c_1\\a_2 & c_2\end{vmatrix}}{\begin{vmatrix}a_1 & b_1\\a_2 & b_2\end{vmatrix}}=\dfrac{D_y}{D}$。

所以，原方程组的解为$\begin{cases}x=\dfrac{D_x}{D}\\y=\dfrac{D_y}{D}\end{cases}(D\neq 0)$。

例题精讲

例题 1-1 计算行列式：(1)$\begin{vmatrix}3 & 1\\1 & 2\end{vmatrix}=$________；　(2)$\begin{vmatrix}6 & 2\\1 & 3\end{vmatrix}=$________。

【解答】 (1)$\begin{vmatrix}3 & 1\\1 & 2\end{vmatrix}=3\times 2-1\times 1=5$；　(2)$\begin{vmatrix}6 & 2\\1 & 3\end{vmatrix}=6\times 3-2\times 1=16$。

例题 1-2 若行列式$\begin{vmatrix} x^2-3 & x-1 \\ x & 2 \end{vmatrix}=0$，则 $x=$________。

【解答】 $\begin{vmatrix} x^2-3 & x-1 \\ x & 2 \end{vmatrix}=0, 2(x^2-3)-x(x-1)=0, x^2+x-6=0,$ $(x+3)(x-2)=0, x_1=-3$ 或 $x_2=2$。

例题 2-1 计算行列式：(1)$\begin{vmatrix} 1 & 2 & 0 \\ 0 & 1 & 2 \\ 3 & 1 & 4 \end{vmatrix}=$________；(2)$\begin{vmatrix} 1 & 0 & 0 \\ 2 & 3 & 0 \\ 4 & 5 & 6 \end{vmatrix}=$________。

【解答】 (1)$\begin{vmatrix} 1 & 2 & 0 \\ 0 & 1 & 2 \\ 3 & 1 & 4 \end{vmatrix}=1\times1\times4+2\times2\times3+0\times0\times1-0\times1\times3-1\times1\times2$ $-0\times2\times4=14$。

(2)$\begin{vmatrix} 1 & 0 & 0 \\ 2 & 3 & 0 \\ 4 & 5 & 6 \end{vmatrix}=(-1)^{1+1}\times1\times\begin{vmatrix} 3 & 0 \\ 5 & 6 \end{vmatrix}=\begin{vmatrix} 3 & 0 \\ 5 & 6 \end{vmatrix}=3\times6-0\times5=18$。

例题 2-2 利用行列式性质计算$\begin{vmatrix} 1 & 1 & 1 & 1 \\ 0 & 1 & 2 & 1 \\ 1 & 0 & 4 & 0 \\ 1 & 0 & 1 & 3 \end{vmatrix}$的值。

【解法一】 $\begin{vmatrix} 1 & 1 & 1 & 1 \\ 0 & 1 & 2 & 1 \\ 1 & 0 & 4 & 0 \\ 1 & 0 & 1 & 3 \end{vmatrix}\overset{c_1\leftrightarrow c_2}{=\!=}-\begin{vmatrix} 1 & 1 & 1 & 1 \\ 1 & 0 & 2 & 1 \\ 0 & 1 & 4 & 0 \\ 0 & 1 & 1 & 3 \end{vmatrix}\overset{r_2-r_1}{=\!=}-\begin{vmatrix} 1 & 1 & 1 & 1 \\ 0 & -1 & 1 & 0 \\ 0 & 1 & 4 & 0 \\ 0 & 1 & 1 & 3 \end{vmatrix}$

$\underset{r_4+r_2}{\overset{r_3+r_2,}{=\!=}}-\begin{vmatrix} 1 & 1 & 1 & 1 \\ 0 & -1 & 1 & 0 \\ 0 & 0 & 5 & 0 \\ 0 & 0 & 2 & 3 \end{vmatrix}=-5\begin{vmatrix} 1 & 1 & 1 & 1 \\ 0 & -1 & 1 & 0 \\ 0 & 0 & 1 & 0 \\ 0 & 0 & 2 & 3 \end{vmatrix}\overset{r_4-2r_3}{=\!=}-5\begin{vmatrix} 1 & 1 & 1 & 1 \\ 0 & -1 & 1 & 0 \\ 0 & 0 & 1 & 0 \\ 0 & 0 & 0 & 3 \end{vmatrix}$

$=-5\times1\times(-1)\times1\times3=15$。

注：行列式一般对行或列进行互换、扩倍、扩倍并相加等变换。其中行“row”用字母“r”代替，列“column”用字母“c”代替。

【解法二】 $\begin{vmatrix}1&1&1&1\\0&1&2&1\\1&0&4&0\\1&0&1&3\end{vmatrix}=(-1)^{1+2}\begin{vmatrix}0&2&1\\1&4&0\\1&1&3\end{vmatrix}+(-1)^{2+2}\begin{vmatrix}1&1&1\\1&4&0\\1&1&3\end{vmatrix}=$

$-\begin{vmatrix}0&2&1\\1&4&0\\1&1&3\end{vmatrix}+\begin{vmatrix}1&1&1\\1&4&0\\1&1&3\end{vmatrix}=-\begin{vmatrix}0&2&1\\0&3&-3\\1&1&3\end{vmatrix}+\begin{vmatrix}1&1&1\\1&4&0\\0&0&2\end{vmatrix}=-\begin{vmatrix}2&1\\3&-3\end{vmatrix}+$

$2\begin{vmatrix}1&1\\1&4\end{vmatrix}=9+6=15$。

例题 3-1 利用行列式解方程组：$\begin{cases}3x+2y=11\\2x-y=5\end{cases}$。

【解答】 $D=\begin{vmatrix}3&2\\2&-1\end{vmatrix}=3\times(-1)-2\times2=-7$，$D_x=\begin{vmatrix}11&2\\5&-1\end{vmatrix}=11\times(-1)-2\times5=-21$，$D_y=\begin{vmatrix}3&11\\2&5\end{vmatrix}=3\times5-11\times2=-7$。

所以 $x=\frac{D_x}{D}=\frac{-21}{-7}=3$，$y=\frac{D_y}{D}=\frac{-7}{-7}=1$，方程组的解为$\begin{cases}x=3\\y=1\end{cases}$。

例题 3-2 利用行列式解方程组：$\begin{cases}x+y+z=7\\2x-2y+z=5\\y+3z=5\end{cases}$。

【解答】 $D=\begin{vmatrix}1&1&1\\2&-2&1\\0&1&3\end{vmatrix}=1\times(-2)\times3+2\times1\times1+0\times1\times1-0\times(-2)\times1-2\times1\times3-1\times1\times1=-11$。

$$D_x=\begin{vmatrix}7&1&1\\5&-2&1\\5&1&3\end{vmatrix}\xlongequal[c_2-c_3]{c_1-7c_2,}\begin{vmatrix}0&0&1\\19&-3&1\\-2&-2&3\end{vmatrix}=\begin{vmatrix}19&-3\\-2&-2\end{vmatrix}=-44。$$

$$D_y=\begin{vmatrix}1&7&1\\2&5&1\\0&5&3\end{vmatrix}\underline{\underline{r_2-2r_1}}\begin{vmatrix}1&7&1\\0&-9&-1\\0&5&3\end{vmatrix}=\begin{vmatrix}-9&-1\\5&3\end{vmatrix}=-22。$$

$$D_z=\begin{vmatrix}1&1&7\\2&-2&5\\0&1&5\end{vmatrix}\underline{\underline{r_2-2r_1}}\begin{vmatrix}1&1&7\\0&-4&-9\\0&1&5\end{vmatrix}=\begin{vmatrix}-4&-9\\1&5\end{vmatrix}=-11。$$

所以，$x=\frac{D_x}{D}=\frac{-44}{-11}=4$，$y=\frac{D_y}{D}=\frac{-22}{-11}=2$，$z=\frac{D_z}{D}=\frac{-11}{-11}=1$。

原方程组的解为$\begin{cases}x=4\\y=2\\z=1\end{cases}$。

针对性练习

练习❶ 行列式计算：(1) $\begin{vmatrix}6&2\\2&1\end{vmatrix}=$________；　(2) $\begin{vmatrix}5&1\\2&1\end{vmatrix}=$________。

练习❷ 已知$\begin{vmatrix}a&b\\c&d\end{vmatrix}=6$，则$\begin{vmatrix}2d&2c\\b&a\end{vmatrix}=$________。

练习❸ 行列式计算：(1) $\begin{vmatrix}3&1&2\\2&3&1\\1&2&3\end{vmatrix}=$________；(2) $\begin{vmatrix}1&0&2\\0&2&1\\-1&0&3\end{vmatrix}=$________。

练习❹ 已知 a,b 都是正整数，且 $\begin{vmatrix} a & 1 & 1 \\ b & 0 & b \\ 1 & 1 & 0 \end{vmatrix}=-1$，那么 $\begin{vmatrix} a & b \\ 1 & 2a \end{vmatrix}=$______。

练习❺ 利用行列式解方程组：$\begin{cases} 2a+3b=17 \\ a-2b=5 \end{cases}$。

练习❻ 利用行列式解方程组：$\begin{cases} x+y+z=4 \\ x-y+2z=4 \\ 2x+3y-z=3 \end{cases}$。

练习参考答案

练习题号	练习 1	练习 2	练习 3	练习 4
参考答案	(1)2,(2)3	12	(1)18,(2)10	17
解答提示	基本练习	两行互换，两列互换，同行扩大 2 倍	行列式定义或降阶	$a=3,b=1$
练习题号	练习 5	练习 6		
参考答案	$\begin{cases} a=7 \\ b=1 \end{cases}$	$\begin{cases} x=1 \\ y=1 \\ z=2 \end{cases}$		
解答提示	克莱姆法则	克莱姆法则		

JS-95　矩阵★

神器内容	矩阵的加、减、数乘、乘法运算，利用矩阵解方程组。
要点说明	行数列数不相同，行列式法就不灵。 赶快写到括号中，就用矩阵来命名。 矩阵也可解方程，变换对比要记清。

神器溯源

1. 矩阵

行列式要求行数与列数一定相同，如果一些数排成的数阵行数与列数不一定相同，那么这样的数阵就是矩阵。矩阵是行列式的一般情况，矩阵也可以像行列式那样进行加法、减法、数乘运算，另外还有矩阵的乘法运算。

如$\begin{pmatrix} a_{11} & a_{12} & a_{13} \\ a_{21} & a_{22} & a_{23} \end{pmatrix}$，$\begin{pmatrix} a_{11} & a_{12} & a_{13} & a_{14} \\ a_{21} & a_{22} & a_{23} & a_{24} \\ a_{31} & a_{32} & a_{33} & a_{34} \end{pmatrix}$，$\begin{pmatrix} 2 & 3 & 0 \\ 1 & 0 & 3 \end{pmatrix}$，$\begin{pmatrix} 1 & 2 & 3 & 4 \\ 0 & 1 & 2 & 3 \\ 0 & 0 & 1 & 2 \end{pmatrix}$。

2. 矩阵的加减法

$$\begin{pmatrix} a_{11} & a_{12} & a_{13} \\ a_{21} & a_{22} & a_{23} \end{pmatrix} \pm \begin{pmatrix} b_{11} & b_{12} & b_{13} \\ b_{21} & b_{22} & b_{23} \end{pmatrix} = \begin{pmatrix} a_{11} \pm b_{11} & a_{12} \pm b_{12} & a_{13} \pm b_{13} \\ a_{21} \pm b_{21} & a_{22} \pm b_{22} & a_{23} \pm b_{23} \end{pmatrix}。$$

如$\begin{pmatrix} 1 & 1 & 0 \\ 2 & 1 & 3 \end{pmatrix} + \begin{pmatrix} 0 & 2 & 1 \\ 1 & 1 & 3 \end{pmatrix} = \begin{pmatrix} 1+0 & 1+2 & 0+1 \\ 2+1 & 1+1 & 3+3 \end{pmatrix} = \begin{pmatrix} 1 & 3 & 1 \\ 3 & 2 & 6 \end{pmatrix}$。

3. 矩阵的数乘

矩阵的数乘与行列式不同，行列式乘一个数 k，只需给一行或一列的每个数乘 k，而矩阵乘 k，需要每个数都乘 k。

$k\begin{pmatrix} a_{11} & a_{12} & a_{13} \\ a_{21} & a_{22} & a_{23} \end{pmatrix} = \begin{pmatrix} ka_{11} & ka_{12} & ka_{13} \\ ka_{21} & ka_{22} & ka_{23} \end{pmatrix}$。如 $3 \times \begin{pmatrix} 0 & 1 & 0 \\ 1 & 1 & 3 \end{pmatrix} = \begin{pmatrix} 0 & 3 & 0 \\ 3 & 3 & 9 \end{pmatrix}$。

4. 矩阵变换

(1)两行互换，得到矩阵等价。

(2)某行扩倍，得到矩阵等价。

(3)把矩阵的某行扩 k 倍，然后加到另一行的对应数上，所得矩阵等价。

$$\begin{pmatrix} a_{11} & a_{12} & a_{13} & a_{14} \\ a_{21} & a_{22} & a_{23} & a_{24} \\ a_{31} & a_{32} & a_{33} & a_{34} \end{pmatrix} \xrightarrow{r_1 \leftrightarrow r_2} \begin{pmatrix} a_{21} & a_{22} & a_{23} & a_{24} \\ a_{11} & a_{12} & a_{13} & a_{14} \\ a_{31} & a_{32} & a_{33} & a_{34} \end{pmatrix} \xrightarrow{k \times r_2} \begin{pmatrix} a_{21} & a_{22} & a_{23} & a_{24} \\ ka_{11} & ka_{12} & ka_{13} & ka_{14} \\ a_{31} & a_{32} & a_{33} & a_{34} \end{pmatrix}$$

$$\xrightarrow{r_3 + kr_2} \begin{pmatrix} a_{21} & a_{22} & a_{23} & a_{24} \\ ka_{11} & ka_{12} & ka_{13} & ka_{14} \\ a_{31}+ka_{11} & a_{32}+ka_{12} & a_{33}+ka_{13} & a_{34}+ka_{14} \end{pmatrix}$$

如$\begin{pmatrix} 1 & 0 & 0 & 0 \\ 0 & 1 & 1 & 0 \\ 1 & 3 & 2 & 4 \end{pmatrix} \xrightarrow{r_1 \leftrightarrow r_3} \begin{pmatrix} 1 & 3 & 2 & 4 \\ 0 & 1 & 1 & 0 \\ 1 & 0 & 0 & 0 \end{pmatrix} \xrightarrow{2 \times r_2} \begin{pmatrix} 1 & 3 & 2 & 4 \\ 0 & 2 & 2 & 0 \\ 1 & 0 & 0 & 0 \end{pmatrix} \xrightarrow{r_3 + r_2} \begin{pmatrix} 1 & 3 & 2 & 4 \\ 0 & 2 & 2 & 0 \\ 1 & 2 & 2 & 0 \end{pmatrix}$。

(4)转置矩阵。

把矩阵的每一行转换为矩阵的每一列，得到的矩阵称作原矩阵的转置矩阵。

$\begin{pmatrix} a_{11} & a_{12} & a_{13} \\ a_{21} & a_{22} & a_{23} \end{pmatrix}$的转置矩阵为$\begin{pmatrix} a_{11} & a_{21} \\ a_{12} & a_{22} \\ a_{13} & a_{23} \end{pmatrix}$。如$\begin{pmatrix} 1 & 2 & 0 \\ 2 & 1 & 3 \end{pmatrix}$的转置矩阵为$\begin{pmatrix} 1 & 2 \\ 2 & 1 \\ 0 & 3 \end{pmatrix}$。

5. 矩阵的乘法

矩阵的乘法有严格的定义，需要第一个矩阵的每一行乘第二个矩阵的每一列，所有对应数乘积之和作为乘积对应位置上的数。第一个矩阵的第 i 行与第二个矩阵的第 j 列的对应数相乘，得到的乘积之和写在乘积矩阵的第 i 行第 j 列的位置。

$$\begin{pmatrix} a_{11} & a_{12} & a_{13} \\ a_{21} & a_{22} & a_{23} \\ a_{31} & a_{32} & a_{33} \end{pmatrix} \times \begin{pmatrix} x \\ y \\ z \end{pmatrix} = \begin{pmatrix} a_{11}x + a_{12}y + a_{13}z \\ a_{21}x + a_{22}y + a_{23}z \\ a_{31}x + a_{32}y + a_{33}z \end{pmatrix}。$$

如$\begin{pmatrix} 1 & 0 & 0 \\ 2 & 0 & 1 \\ 1 & 2 & 0 \end{pmatrix} \times \begin{pmatrix} 1 & 2 \\ 0 & 1 \\ 2 & 3 \end{pmatrix} = \begin{pmatrix} 1\times1+0\times0+0\times2 & 1\times2+0\times1+0\times3 \\ 2\times1+0\times0+1\times2 & 2\times2+0\times1+1\times3 \\ 1\times1+2\times0+0\times2 & 1\times2+2\times1+0\times3 \end{pmatrix} = \begin{pmatrix} 1 & 2 \\ 4 & 7 \\ 1 & 4 \end{pmatrix}$。

只有第一个矩阵的列数与第二个矩阵的行数相同，这两个矩阵才能做乘法。矩阵乘法一般不满足乘法的交换律。

例题精讲

例题 1-1 (1)计算：$\begin{pmatrix}1&2&3\\3&2&1\end{pmatrix}+\begin{pmatrix}1&1&3\\0&1&0\end{pmatrix}=$________；(2) $2\begin{pmatrix}1&0&3\\1&2&1\end{pmatrix}-\begin{pmatrix}1&1&1\\0&2&0\end{pmatrix}=$________。

【解答】 (1) $\begin{pmatrix}1&2&3\\3&2&1\end{pmatrix}+\begin{pmatrix}1&1&3\\0&1&0\end{pmatrix}=\begin{pmatrix}1+1&2+1&3+3\\3+0&2+1&1+0\end{pmatrix}=\begin{pmatrix}2&3&6\\3&3&1\end{pmatrix}$；

(2) $2\begin{pmatrix}1&0&3\\1&2&1\end{pmatrix}-\begin{pmatrix}1&1&1\\0&2&0\end{pmatrix}=\begin{pmatrix}2\times1-1&2\times0-1&2\times3-1\\2\times1-0&2\times2-2&2\times1-0\end{pmatrix}=\begin{pmatrix}1&-1&5\\2&2&2\end{pmatrix}$。

例题 1-2 计算：$\begin{pmatrix}1&2&3\\3&2&1\end{pmatrix}\times\begin{pmatrix}1&0\\0&1\\2&1\end{pmatrix}=$________。

【解答】 $\begin{pmatrix}1&2&3\\3&2&1\end{pmatrix}\times\begin{pmatrix}1&0\\0&1\\2&1\end{pmatrix}=\begin{pmatrix}1\times1+2\times0+3\times2&1\times0+2\times1+3\times1\\3\times1+2\times0+1\times2&3\times0+2\times1+1\times1\end{pmatrix}=\begin{pmatrix}7&5\\5&3\end{pmatrix}$。

例题 1-3 $\begin{pmatrix}2&-3\\0&1\end{pmatrix}\times\left[\begin{pmatrix}1&-1\\2&0\end{pmatrix}+\begin{pmatrix}1&0\\0&1\end{pmatrix}\right]=$________。

【解答】 $\begin{pmatrix}2&-3\\0&1\end{pmatrix}\times\left[\begin{pmatrix}1&-1\\2&0\end{pmatrix}+\begin{pmatrix}1&0\\0&1\end{pmatrix}\right]=\begin{pmatrix}2&-3\\0&1\end{pmatrix}\times\begin{pmatrix}2&-1\\2&1\end{pmatrix}=\begin{pmatrix}2\times2+(-3)\times2&2\times(-1)+(-3)\times1\\0\times2+1\times2&0\times(-1)+1\times1\end{pmatrix}=\begin{pmatrix}-2&-5\\2&1\end{pmatrix}$。

例题 2-1 如果$\begin{pmatrix}3&-4\\2&3\end{pmatrix}\times\begin{pmatrix}x\\y\end{pmatrix}=\begin{pmatrix}2\\7\end{pmatrix}$，那么$\frac{3x-2y}{2x+3y}=$________。

【解答】 $\begin{pmatrix}3&-4\\2&3\end{pmatrix}\times\begin{pmatrix}x\\y\end{pmatrix}=\begin{pmatrix}2\\7\end{pmatrix}$，$\begin{pmatrix}3x-4y\\2x+3y\end{pmatrix}=\begin{pmatrix}2\\7\end{pmatrix}$，$\begin{cases}3x-4y=2\\2x+3y=7\end{cases}$，解得$\begin{cases}x=2\\y=1\end{cases}$。

也可以$\begin{pmatrix}3 & -4 & 2\\2 & 3 & 7\end{pmatrix}\to\begin{pmatrix}3 & -4 & 2\\6 & 9 & 21\end{pmatrix}\to\begin{pmatrix}3 & -4 & 2\\0 & 17 & 17\end{pmatrix}\to\begin{pmatrix}3 & -4 & 2\\0 & 1 & 1\end{pmatrix}\to$

$\begin{pmatrix}3 & 0 & 6\\0 & 1 & 1\end{pmatrix}\to\begin{pmatrix}1 & 0 & 2\\0 & 1 & 1\end{pmatrix}$，对应于$\begin{cases}x=2\\y=1\end{cases}$。

所以$\dfrac{3x-2y}{2x+3y}=\dfrac{3\times2-2\times1}{2\times2+3\times1}=\dfrac{4}{7}$。

例题 2-2 利用矩阵解方程组：$\begin{cases}x+y-z=6\\x+2y+z=10\\x-y+2z=5\end{cases}$。

【解答】 把方程组转化为3行4列的矩阵，然后进行运算或变换。

$$\begin{pmatrix}1 & 1 & -1 & 6\\1 & 2 & 1 & 10\\1 & -1 & 2 & 5\end{pmatrix}\xrightarrow[r_3-r_1]{r_2-r_1,}\begin{pmatrix}1 & 1 & -1 & 6\\0 & 1 & 2 & 4\\0 & -2 & 3 & -1\end{pmatrix}\xrightarrow{r_3+2r_2}\begin{pmatrix}1 & 1 & -1 & 6\\0 & 1 & 2 & 4\\0 & 0 & 7 & 7\end{pmatrix}\xrightarrow{r_3\div7}$$

$$\begin{pmatrix}1 & 1 & -1 & 6\\0 & 1 & 2 & 4\\0 & 0 & 1 & 1\end{pmatrix}\xrightarrow[r_1+r_3]{r_2-2r_3,}\begin{pmatrix}1 & 1 & 0 & 7\\0 & 1 & 0 & 2\\0 & 0 & 1 & 1\end{pmatrix}\xrightarrow{r_1-r_2}\begin{pmatrix}1 & 0 & 0 & 5\\0 & 1 & 0 & 2\\0 & 0 & 1 & 1\end{pmatrix},$$

所以方程组的解为$\begin{cases}x=5\\y=2\\z=1\end{cases}$。

针对性练习

练习❶ 已知 $\boldsymbol{A}=\begin{pmatrix}3 & 1\\2 & 1\end{pmatrix}$，$\boldsymbol{B}=\begin{pmatrix}1 & 2\\3 & 1\end{pmatrix}$，则 $\boldsymbol{A}+2\boldsymbol{B}=$________，$2\boldsymbol{A}-\boldsymbol{B}=$________。

练习❷ 已知 $\boldsymbol{A}=\begin{pmatrix}3 & 1\\2 & 1\end{pmatrix}$，$\boldsymbol{B}=\begin{pmatrix}1 & 2\\3 & 1\end{pmatrix}$，则 $\boldsymbol{AB}=$________，$\boldsymbol{BA}=$________。

练习❸ 已知$A=\begin{pmatrix}1&2\\4&0\\3&5\end{pmatrix}$,$B=\begin{pmatrix}3&1\\2&4\end{pmatrix}$,则$AB=$________。

练习❹ 已知矩阵A是a行b列的矩阵,矩阵B是c行d列的矩阵,矩阵AB行数和列数之积为8,则$2ad-b+c=$________。

练习❺ 已知$A=\begin{pmatrix}1&1&1\\2&1&-1\\3&0&2\end{pmatrix}$,$B=\begin{pmatrix}3\\0\\7\end{pmatrix}$,且$A\times\begin{pmatrix}a\\b\\c\end{pmatrix}=B$,则$\begin{vmatrix}a&c&0\\0&b+2&a\\b+1&0&c\end{vmatrix}=$________。

练习❻ 利用矩阵变换解方程组。

(1)$\begin{cases}x+y-z=4\\x-y-z=0\\x+z=8\end{cases}$;　　(2)$\begin{cases}3x-y+z=4\\x+y+z=6\\2x+3y-z=12\end{cases}$。

练习参考答案

练习题号	练习1	练习2	练习3	练习4
参考答案	$\begin{pmatrix}5&5\\8&3\end{pmatrix}$,$\begin{pmatrix}5&0\\1&1\end{pmatrix}$	$\begin{pmatrix}6&7\\5&5\end{pmatrix}$,$\begin{pmatrix}7&3\\11&4\end{pmatrix}$	$\begin{pmatrix}7&9\\12&4\\19&23\end{pmatrix}$	16
解答提示	矩阵加减	矩阵乘法	矩阵乘法	$b=c$,$ad=8$
练习题号	练习5	练习6		
参考答案	6	(1)$\begin{cases}x=5\\y=2\\z=3\end{cases}$,(2)$\begin{cases}x=2\\y=3\\z=1\end{cases}$		
解答提示	$\begin{cases}a=1\\b=0\\c=2\end{cases}$	只能对行做矩阵变换		

JS-96 定义新运算

神器内容	在一个数或几个数之间添加新的运算符号，按照指定规则运算。
要点说明	新运算，真好办，叫你咋办就咋办。 前面就是怪运算，后面四则都不变。 对应位置数替换，理解定义是关键。

神器溯源

定义新运算就是对一个数或几个数做指定的运算，前面的运算符号可以是千奇百怪的符号，而后面的运算符号就是基本的四则运算符号。此种题目考查学生的适应能力，能否根据新运算的规则，得到一些结论。定义新运算有的是自由定义，有的则是高年级的知识，为了便于学生理解，采取定义新运算的形式。定义新运算有时也会与阅读理解题目结合，要求学生有较强的阅读理解能力、洞察力和解决问题的能力。

例题精讲

例题 1-1 定义新运算：$\nabla a=a^2-a$。

(1)计算：$\nabla 6=$________；

(2)如果$\nabla x=6$，那么 $x=$________。

【解答】 (1)$\nabla 6=6^2-6=30$。

(2)$\nabla x=6$，$x^2-x=6$，$(x-3)(x+2)=0$，$x_1=3$，$x_2=-2$。

例题 1-2 探索新运算的规律，按要求计算。

$h(1)=1$，$h(20)=2\times0=0$，$h(123)=1\times2\times3=6$。

(1)计算：$h(5678)=$________；

(2)n 为四位数，$h(n)=12$，那么 n 的取值有________个；

(3)$h(1)+h(2)+h(3)+\cdots+h(50)=$________。

【解答】 (1)新运算 h 就是求多位数的数字乘积。$h(5678)=5\times6\times7\times8=1680$。

(2)设 $n=\overline{abcd}$,则 $a\times b\times c\times d=12$。

若 $12=6\times2\times1\times1$,$n$ 有 $A_4^2=12$ 种;若 $12=4\times3\times1\times1$,$n$ 有 $A_4^2=12$ 种;若 $12=3\times2\times2\times1$,$n$ 有 $A_4^2=12$ 种。n 的取值共有 $12\times3=36$ 个。

(3)10 个一组相加:$h(1)+h(2)+h(3)+\cdots+h(50)=(1+2+3+\cdots+9)\times(1+1+2+3+4)=495$。

例题 2-1 定义两种运算"$\oplus$"和"$\otimes$",对于任意两个整数 a,b,$a\oplus b=a+2b-1$,$a\otimes b=a\times b+2$。

(1)计算:$10\oplus20=$________,$10\otimes20=$________;

(2)如果 $a\oplus b=16$,$a\otimes b=32$,那么 $[2a\otimes(b-1)]\oplus(3a-b)=$________;

(3)证明新运算"$\otimes$"满足交换律,不满足对"$\oplus$"的分配律。

【解答】 (1)$10\oplus20=10+2\times20-1=49$,$10\otimes20=10\times20+2=202$;

(2)根据新运算得 $\begin{cases}a+2b-1=16\\a\times b+2=32\end{cases}$,$\begin{cases}a+2b=17\\a\times b=30\end{cases}$,$\begin{cases}a=5\\b=6\end{cases}$,

$[2a\otimes(b-1)]\oplus(3a-b)=[2\times5\otimes(6-1)]\oplus(3\times5-6)=(10\otimes5)\oplus9$

$=(10\times5+2)\oplus9=52\oplus9=52+2\times9-1=69$;

(3)因为 $a\otimes b=a\times b+2$,$b\otimes a=b\times a+2$,$a\otimes b=b\otimes a$,

又因为 $a\otimes(b\oplus c)=a\otimes(b+2c-1)=a(b+2c-1)+2=ab+2ac-a+2$,

$(a\otimes b)\oplus(a\otimes c)=(a\times b+2)\oplus(a\times c+2)=(ab+2)+2(ac+2)-1=ab+2ac+5$,

$a\otimes(b\oplus c)\neq(a\otimes b)\oplus(a\otimes c)$,

所以新运算"$\otimes$"满足交换律,不满足对"$\oplus$"的分配律。

例题 2-2 对于自然数 a 和 b,定义新运算 $a\triangle b=\dfrac{na-b}{3a-1}$($n$ 为自然数),且 $1\triangle4=3\triangle7$。

(1)计算 $2\triangle6=$________;

(2)若 $4\triangle x=\dfrac{31}{11}$,则 $x=$________;

(3)计算:$10\triangle9\triangle8\triangle7\triangle6\triangle5\triangle4\triangle3\triangle2=$________。(新运算顺序从左至右,依次进行。)

【解答】 (1)$1\triangle 4=3\triangle 7$，$\frac{n-4}{3\times1-1}=\frac{3n-7}{3\times3-1}$，$4n-16=3n-7$，$n=9$。新运算定义具体为 $a\triangle b=\frac{9a-b}{3a-1}$，$2\triangle 6=\frac{9\times2-6}{3\times2-1}=\frac{12}{5}$。

(2)$4\triangle x=\frac{31}{11}$，$\frac{9\times4-x}{3\times4-1}=\frac{31}{11}$，$\frac{36-x}{11}=\frac{31}{11}$，$x=5$。

(3)设 $10\triangle9\triangle8\triangle7\triangle6\triangle5\triangle4=x$，则原式 $=x\triangle3\triangle2=\left(\frac{9\times x-3}{3\times x-1}\right)\triangle2=3\triangle2=\frac{9\times3-2}{3\times3-1}=\frac{25}{8}$。

例题 3-1 对于两个有理数 a 和 b，其在数轴上对应点为 A 和 B，定义运算 $|a-b|$ 表示数轴上 A、B 两点之间的距离。

(1)计算：$|8-2|=$_______，$|8-0|=$_______，$|2-8|=$_______；

(2)若 $a\geqslant b$，则 $|a-b|=$_______，若 $a<b$，则 $|a-b|=$_______；

(3)解方程：①$|x|=6$，②$|2x-1|=9$；

(4)若 $|x+3|+|x-4|=9$，则 $x=$_______；

(5)$|x-1|+|x-2|+|x-3|$ 的最小值为_______，此时对应 $x=$_______；

(6)若 $1\leqslant|2x-3|<3$，则 x 的取值范围是_______。

【解答】 (1)$|8-2|$ 表示数轴上 8 到 2 的距离，$|8-2|=8-2=6$。$|8-0|$ 表示数轴上 8 到 0 的距离，$|8-0|=8-0=8$。$|2-8|$ 表示数轴上 2 到 8 的距离，$|2-8|=8-2=6$。

(2)若 $a\geqslant b$，则 $|a-b|=a-b$。若 $a<b$，则 $|a-b|=b-a$。

(3)①$|x|=6$，$|x-0|=6$，x 到 0 的距离为 6，则 $x-0=\pm6$，$x_1=6$，$x_2=-6$；②$2x-1=\pm9$，若 $2x-1=9$，$x=5$；若 $2x-1=-9$，$x=-4$。

(4)如图 1，$|x+3|+|x-4|=9$ 的解为 $x=-4$ 或 $x=5$。

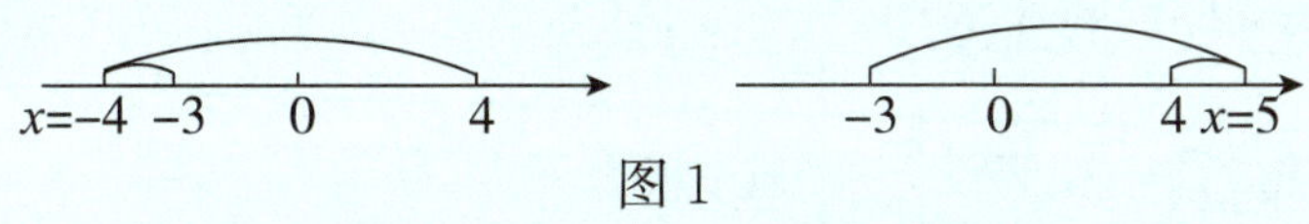

图 1

(5)$|x-1|+|x-2|+|x-3|$ 表示数轴上一个数 x，分别到 1，2，3 的距离之和，x 到 1 和 3 的距离之和最小是 1 和 3 之间的距离 $3-1=2$，此时 x 可以取 $1\leqslant x\leqslant3$ 之间的任意一个数。当 x 到 2 的距离最小为 0，此时 $x=2$，所以 $|x-1|+|x-2|+|x-3|\geqslant3-1+0=2$。

(6)如图 2，$1\leqslant|2x-3|<3$，当 $-3<2x-3\leqslant-1$ 时，$0<x\leqslant1$；当 $1\leqslant2x-3<3$ 时，$2\leqslant x<3$。

-3 -1 0 1 3

图 2

例题 3-2 如图 3，在两个直角三角形中，如果再知道一组对应锐角相等，则三角形的形状能确定，而三角形的大小不确定，对应边的比值就是放缩的值。这样在一个直角三角形中，两边的比值也是确定的。

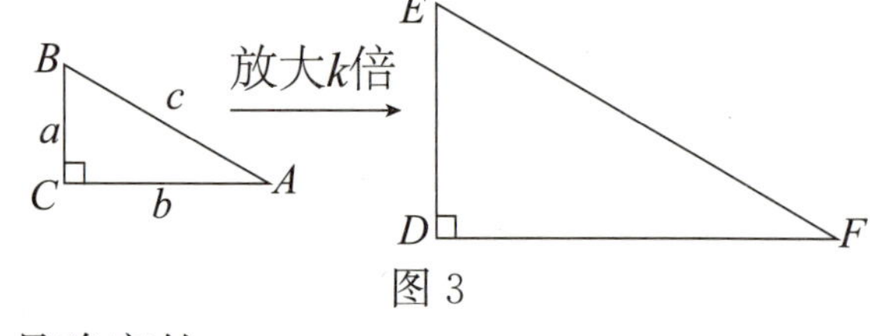

图 3

定义两个新运算：正弦 $\sin A=\frac{A\text{ 的对边}}{\text{斜边}}=\frac{a}{c}$；余弦 $\cos A=\frac{A\text{ 的邻边}}{\text{斜边}}=\frac{b}{c}$。

(1)计算：$\sin 30°=$________，$\cos 30°=$________；

(2)在直角三角形 ABC 中，$C=90°$，如果 $\sin A=\frac{5}{13}$，那么 $\cos B=$________；

(3)证明：$\sin^2 A+\cos^2 A=1$；（注：$\sin^2 A=(\sin A)^2$）

(4)计算：$\sin^2 1°+\sin^2 3°+\sin^2 5°+\cdots+\sin^2 89°=$________。

【解答】 (1)如图 4，在直角三角形 ABC 中，$C=90°$，$A=30°$，$a:b:c=1:\sqrt{3}:2$。

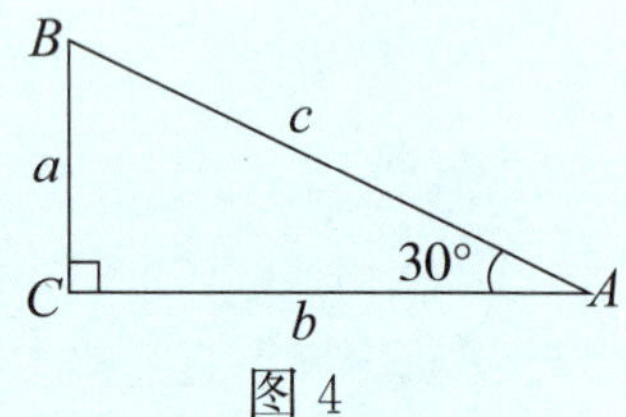

图 4

$\sin 30°=\frac{a}{c}=\frac{1}{2}$，$\cos 30°=\frac{b}{c}=\frac{\sqrt{3}}{2}$。

(2)在直角三角形 ABC 中，$C=90°$，$\sin A=\frac{5}{13}$，

设 $a=5k(k\neq 0)$，则 $c=13k$，$\cos B=\frac{a}{c}=\frac{5k}{13k}=\frac{5}{13}$。

(3)证明：左边 $=\sin^2 A+\cos^2 A=\left(\frac{a}{c}\right)^2+\left(\frac{b}{c}\right)^2=\frac{a^2}{c^2}+\frac{b^2}{c^2}=\frac{a^2+b^2}{c^2}=\frac{c^2}{c^2}=1=$ 右边，

所以，$\sin^2 A+\cos^2 A=1$。

(4)由图 3 左图可知，$A+B=90°$，$\sin A=\frac{a}{c}=\cos B$，则

$$\begin{aligned}&\sin^2 1°+\sin^2 3°+\sin^2 5°+\cdots+\sin^2 89°\\&=\sin^2 1°+\sin^2 3°+\sin^2 5°+\cdots+\sin^2 45°+\cos^2 43°+\cos^2 41°+\cdots+\cos^2 1°\\&=1\times 22+\sin^2 45°\\&=1\times 22+\left(\frac{\sqrt{2}}{2}\right)^2\\&=22.5。\end{aligned}$$

例题 3-3 对于二元数组(a,b)，定义运算如下：

加法：$(a,b)+(c,d)=(a+c,b+d)$；

数乘：$k(a,b)=(ka,kb)$；

内积：$(a,b)\cdot(c,d)=ac+bd$。

(1)计算：$2(1,3)-3(3,1)=$________，$(2,5)\cdot(3,2)=$________；

(2)如果存在一个二元数组(x,y)，使得任意数组(a,b)与其相加，得到的结果还是原来的二元数组$(a,b)+(x,y)=(a,b)$，称(x,y)为零元数组，则零元数组为________。

(3)若两个二元数组的内积为1，则称这两个数组互为"倒数组"。已知$(2,3)$与$(1,-3)$的"倒数组"相同，那么它们的倒数组是________。

【解答】 (1)$2(1,3)-3(3,1)=(2,6)-(9,3)=(2-9,6-3)=(-7,3)$，

$(2,5)\cdot(3,2)=2\times3+5\times2=16$；

(2)$(a,b)+(x,y)=(a,b)$，$(a+x,b+y)=(a,b)$，$\begin{cases}a+x=a\\b+y=b\end{cases}$，$\begin{cases}x=0\\y=0\end{cases}$，所以零元数组为$(0,0)$；

(3)设两数组的倒数组为(x,y)，则

$\begin{cases}(2,3)\cdot(x,y)=1\\(1,-3)\cdot(x,y)=1\end{cases}$，$\begin{cases}2x+3y=1\\x-3y=1\end{cases}$，$\begin{cases}x=\dfrac{2}{3}\\y=-\dfrac{1}{9}\end{cases}$，所以倒数组为$\left(\dfrac{2}{3},-\dfrac{1}{9}\right)$。

针对性练习

练习1 对新运算找规律：$\triangle1=5\times1$，$\triangle2=5\times2$，$\triangle3=5\times3$，…，则$\triangle11+\triangle19=$________。

练习2 对于数x,y规定新运算为$x\bigcirc y=(x+4)(y-2)$，则$(1\bigcirc3)\bigcirc5=$________。

练习3 定义新运算：$x \mho y = kxy - 3$，且 $5 \mho 3 = 27$，则

(1)$4 \mho 3 \mho 2 =$ ________；

(2)证明：新运算“$\mho$”满足交换律。

练习4 在数学中，为了简便，记 $\sum\limits_{k=1}^{n} k = 1+2+3+\cdots+n$，如 $\sum\limits_{k=1}^{6} k = 1+2+3+\cdots+6=21$，$\sum\limits_{k=1}^{6} k^3 = 1^3+2^3+3^3+\cdots+6^3=441$，则 $\sum\limits_{k=1}^{10} k^2 - \sum\limits_{k=1}^{10} k =$ ________。

练习5 如图 5，某小区有东西方向的街道 4 条，南北方向的街道 5 条。从位置 A 出发沿街道行进到位置 B，要求路程最短，共有多少种不同的走法？

小明是这样想的：要使路程最短，就不能走“回头路”，只能分七步来完成，其中四步向东行进，三步向北行进，如果用数字“1”表示向东行进，数字“2”表示向北行进，那么“1121221”与“1211212”就表示两种符合要求的不同走法。

(1)请在图 5 中画出“1122121”代表的行进路线；

(2)共有________种不同的最短路线。

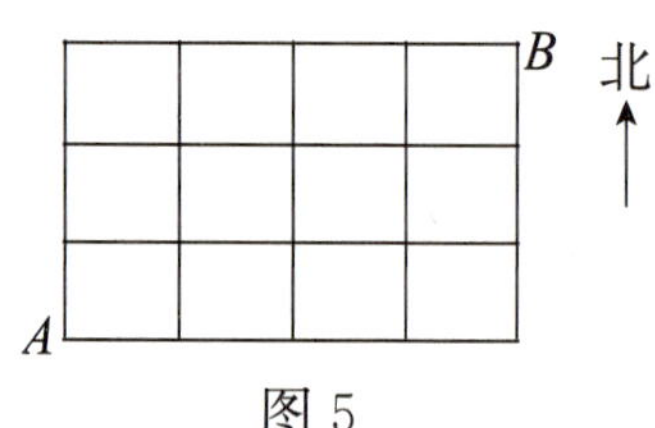

图 5

练习❻ 先阅读下列材料，再解答后面的问题。

材料：一般情况下，n 个相同的乘数 a 相乘 $\underbrace{a\cdot a\cdot a\cdot\cdots\cdot a}_{n个a}$ 记为 a^n。如 $2^3=8$，此时，3 叫作以 2 为底 8 的对数，记为 $\log_2 8$（即 $\log_2 8=3$）。一般情况下，若 $a^n=b$（$a>0$，且 $a\neq1$，$b>0$），则 n 叫作以 a 为底 b 的对数，记为 $\log_a b$（即 $\log_a b=n$），如 $3^4=81$，则 4 叫作以 3 为底 81 的对数，记为 $\log_3 81$（即 $\log_3 81=4$）。

(1)计算对数的值：$\log_2 4=$________，$\log_2 16=$________，$\log_2 64=$________；

(2)观察(1)题中三数，4，16，64 之间满足怎样的关系式？$\log_2 4$，$\log_2 16$，$\log_2 64$ 之间又满足怎样的关系式？

(3)根据(2)题的结果，请归纳出一般性的结论：$\log_a M+\log_a N=$________。（$a>0$，且 $a\neq1$，$M>0$，$N>0$）

根据幂的运算法则 $a^n\cdot a^m=a^{n+m}$ 以及对数的含义证明上述结论。

练习参考答案

练习题号	练习 1	练习 2	练习 3	练习 4
参考答案	150	27	81，略	330
解答提示	$\Delta a=5a$	括号内优先	先求得 $k=2$	定义连加符号
练习题号	练习 5	练习 6		
参考答案	(1)略， (2)35	(1)2，4，6； (2)$4\times16=64$，$\log_2 4+\log_2 16=\log_2 64$； (3)$\log_a MN$，证明略		
解答提示	对应计数，转化为 $C_7^3=35$	新定义对数		

四　三级运算

JS-97　第五则运算

神器内容	乘方：$\underbrace{a\times a\times a\times\cdots\times a}_{n个a}=a^n$。
要点与说明	相同因数来相乘，简洁表达被发明。 出现乘方新运算，底数指数要分清。 读法最好上到下，强调谁谁是相乘。 乘方结果它是幂，初学易错提醒你。

神器溯源

数学具有简洁性，高度符号化，符号语言是数学的特点之一。

例如：$\underbrace{2\times2\times2\times\cdots\times2}_{100个2}$，算式的含义是 100 个 2 相乘，这里的主要信息是数量 100 和 2，只要把 100 和 2 设计成一个简单的符号，就可以用它标记这个算式的信息，也可以作为算式的计算结果。

有人设计符号“2^{100}”来表示这个算式，它就表示 100 个 2 相乘的算式或算式的结果。由此

$$2^{100}=\underbrace{2\times2\times2\times\cdots\times2}_{100个2}。$$

现在给这个符号和符号的各部分进行命名吧。

2^{100} 是由相同因数相乘而来，可是它已经看不出原来乘法的面貌，可以认为它是一种新的运算，是在乘法的基础上提炼出来的。这种求相同因数乘积的简便运算叫作乘方（名称的由来：大概因为是由乘法变化出来，且有数写在上方吧）。乘方符号由两部分组成，下部的 2 是原来的因数，且写在底下，干脆就叫底数。写在上面的数 100，趾高气扬，高高在上，就叫作指数。由于这个数很有优越感，当然要控制一下它的权利，为了让它“老实”点，故意把它写得小一点。

加法是第一则运算，减法是第二则运算，乘法是第三则运算，除法是第四则运算，那么咱们接着往下排，乘方就是第五则运算。

我们又知加法的结果是和，减法的结果是差，乘法的结果是积，除法的结果是商，那么乘方的结果取名为幂。幂既不是指 2，也不是指 100，而是指两者构成的整体“2^{100}”。可见 2^{100} 表示运算时是乘方，表示乘方结果时叫作幂。

一般地，

$$\underbrace{a \times a \times a \times \cdots \times a}_{n\text{个}a} = \boxed{a^n}$$

现在看乘方的结果幂该如何读出来呢？

2^{100} 有两种读法：其一，是从下向上读：2 的 100 次方；其二，是从上往下读：100 个 2 相乘。

接下来就是计算了，大家最熟悉的是多位数。如果把 2^{100} 写成一个多位数，这个数是多少呢？

有些同学得到的计算结果如下，请你帮他们寻找计算错误的原因。

$2^{100}=2+100=102$，

$2^{100}=100-2=98$，

$2^{100}=2\times100=200$，

$2^{100}=100\div2=50$。

以上计算都是错误的，原因都是仍然停留在四则运算上。再次强调，也能体现出它确实是一种新的运算。把 2^{100} 写成多位数的形式，也就是写成十进制数的形式，可以考虑这个数接近几个 10 相乘（$10\times10=100$，$10\times10\times10=1000$，…）。

$2^3=8<10<16=2^4$，

可见 3 个 2 相乘小于 10，4 个 2 相乘大于 10。如果一定问多少个 2 相乘是 10，我只能说是 3 点几个 2 相乘的结果是 10。据数学家精确计算，大概是 3.321928…个 2 相乘的结果是 10（既然你向我提出这个棘手的问题，我也只能把因数的个数不限定在正整数这个范围了）。

$100\div3.321928\approx30.103$，

我的天呀，$2^{100}=\underbrace{10\times10\times10\times\cdots\times10}_{\text{约}30.103\text{个}10}=1\underbrace{00\cdots0}_{\text{约}30.103\text{个}0}$，这个多位数居然是 31 位数，一万是五位数，一亿是 9 位数，一兆是 13 位数……我实在不知道是多少了，反正是一个巨大的数。

当然，我们对底数和指数都比较小的幂还是能轻松计算的。例如：

$2^3=2\times2\times2=8$，　　$3^2=3\times3=9$，

$4^3=4\times4\times4=64$，　　$3^4=3\times3\times3\times3=81$，

$(-5)^3=(-5)(-5)(-5)=-(5\times5\times5)=-125$，　　3^{-5}(这个暂时不会计算)。

例题精讲

例题 1-1 把下面乘法写成乘方形式。

(1)$4\times4\times4\times4\times4=$________；　　(2)$5\times5\times5\times5=$________。

【解答】 (1)$4\times4\times4\times4\times4=4^5$；　　(2)$5\times5\times5\times5=5^4$。

例题 1-2 乘方计算。

(1)$2^8=$________；　　(2)$(-3)^5=$________；　　(3)$-3^5=$________。

【解答】 (1)$2^8=2\times2\times2\times2\times2\times2\times2\times2=256$；

(2)$(-3)^5=(-3)\times(-3)\times(-3)\times(-3)\times(-3)=-(3\times3\times3\times3\times3)=-243$；

(3)$-3^5=-(3\times3\times3\times3\times3)=-243$。

例题 1-3 乘方计算。

(1)$-1^{100}=$________；　　(2)$(-1)^{100}=$________；　　(3)$(-8)^1=$________。

【解答】 (1)$-1^{100}=-(\underbrace{1\times1\times\cdots\times1}_{100个1})=-1$；

(2)$(-1)^{100}=\underbrace{(-1)\times(-1)\times\cdots\times(-1)}_{100个(-1)}=+(\underbrace{1\times1\times\cdots\times1}_{100个1})=1$；

(3)一个数的一次方就是它本身。故$(-8)^1=(-8)=-8$。

例题 2-1 把下面乘法写成乘方形式。

(1)$x\cdot x\cdot x\cdot x\cdot x\cdot x\cdot x=$________；

(2)$\underbrace{(-a)\times(-a)\times\cdots\times(-a)}_{20个(-a)}=$________。

【解答】 (1)$x\cdot x\cdot x\cdot x\cdot x\cdot x\cdot x=x^7$；

(2)$\underbrace{(-a)\times(-a)\times\cdots\times(-a)}_{20个(-a)}=(-a)^{20}$。

例题 2-2 把下面算式写成规范形式。

(1)$x+x+x+x+x+x+x=$________；

(2)$3\times a\times b\times a\times a\times 7\times b\times a=$________。

【解答】 (1)$x+x+x+x+x+x=7x$；

(2)$3\times a\times b\times a\times a\times 7\times b\times a=(3\times 7)\times(a\times a\times a\times a)\times(b\times b)=21\times a^4\times b^2=21a^4b^2$。

例题 2-3 比较大小。

(1)a^2 与 0；　　(2)a^2 与 a^3。

【解答】 (1)先找关键的零点，两者相等时候的 a 的取值。$a^2=0$，则 $a=0$，如图 1。

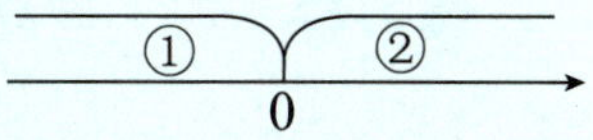

当 $a<0$ 时，则 $a^2>0$；

当 $a=0$ 时，则 $a^2=0$；

当 $a>0$ 时，则 $a^2>0$。

所以 $a^2\geqslant 0$。

①　②
0
图 1

(2)找零点：$a^3-a^2=0$，$a^2(a-1)=0$，$a_1=a_2=0$，$a_3=1$，如图 2。

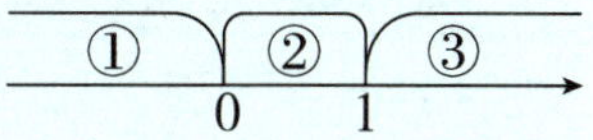

当 $a<0$ 时，则 $a^2>a^3$；

当 $a=0$ 时，则 $a^2=a^3$；

当 $0<a<1$ 时，则 $a^2>a^3$；

当 $a=1$ 时，则 $a^2=a^3$；

当 $a>1$ 时，则 $a^2<a^3$。

①　②　③
0　1
图 2

针对性练习

练习❶ 把下面乘法写成乘方形式。

(1)$6\times 6\times 6=$________；　　(2)$10\times 10\times 10\times 10\times 10\times 10=$________。

练习❷ 乘方计算。

(1)$5^4=$________；　(2)$(-6)^3=$________；　(3)$-(-4)^5=$________。

练习3 乘方计算。

(1)$-3^4=$________； (2)$(-3)^4=$________； (3)$-(-3)^4=$________。

练习4 把下面乘法写成乘方形式。

(1)$n\cdot n\cdot n\cdot n\cdot n\cdot m=$________；

(2)$(-a)\times(-a)\times(-a)\times(-a)\times(-a)=$________。

练习5 把下面算式写成规范形式。

(1)$a\cdot a\cdot a+a\cdot a+a+a=$________；

(2)$2\times x\times y\times x\times y\times 3\times x\times y=$________。

练习6 比较大小(其中 n 为正整数)。

(1)$-a^{2n}$ 与$(-a)^{2n}$； (2)$-a^{2n-1}$ 与$(-a)^{2n-1}$。

练习参考答案

练习题号	练习 1	练习 2	练习 3	练习 4
参考答案	(1)6^3,(2)10^6	(1)625,(2)-216,(3)1024	(1)-81,(2)81,(3)-81	(1)mn^5,(2)$(-a)^5$
解答提示	乘法与乘方转化	乘方计算	易错计算对比	字母表示数,书写要规范

练习题号	练习 5	练习 6	
参考答案	(1)a^3+a^2+2a,(2)$6x^3y^3$	(1)$-a^{2n}\leqslant(-a)^{2n}$,(2)$-a^{2n-1}=(-a)^{2n-1}$	
解答提示	字母表示数,书写要规范	零点讨论,且$-a^{2n}=-(a^{2n})$	

JS-98　乘方与加减法

神器内容	乘方与加减法混合运算的一般顺序：先乘方，后加减。
要点与说明	乘方遇到加减法，哪种先算记住它？ 先算乘方后加减，相同才有简便算。 精简其实是“犯懒”，这是数学一特点。 运算分则又分级，三级运算就是你。 运算顺序要改变，只有括号能实现。

神器溯源

运算不但分则还分级，第一则加法与第二则减法同属于一级运算；第三则乘法与第四则除法同属于二级运算，那么第五则乘方与它的逆运算（暂时保密）同属于三级运算，如图 1。

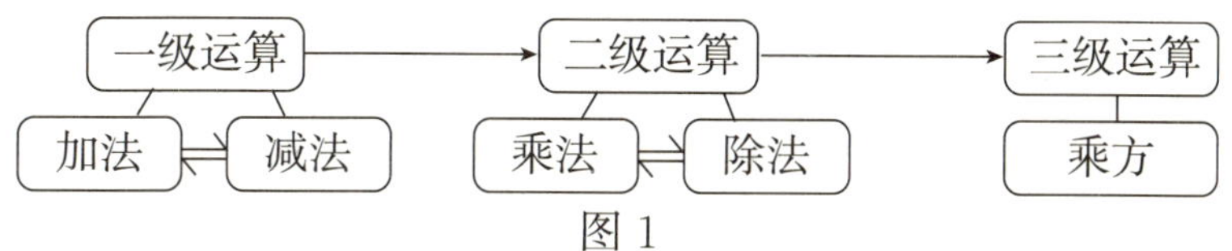

图 1

同级运算有交换律和结合律，不同级运算有分配律。运算顺序规则：

先三级运算，再二级运算，最后一级运算，同级运算时从左至右。如果要改变运算顺序，可以添、去括号，括号内部运算优先。

1. 乘方与加法

加法“生”乘法，乘法“生”乘方。可以说，“乘方”就像《红楼梦》中贾府的“贾宝玉”，有无上的优越感。因此乘方与加减法的运算顺序是：先算乘方，后算加减。

实例 1：$4^3+2^5=$________。

解：先算乘方，再算加法。

原式$=64+32=96$。

如果乘方的底数相同或指数相同，是不是有什么运算技巧？

实例 2：(1)$2^7+2^5=$________；　　(2)$2^4+3^4=$________。

解：(1)由于乘方是从乘法简化而来，本算式实质是乘法与加法的混合运算，只能提取公因数啦！

$$
\begin{aligned}
2^7+2^5 &= 2\times2\times2\times2\times2\times2\times2+2\times2\times2\times2\times2\\
&=(2\times2\times2\times2\times2)\times(2\times2)+(2\times2\times2\times2\times2)\times1\\
&=(2\times2\times2\times2\times2)\times(2\times2+1)\\
&=2^5\times(2^2+1)\\
&=32\times5\\
&=160。
\end{aligned}
$$

(2)指数相同，是不是可以提取公指数？$2^4+3^4=16+81=97$，而$(2+3)^4=5^4=625$，两者不相同。所以对于只有指数相同的幂求和，还是先算乘方，再算加法。

虽然$2^4+3^4\neq(2+3)^4$，两者可以变成相等吗？如果相等，还缺少哪些数？这个问题比较复杂，我们从二次方开始探索吧。

实例 3：$5^2+3^2=$________。

解：$5^2+3^2=25+9=34$，而$(5+3)^2=8^2=64$，两者不相等。由于a^2可以表示为边长为a的正方形面积，可以采用面积法进行探讨，如图 2。

$5^2+3^2=(5+3)^2-2\times5\times3$。

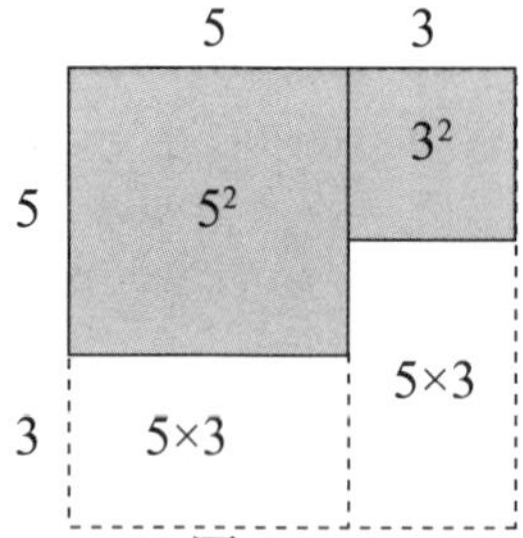

把数换成字母，这个规律可以表达为平方和公式：

$$\boxed{a^2+b^2=(a+b)^2-2ab}$$

变形 1：配平方公式 $a^2+2ab+b^2=(a+b)^2$；

变形 2：和的平方公式$(a+b)^2=a^2+2ab+b^2$。

平方和公式及其变形，表达了a^2+b^2，$a+b$，ab三者之间的等量关系，可以知二求一。

图 2

实例 4：$3^3+2^3=$________。

解：$3^3+2^3=27+8=35$，而$(3+2)^3=5^3=125$，两者也不相等。由于a^3可以表示为棱长为a的正方体的体积，故可以采用体积法进行探讨，如图 3。

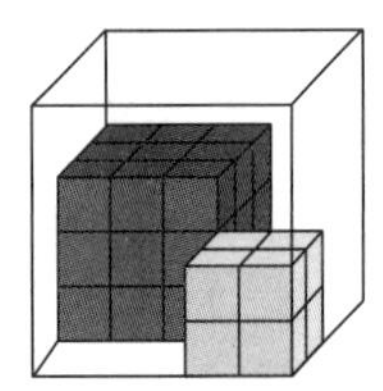
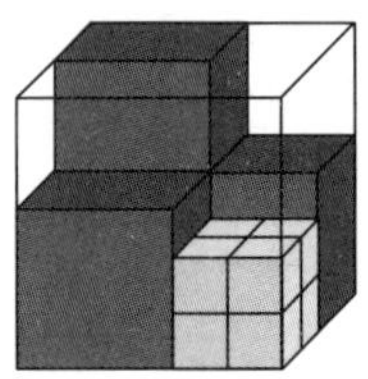
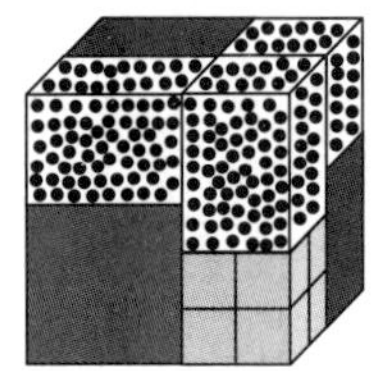
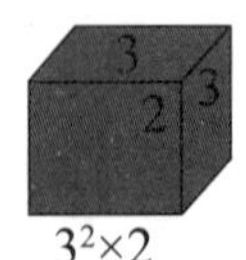

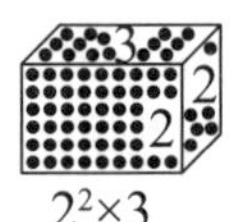

图 3

$3^3+2^3=(3+2)^3-3\times3^2\times2-3\times3\times2^2$。

把数换成字母，这个规律可以表达为立方和公式：

$$\boxed{a^3+b^3=(a+b)^3-3a^2b-3ab^2}$$

变形1：立方和公式变形 $a^3+b^3=(a+b)^3-3ab(a+b)=(a+b)(a^2-ab+b^2)$；

变形2：和的立方公式 $(a+b)^3=a^3+3a^2b+3ab^2+b^3$。

2. 乘方与减法

实例5：$4^3-2^5=$________。

解：先算乘方，再算减法。

原式 $=64-32=32$。

实例6：(1) $2^7-2^5=$________；　　(2) $5^4-3^4=$________。

解：(1) $2^7-2^5=2\times2\times2\times2\times2\times2\times2-2\times2\times2\times2\times2$ （跨级运算就一宝，提取公因都知道。）

$$=(2\times2\times2\times2\times2)\times(2\times2)-(2\times2\times2\times2\times2)\times1$$
$$=(2\times2\times2\times2\times2)\times(2\times2-1)$$
$$=2^5\times(2^2-1)$$
$$=32\times3$$
$$=96。$$

(2) 指数相同，是不是可以提取公指数？$5^4-3^4=625-81=544$，而 $(5-3)^4=16$，两者不相同。所以对于只有指数相同的幂求和，还是先算乘方，再算加法。

两者的结果不相同，两者之间又有什么关系呢？还是从二次方开始探讨。

实例7：$5^2-3^2=$________。

解：$5^2-3^2=25-9=16$，而 $(5-3)^2=2^2=4$，两者不相等。同样采用面积法，如图4。

$5^2-3^2=(5-3)^2+2\times3\times(5-3)$。

把数换成字母，这个规律可以表达为平方差公式：

$\boxed{a^2-b^2=(a-b)^2+2b(a-b)}$ （这种形式不常见。）

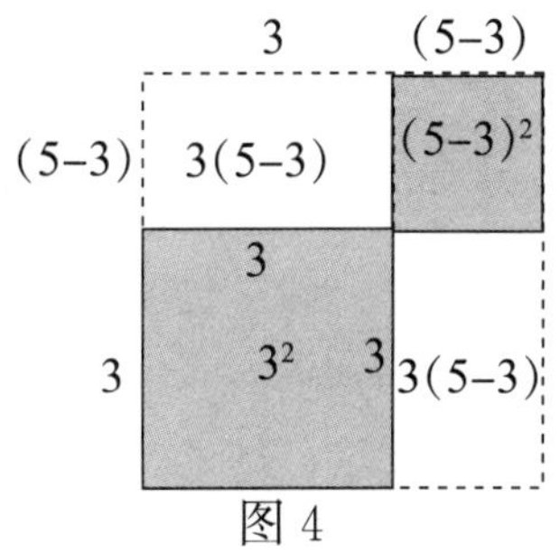

图4

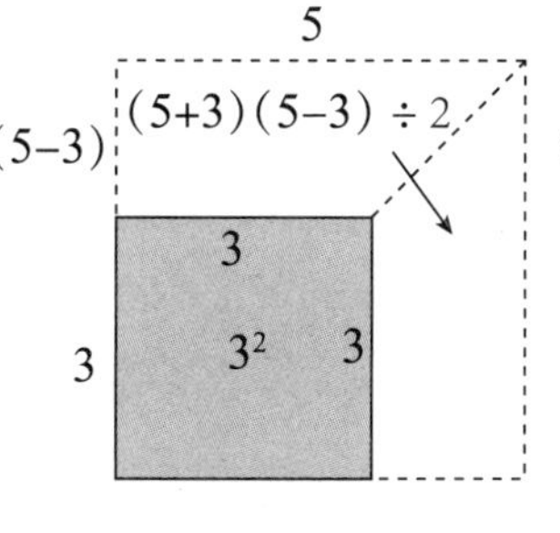

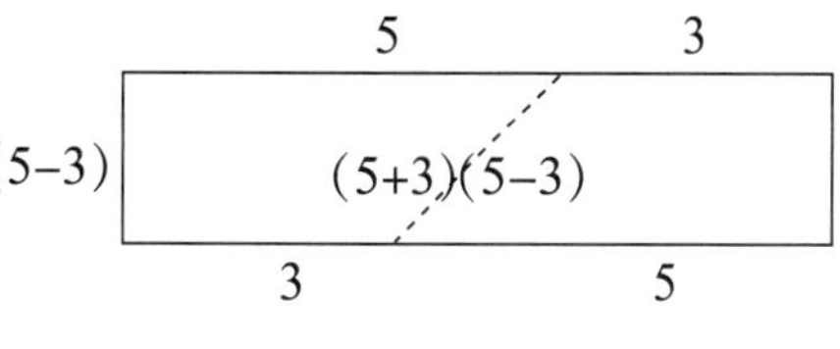

图5

也可以如图5进行计算：

$5^2-3^2=(5+3)(5-3)$。

把数换成字母，这个规律可以表达为平方差公式：

$$\boxed{a^2-b^2=(a+b)(a-b)}$$

其实，平方差公式的两种形式是互通的。

$a^2-b^2=(a-b)^2+2b(a-b)=(a-b+2b)(a-b)=(a+b)(a-b)$。

实例8：$5^3-3^3=$________。

解：$5^3-3^3=125-27=98$，而$(5-3)^3=2^3=8$，下面从立方和公式入手，进行代数中非常重要的“代换”。

立方和公式：$a^3+b^3=(a+b)(a^2-ab+b^2)$。

换元法，设$x=b$，则$a^3+x^3=(a+x)(a^2-ax+x^2)$。

再设$x=-b$，则$a^3+(-b)^3=[a+(-b)][a^2-a(-b)+(-b)^2]$。

换来换去，还不如直接把“b”用“$-b$”代换，就是下面这个式子。

$a^3+(-b)^3=[a+(-b)][a^2-a(-b)+(-b)^2]$。

$$\boxed{a^3-b^3=(a-b)(a^2+ab+b^2)}$$

这就是立方差公式。

例题精讲

例题1-1 计算：

(1)$2^5+5^2=$________；(2)$7^3-5^3=$________。

【解答】(1)2^5+5^2

$=32+25$

$=57$；

(2)7^3-5^3

$=343-125$

$=218$。

或7^3-5^3

$=(7-5)(7^2+7\times5+5^2)$

$=2\times109$

$=218$。

例题1-2 计算：

(1)$5^{10}+5^7=$________；(2)$1999^2-1=$________。

【解答】(1)$5^{10}+5^7$

$=5\times5\times5\times5^7+1\times5^7$

$=(5\times5\times5+1)\times5^7$

$=126\times5^7$

$=9843750$；

(2)1999^2-1

$=1999^2-1^2$

$=(1999+1)(1999-1)$

$=2000\times1998$

$=3996000$。

例题 1-3 计算：

(1)$946\times954-47\times53=$________；

(2)$5.687^2+5.687\times4.626+2.313^2=$________。

【解答】 (1)$946\times954-47\times53$

$=(950-4)\times(950+4)-(50-3)\times(50+3)$

$=950^2-4^2-50^2+3^2$

$=(950+50)(950-50)-(4+3)(4-3)$

$=1000\times900-7$

$=899993$。

(2)$5.687^2+5.687\times4.626+2.313^2$

$=5.687^2+2\times5.687\times2.313+2.313^2$

$=(5.687+2.313)^2$

$=8^2$

$=64$。

例题 2-1 已知 $a+b=18$，$a^2+b^2=266$，那么 $ab=$________。

【解答】 $a^2+b^2=(a+b)^2-2ab$，

$266=18^2-2ab$，$ab=162-133=29$。

例题 2-2 用配方法解方程：$x^2+6x-16=0$，则 $x_1=$________，$x_2=$________。

【解答】 $x^2+6x-16=0$，$x^2+2\times x\times3+3^2=25$，

$(x+3)^2=5^2$，$x+3=\pm5$，$x_1=2$，$x_2=-8$。

例题 2-3 已知 $x^2+y^2+4x-6y+13=0$，那么 $\dfrac{x^3+y^3}{x^2-xy+y^2}=$________。

【解答】 $x^2+2\times x\times2+2^2+y^2-2\times y\times3+3^2=0$，

$(x+2)^2+(y-3)^2=0$（非负数之和为 0，则每个非负数都是 0），

$x+2=y-3=0$，

$x=-2$，$y=3$。

$$\frac{x^3+y^3}{x^2-xy+y^2}=\frac{(x+y)(x^2-xy+y^2)}{x^2-xy+y^2}=x+y=-2+3=1。$$

针对性练习

练习1 计算：

(1)$3^5+(-5)^3=$________； (2)$8^3-(-4)^4=$________。

练习2 计算：

(1)$7^{12}+7^{10}=$________； (2)$267^2-167^2=$________。

练习3 计算：

(1)$368\times372-133\times127=$________；

(2)$3.142^2+1.142^2-6.284\times1.142=$________。

练习4 计算：$(-1)^4-(1-0.5)\times\frac{2}{3}\times[10-(-3)^2]$。

练习5 已知$a+b=15$，$ab=26$，那么$a^2+b^2=$________。

练习6 配方法解方程：$x^2-8x+12=0$。

练习7 已知$2x^2+2xy+y^2-2x+1=0$，那么$\frac{x^2+y^2}{x-y}=$________。

练习参考答案

练习题号	练习1	练习2	练习3	练习4
参考答案	(1)118，(2)256	(1)50×7^{10}，(2)43400	(1)120005，(2)4	$\frac{2}{3}$
解答提示	运算顺序基本练习	乘方与加减法巧算	平方差，完全平方公式	先乘方后加减
练习题号	练习5	练习6	练习7	
参考答案	173	$x_1=2$，$x_2=6$	1	
解答提示	$a^2+b^2=(a+b)^2-2ab$	$(x-4)^2=4$	$(x+y)^2+(x-1)^2=0$	

JS-99 乘方与乘除法

神器内容	乘方与乘除法混合运算的一般顺序：先乘方，后乘除。
要点与说明	乘方遇到乘除法，哪种先算记住它？ 先算乘方后乘除，这个一定要清楚。 指数底数有相同，巧算才可能发生。 如果指数出现 0，结果是 1，0 不行。

神器溯源

在计算家族中，乘除法是第二代，而乘方就是第三代，那么乘方与乘除法如何规定运算顺序呢？

1. 乘方与乘法

乘方与乘法运算的一般顺序：先算乘方，后算乘法。

实例 1：$3^4\times2^3=$________。

解：原式$=81\times8=648$。

如果乘方的底数相同或指数相同，是不是也有运算技巧？

实例 2：$2^4\times3^4=$________。

$$
\begin{aligned}
\text{解：}2^4\times3^4&=(2\times2\times2\times2)\times(3\times3\times3\times3)\\
&=(2\times3)\times(2\times3)\times(2\times3)\times(2\times3)\\
&=(2\times3)^4\\
&=6^4=1296。
\end{aligned}
$$

由此得到指数相同的幂乘法巧算法则。同指数幂乘法：底数相乘，指数不变。

$$\boxed{a^n\times b^n=(a\times b)^n}$$

实例 3：$2^4\times2^3=$________。

$$
\begin{aligned}
\text{解：}2^4\times2^3&=(2\times2\times2\times2)\times(2\times2\times2)\\
&=2\times2\times2\times2\times2\times2\times2\\
&=2^{4+3}
\end{aligned}
$$

$=128$。

由此得到底数相同的幂乘法巧算法则。同底数幂乘法:底数不变,指数相加。

$a^n \times a^m = a^{n+m}$

2.乘方与除法

乘方与除法的一般运算顺序:先算乘方,后算除法。

实例4:$2^5 \div (-3)^4 =$________。

解:原式$=32 \div 81 = \frac{32}{81}$。

实例5:$2^4 \div 3^4 =$________。

解:$2^4 \div 3^4 = (2\times2\times2\times2) \div (3\times3\times3\times3) = (2\div3)\times(2\div3)\times(2\div3)\times(2\div3) = (2\div3)^4 = \left(\frac{2}{3}\right)^4 = \frac{16}{81}$。

由此得到指数相同的幂除法巧算法则。同指数幂除法:底数相除,指数不变。

$a^n \div b^n = \left(\frac{a}{b}\right)^n (b \neq 0)$

实例6:$2^4 \div 2^3 =$________。

解:$2^4 \div 2^3 = (2\times2\times2\times2) \div (2\times2\times2) = 2 = 2^{4-3}$。

由此得到底数相同的幂除法巧算法则。同底数幂除法:底数不变,指数相减。

$a^n \div a^m = a^{n-m} (a \neq 0)$ 底数不能为0,否则会推出除数为0,没有意义。

下面考虑指数是0,1和负数的幂计算。

根据同底数幂除法:

一方面,$3^5 \div 3^4 = \frac{3\times3\times3\times3\times3}{3\times3\times3\times3} = 3$;另一方面,$3^5 \div 3^4 = 3^{5-4} = 3^1$,从而得到$3^1 = 3$。

再换一个底数为5的情况,

一方面,$5^7 \div 5^6 = \frac{5\times5\times5\times5\times5\times5\times5}{5\times5\times5\times5\times5\times5} = 5$;另一方面,$5^7 \div 5^6 = 5^{7-6} = 5^1$,从而得到$5^1 = 5$。

所以指数是1的幂运算可以省略指数1。

$a^1 = a$

一方面,$3^4 \div 3^4 = \frac{3\times3\times3\times3}{3\times3\times3\times3} = 1$,另一方面,$3^4 \div 3^4 = 3^{4-4} = 3^0$,从而得到

$3^0=1$。

所以指数是0的幂计算，一个非零数的零次方是1。

$$\boxed{b^0=1(b\neq0)}$$

一方面，$3^4\div3^6=\dfrac{3\times3\times3\times3}{3\times3\times3\times3\times3\times3}=\dfrac{1}{3\times3}=\dfrac{1}{3^2}$，另一方面，$3^4\div3^6=3^{4-6}=3^{-2}$，从而得到 $3^{-2}=\dfrac{1}{3^2}$。

所以负指数幂计算：

$$\boxed{c^{-n}=\frac{1}{c^n}(c\neq0)}$$

例题精讲

例题 1-1 计算：

(1)$2\times5^4\div4^5=$________；　　(2)$5\times3^3-15^2\div25=$________。

【解答】 (1) $2\times5^4\div4^5$

$=2\times625\div1024$

$=\dfrac{625}{512}$；

(2)$5\times3^3-15^2\div25$

$=5\times27-225\div25$

$=135-9$

$=126$。

例题 1-2 计算：

(1)$5^3\times3^2-2^8\div2^5=$________；　　(2)$0.125^{99}\times8^{100}=$________。

【解答】 (1)$5^3\times3^2-2^8\div2^5$

$=125\times9-2^{8-5}$

$=1125-8$

$=1117$；

(2)$0.125^{99}\times8^{100}$

$=0.125^{99}\times8^{99}\times8$

$=(0.125\times8)^{99}\times8$

$=1^{99}\times8$

$=8$。

例题 1-3 计算：

(1)$0.25^2\div\left(-\dfrac{1}{2}\right)^8+(-2)^{101}\times(-2^{-100})=$________；

(2)$\left(-\dfrac{7}{3}\right)^{199}\times\dfrac{3^{200}-15^{200}}{25\times35^{198}-7^{198}}=$________。

【解答】 (1)$0.25^2\div\left(-\frac{1}{2}\right)^8+(-2)^{101}\times(-2^{-100})$

$=0.25^2\times4^2\times2^4+2^{101}\times2^{-100}=(0.25\times4)^2\times2^4+2^{101-100}$

$=1^2\times2^4+2^1=16+2=18$。

(2)$\left(-\frac{7}{3}\right)^{199}\times\frac{3^{200}-15^{200}}{25\times35^{198}-7^{198}}$

$=-\frac{7^{199}}{3^{199}}\times\frac{3^{200}\times(1-5^{200})}{7^{198}\times(5^{200}-1)}$

$=\frac{7^{199}}{3^{199}}\times\frac{3^{200}}{7^{198}}=\frac{7}{1}\times\frac{3}{1}=21$。

例题 2-1 化简：

(1)$x^2\times2x^3\times(-x)^4=$________； (2)$3(ab)^2\times6ab^3\div9ab^4=$________。

【解答】 (1)$x^2\times2x^3\times(-x)^4$

$=2\times x^2\times x^3\times x^4$

$=2\times x^{2+3+4}$

$=2x^9$；

(2)$3(ab)^2\times6ab^3\div9ab^4$

$=(3\times6\div9)\times(a^2\times a\div a)\times(b^2\times b^3\div b^4)$

$=2\times a^{2+1-1}b^{2+3-4}$

$=2a^2b$。

例题 2-2 已知 $a\neq b$，化简$(a-b)^2\div(b-a)^2+(-a-b)^4\div(a+b)^3=$________。

【解答】 $(a-b)^2\div(b-a)^2+(-a-b)^4\div(a+b)^3$

$=(a-b)^2\div(a-b)^2+(a+b)^4\div(a+b)^3$

$=(a-b)^{2-2}+(a+b)^{4-3}$

$=(a-b)^0+(a+b)^1(a\neq b)$

$=1+a+b$。

例题 2-3 已知 $x^{m-1}y^{m+2n+2}\times x^{5m}y^{-2}=x^5y^7$，那么$(m+1)^n\times(n+1)^{m+2}=$________。

【解答】 $x^{m-1}y^{m+2n+2}\times x^{5m}y^{-2}=x^5y^7$，$x^{m-1+5m}y^{m+2n+2-2}=x^5y^7$，$x^{6m-1}y^{m+2n}=x^5y^7$。

$\begin{cases}6m-1=5\\m+2n=7\end{cases}$，$\begin{cases}m=1\\n=3\end{cases}$。

所以$(m+1)^n\times(n+1)^{m+2}=(1+1)^3\times(3+1)^{1+2}=2^3\times4^3=8^3=512$。

针对性练习

练习❶ 计算：(1)$5\times3^2\div2^6=$________；(2)$2^5\times3^5\div(-6)^4=$________。

练习❷ 计算：(1)$2^3\times3^3-5^7\div5^4=$________；(2)$(-0.25)^{20}\times4^{22}=$________。

练习❸ 计算：$\left(-1\dfrac{3}{5}\right)^{-1}\times(-4)^2-0.25^3\times(-5)^1\times(-4)^4=$________。

练习❹ 化简：(1)$m^4\times3m^3\div(-m)^2=$________；(2)$2(2ab)^2\times10a^2b^3\div8a^3b^2=$________。

练习❺ 已知$a^{m+1}b^{m+n+1}\times a^{3m}b^{-3}=a^9b^4$，那么$n^{m+1}\div m^{n+1}=$________。

练习参考答案

练习题号	练习 1	练习 2	练习 3	练习 4	练习 5
参考答案	(1)$\dfrac{45}{64}$，(2)6	(1)91，(2)16	10	(1)$3m^5$，(2)$10ab^3$	2
解答提示	乘方与乘除计算	乘方与乘除法巧算	五则运算练习	先乘方，后乘除	$m=2,n=4$

JS-100　乘方与乘方

神器内容	乘方与乘方的运算，又称幂的乘方运算。 (1)$(a^b)^c=a^{bc}$；(2)$a^{b^c}=a^{(b^c)}$。
要点与说明	乘方之中有乘方，计算顺序别紧张。 带上括号怎么算？指数相乘底不变。 取名就叫幂乘方，熟练计算你最棒。 不带括号指数塔，指数指数就是它。

神器溯源

乘方的结果叫作幂，如果幂的指数或底数还是幂的形式该怎么算呢？两种情况有两种不同计算方法。

1. 底数是幂的乘方运算

实例 1：$(2^3)^4=$________。

解：$(2^3)^4=2^3\times2^3\times2^3\times2^3=2^{3+3+3+3}=2^{3\times4}=2^{12}=4096$。

由此得到底数是幂的乘方运算法则。底数是幂的乘方：底数不变，指数相乘。

$\boxed{(a^n)^m=a^{nm}}$

2. 指数是幂的乘方运算

实例 2：$2^{4^3}=$________。

解：$2^{4^3}=2^{(4^3)}=2^{64}$。

由此得到指数是幂的乘方运算法则。幂指数乘方：底数不变，乘方的结果为指数。

例题精讲

例题 1-1 计算：(1)$(3^2)^3=$________；　(2)$3^{2^3}=$________。

【解答】 (1)$(3^2)^3=9^3=729$；　(2)$3^{2^3}=3^8=6561$。

例题 1-2 计算：$(-3^2)^3\times0.25^{-2}+20\times(3^3)^2=$________。

【解答】 $(-3^2)^3\times0.25^{-2}+20\times(3^3)^2=-3^6\times\left(\frac{1}{4}\right)^{-2}+20\times3^6=3^6\times(20-16)=729\times4=2916$。

例题 2-1 已知 $2a+3b-6=0$，那么 $4^a\times8^{b-1}=$________。

【解答】 $\because 2a+3b-6=0$，

$\therefore 4^a\times8^{b-1}=(2^2)^a\times(2^3)^{b-1}=2^{2a}\times2^{3(b-1)}=2^{2a+3b-3}=2^{6-3}=8$。

例题 2-2 已知 $36^x=900$，$25^y=900$，那么$\frac{1}{x}+\frac{1}{y}=$________。

【解答】 $36^x=900$，$36^{xy}=900^y$；①

$25^y=900$，$25^{xy}=900^x$。 ②

①×②得 $36^{xy}\times25^{xy}=900^y\times900^x$，$(36\times25)^{xy}=900^{x+y}$，$900^{xy}=900^{x+y}$，

$xy=x+y$。$\frac{1}{x}+\frac{1}{y}=\frac{x+y}{xy}=\frac{x+y}{x+y}=1$。

针对性练习

练习❶ 计算：(1)$(-2^2)^3=$________； (2)$(-2^3)^2=$________。

练习❷ 化简：(1)$2(a^3)^2\times(a^2)^4-(a^2)^7=$________；

(2)$(3x^2y)^3\times(2x^2y^3)^2-(2x^3y^2)^3=$________。

练习❸ 已知$(9^{m-1})^3=3^9$，那么 $m=$________。

练习❹ 已知 $2^{x+3}=4^{y+1}$，$27^{y-1}=3^{2x+3}$，那么 $(x^2+y^3)^{2y-x}=$______。

练习❺ 已知 $10^m=2$，$10^n=3$，则 $10^{3m+2n}=$______。

练习❻ 比较大小：7^{88}______$2^{176}\times3^{44}$。

练习参考答案

练习题号	练习 1	练习 2	练习 3	练习 4
参考答案	(1)-64，(2)64	(1)a^{14}， (2)$108x^{10}y^9-8x^9y^6$	2.5	17
解答提示	幂的乘方	幂的乘方	化成底数为 3 的幂	$x=-9$，$y=-4$
练习题号	练习 5	练习 6		
参考答案	72	$>$		
解答提示	10^{3m+2n} $=(10^m)^3\times(10^n)^2$	$7^2>2^4\times3$		

JS-101　第六则运算

神器内容	开方：已知幂和指数求底数的运算。
要点与说明	乘方也有逆运算，表达底数仨一团。 指数变成根指数，幂就常年“厂”里住。 排行六则是开方，熟练计算别紧张。 开方运算有条件，保证正确算又验。

神器溯源

乘方式：$2^4=16$。

在乘方式里面有三个数：2，4，16，组成一个小团体(2，4，16)，当缺少某个数时，可以想办法用其他两个数来表达出来。现在要探究的是如何用 4 和 16 来表达底数 2 呢？这就是乘方的逆运算，排行第六的运算——开方。

开方：求乘方式中底数的运算，乘方逆运算叫作开方。

乘方中的指数，在开方中更名为根指数。乘方中的幂，在开方中更名为被开方数。乘方中的底数更名为方根，且符号“$\sqrt{\ }$”叫作开方符号。$\sqrt[n]{a}$ 的根指数为 n，被开方数为 a，读作 a 的 n 次方根。

(1)当 n 为偶数时，$(\pm x)^n=a(a\geqslant 0)$，则 $x=\pm\sqrt[n]{a}$，其中非负方根$\sqrt[n]{a}$ 叫作算术方根。故有 $x^n=a\Rightarrow x=\sqrt[n]{a}$ 。

(2)当 n 为奇数时，$x^n=a$，则 $x=\sqrt[n]{a}$ 。故有 $x^n=a\Leftrightarrow x=\sqrt[n]{a}$ 。

正数的偶次方根有两个，两个方根互为相反数，记作$\pm\sqrt[n]{a}$ $(a\geqslant 0, n$ 为偶数)。

0 的偶次方根是 0。因为 $0^n=0\Leftrightarrow\sqrt[n]{0}=0$。

负数没有偶次方根。$x^n=a\geqslant 0$(n 为偶数)，a 不可能为负数，从而负数没有偶次方根。

不管是正数、0 还是负数，奇次方根都有且仅有一个。

特别声明：如果根指数为 2，可以省略根指数。即$\sqrt[2]{\ }$ 和$\sqrt{\ }$ 相同。

非负数 a 的二次方根，又称平方根，记作$\pm\sqrt{a}$；有理数 a 的三次方根，又称立方根，记作$\sqrt[3]{a}$。（注：本节中被开方数都保留原数。）

例题精讲

例题 1-1 把乘方式改成开方式。

(1)$3^4=81$；　　(2)$(-3)^6=729$。

【解答】 (1)$3^4=81$，
$3=\sqrt[4]{81}$；
(2)$(-3)^6=729$，
$-3=-\sqrt[6]{729}$。

例题 1-2 把乘方式改成开方式。

(1)$4^3=64$；　　(2)$(-4)^3=-64$。

【解答】 (1)$4^3=64$，
$4=\sqrt[3]{64}$；
(2)$(-4)^3=-64$，
$-4=\sqrt[3]{-64}$。

例题 1-3 求下列各式 x 的值。

(1)$x^2=25$；　　(2)$x^3=-80$。

【解答】 (1)$x^2=25$，
$x=\pm\sqrt{25}$；
(2)$x^3=-80$，
$x=\sqrt[3]{-80}$。

例题 2-1 填空：

(1)5 的平方根为________；　　(2)8 的算术平方根为________。

【解答】 (1)$\pm\sqrt{5}$；　　(2)$\sqrt{8}$。

例题 2-2 把开方式改成乘方式。

(1)$\sqrt{121}=11$；　　(2)$\sqrt[4]{10000}=10$。

【解答】 (1)$11^2=121$；　　(2)$10^4=10000$。

例题 2-3 计算：

(1)$\sqrt{169}=$________；　　(2)$-\sqrt[8]{256}=$________。

【解答】 (1)$\because 13^2=169$，
$\therefore \sqrt{169}=13$；
(2)$\because 2^8=256$，
$\therefore -\sqrt[8]{256}=-2$。

针对性练习

练习❶ 把乘方式改成开方式。

(1)$7^2=49$；　　(2)$(-5)^4=625$。

练习❷ 把乘方式改成开方式。

(1)$7^3=343$；　　(2)$(-10)^5=-100000$。

练习❸ 求下列各式 x 的值。

(1)$x^4=256$；　　(2)$x^5=-32$。

练习❹ 求下列各式 x 的值。

(1)$x^6=10$；　　(2)$x^7=15$。

练习❺ 把开方式改成乘方式。

(1)$\sqrt{144}=12$；　　(2)$\sqrt[5]{-3125}=-5$。

练习❻ 56 的平方根为________，56 的算术平方根为________，56 的立方根为________。

练习❼ 计算：

(1)$\sqrt{0}=$________；(2)$\sqrt{1}=$________；(3)$\sqrt[3]{1}=$________；(4)$\sqrt[3]{27}=$________。

练习参考答案

练习题号	练习 1	练习 2	练习 3	练习 4
参考答案	(1)$7=\sqrt{49}$， (2)$-5=-\sqrt[4]{625}$	(1)$7=\sqrt[3]{343}$， (2)$-10=\sqrt[5]{-100000}$	(1)$x=\pm\sqrt[4]{256}$， (2)$x=\sqrt[5]{-32}$	(1)$x=\pm\sqrt[6]{10}$， (2)$x=\sqrt[7]{15}$
解答提示	乘方式转化为开方式	乘方式转化为开方式	乘方式转化为开方式	乘方式转化为开方式
练习题号	练习 5	练习 6	练习 7	
参考答案	(1)$12^2=144$， (2)$(-5)^5=-3125$	$\pm\sqrt{56}$，$\sqrt{56}$，$\sqrt[3]{56}$	(1)0，(2)1， (3)1，(4)3	
解答提示	开方式转化为乘方式	注意符号	根据定义计算	

JS-102　开方与乘方

神器内容	开方与乘方互为逆运算，还原算式有： (1)当 $a\geqslant0$ 时，$\sqrt[n]{a^n}=a$。 (2)当 $a<0$ 时，若 n 为奇数，$\sqrt[n]{a^n}=a$；若 n 为偶数时，$\sqrt[n]{a^n}=-a$。 (3)$(\sqrt[n]{a})^n=a$(a 使得算式有意义)。
要点与说明	逆运算，真好办，咔咔碰撞不用算，原来结果没有变。 开方算，要还原，一定看清有条件，满足条件才能算。 开方算，乘方算，开方乘方可交换，让它赶快原形现。

神器溯源

乘方式与开方式可以互相转化：$x^n=a\,(x\geqslant0)\Leftrightarrow x=\sqrt[n]{a}$。

乘方与开方互为逆运算，对于方根 $\sqrt[n]{a}\,(a\geqslant0)$，如何把根号去掉？可以从内部把被开方数 a 化为一个数的 n 次方；或者从外部给这个数进行 n 次方。具体如下：

(1)$\sqrt[n]{a}\,(a\geqslant0)=\sqrt[n]{b^n}=b$，其中 $a=b^n\,(b\geqslant0)$；

(2)$(\sqrt[n]{a})^n=a\,(a\geqslant0)$。

如果从被开方数的正负性着手还原算式，得到

(1)当 $a\geqslant0$ 时，$\sqrt[n]{a^n}=a$；

(2)当 $a<0$ 时，若 n 为奇数，$\sqrt[n]{a^n}=a$；若 n 为偶数时，$\sqrt[n]{a^n}=-a$；

(3)$(\sqrt[n]{a})^n=a$(a 使得算式有意义)。

特别地，对于二次方与开二次方，有下面性质：

(1)$(\sqrt{a})^2=a\,(a\geqslant0)$；

(2)$\sqrt{a^2}=|a|$。($|a|$ 读作"a 的绝对值"。表示 a 扔掉符号的量。$|+3|=3$，$|-3|=3$，$|0|=0$，$|a|\geqslant0$。)

当 $a\geqslant0$ 时，$(\sqrt[n]{a^m})^n=a^m$，另一方面，$(a^{\frac{m}{n}})^n=a^{\frac{m}{n}\times n}=a^m$，所以 $\sqrt[n]{a^m}=a^{\frac{m}{n}}$。

这样就得到分数指数幂与方根之间的关系，可以互相转化。

特别地，$\sqrt{a}=a^{\frac{1}{2}}(a\geqslant 0)$；$\sqrt[3]{a^2}=a^{\frac{2}{3}}$。

例题精讲

例题 1-1 计算：(1)$\sqrt{36}=$________；　　(2)$\sqrt[3]{-27}=$________。

【解答】 (1)$\sqrt{36}=\sqrt{6^2}=6$；　　(2)$\sqrt[3]{-27}=\sqrt[3]{(-3)^3}=-3$。

例题 1-2 计算：(1)$(\sqrt{5})^2=$________；　　(2)$(\sqrt[3]{-6})^3=$________。

【解答】 (1)$(\sqrt{5})^2=5$；　　(2)$(\sqrt[3]{-6})^3=-6$。

例题 1-3 计算：(1)$(-\sqrt{2})^6=$________；　　(2)$(\sqrt[3]{9})^6=$________。

【解答】 (1)$(-\sqrt{2})^6=(\sqrt{2})^6=[(\sqrt{2})^2]^3=2^3=8$；

(2)$(\sqrt[3]{9})^6=[(\sqrt[3]{9})^3]^2=9^2=81$。

例题 2-1 计算：(1)$16^{\frac{3}{4}}=$________；　　(2)$\left(-\frac{27}{125}\right)^{\frac{2}{3}}=$________。

【解答】 (1)$16^{\frac{3}{4}}=(2^4)^{\frac{3}{4}}=2^{4\times\frac{3}{4}}=2^3=8$；

(2)$\left(-\frac{27}{125}\right)^{\frac{2}{3}}=\left(-\frac{3}{5}\right)^{3\times\frac{2}{3}}=\left(-\frac{3}{5}\right)^2=\frac{9}{25}$。

例题 2-2 把方根改成分数指数形式。

(1)$\sqrt[5]{3}=$________；　　(2)$(\sqrt[4]{a^3})^2=$________。

【解答】 (1)$\sqrt[5]{3}=3^{\frac{1}{5}}$；(2)$(\sqrt[4]{a^3})^2=(a^{\frac{3}{4}})^2=a^{\frac{3}{4}\times 2}=a^{\frac{3}{2}}$。

针对性练习

练习❶ 计算：(1)$\sqrt{9}=$________；　　(2)$\sqrt[3]{-1}=$________。

练习❷ 计算：(1)$(\sqrt{7})^2=$________；　　(2)$(\sqrt[3]{5})^3=$________。

练习3 计算：(1)$(-\sqrt{8})^{6}=$________；(2)$(\sqrt[3]{25})^{6}=$________。

练习4 计算：(1)$32^{\frac{2}{5}}=$________；(2)$\left(-\frac{8}{27}\right)^{\frac{2}{3}}=$________。

练习5 把方根改成分数指数形式。

(1)$-\sqrt[4]{9}=$________；(2)$(\sqrt[7]{x^{3}})^{2}=$________。

练习参考答案

练习题号	练习 1	练习 2	练习 3	练习 4
参考答案	(1)3,(2)−1	(1)7,(2)5	(1)512,(2)625	(1)4,(2)$\frac{4}{9}$
解答提示	先乘方后开方	先开方后乘方	构造逆运算	分数指数幂计算
练习题号	练习 5			
参考答案	(1)$-9^{\frac{1}{4}}$,(2)$x^{\frac{6}{7}}$			
解答提示	分数指数幂计算			

JS-103　开方与乘除法

神器内容	(1)$\sqrt[n]{a}\times\sqrt[n]{b}=\sqrt[n]{ab}\ (a\geqslant0,b\geqslant0)$； (2)$\dfrac{\sqrt[n]{a}}{\sqrt[n]{b}}=\sqrt[n]{\dfrac{a}{b}}\ (a\geqslant0,b>0)$。
要点与说明	方根如何做乘除？级别顺序都清楚。 三级优先二级算，有了相同才精简。 被开方数要最简，能逃出去放外边。 分母不要留根号，想方设法给去掉。

神器溯源

开方与乘方一样，都是三级运算，遇到二级运算乘除法，仍然是“先算开方，再算乘除”。

如 $\sqrt{9}\times\sqrt[4]{16}=\sqrt{3^2}\times\sqrt[4]{2^4}=3\times2=6$。

1. 根指数相同的乘法：$\boxed{\sqrt[n]{a}\times\sqrt[n]{b}=\sqrt[n]{ab}\ (a\geqslant0,b\geqslant0)}$

证明：设 $a\geqslant0,b\geqslant0,\sqrt[n]{a}=x,\sqrt[n]{b}=y$，则 $a=x^n,b=y^n$。

(1)充分性：$ab=x^ny^n=(xy)^n,\sqrt[n]{ab}=xy$。

$\sqrt[n]{a}\times\sqrt[n]{b}=xy=\sqrt[n]{ab}\ (a\geqslant0,b\geqslant0)$。

(2)必要性：$\sqrt[n]{ab}=\sqrt[n]{x^ny^n}=\sqrt[n]{(xy)^n}=xy=\sqrt[n]{a}\times\sqrt[n]{b}\ (a\geqslant0,b\geqslant0)$。

特别地，$\sqrt[n]{a^nb}=\sqrt[n]{a^n}\times\sqrt[n]{b}=a\sqrt[n]{b},\sqrt[3]{a^3b}=\sqrt[3]{a^3}\times\sqrt[3]{b}=a\sqrt[3]{b},\sqrt{a^2b}=\sqrt{a^2}\times\sqrt{b}=a\sqrt{b}\ (a\geqslant0,b\geqslant0)$。

2. 开方数相同的乘法：$\boxed{\sqrt[n]{a}\times\sqrt[m]{a}=\sqrt[mn]{a^{m+n}}\ (a\geqslant0)}$

证明：$\sqrt[n]{a}\times\sqrt[m]{a}=a^{\frac{1}{n}}\times a^{\frac{1}{m}}=a^{\frac{1}{n}+\frac{1}{m}}=a^{\frac{m+n}{mn}}=\sqrt[mn]{a^{m+n}}\ (a\geqslant0)$。

3. 根指数相同的除法：$\boxed{\dfrac{\sqrt[n]{a}}{\sqrt[n]{b}}=\sqrt[n]{\dfrac{a}{b}}\ (a\geqslant0,b>0)}$

证明：设 $a\geqslant0,b>0,\sqrt[n]{a}=x,\sqrt[n]{b}=y$，则 $a=x^n,b=y^n$。

(1)充分性：$\dfrac{a}{b}=\dfrac{x^n}{y^n}=\left(\dfrac{x}{y}\right)^n,\sqrt[n]{\dfrac{a}{b}}=\dfrac{x}{y}$。$\therefore\dfrac{\sqrt[n]{a}}{\sqrt[n]{b}}=\dfrac{x}{y}=\sqrt[n]{\dfrac{a}{b}}(a\geqslant0,b>0)$。

(2)必要性：$\sqrt[n]{\dfrac{a}{b}}=\sqrt[n]{\dfrac{x^n}{y^n}}=\sqrt[n]{\left(\dfrac{x}{y}\right)^n}=\dfrac{x}{y}=\dfrac{\sqrt[n]{a}}{\sqrt[n]{b}}(a\geqslant0,b>0)$。

4.开方数相同的除法：$\boxed{\dfrac{\sqrt[n]{a}}{\sqrt[m]{a}}=\sqrt[mn]{a^{m-n}}(a>0)}$

证明：$\dfrac{\sqrt[n]{a}}{\sqrt[m]{a}}=a^{\frac{1}{n}}\div a^{\frac{1}{m}}=a^{\frac{1}{n}-\frac{1}{m}}=a^{\frac{m-n}{nm}}=\sqrt[mn]{a^{m-n}}(a>0)$。

5.分母有理化：分母中有根号的式子，把分母中的根号去掉，化为有理数的过程叫作分母有理化。

为了分母有理化，根据分式的基本性质，分子、分母同时扩大相同的倍数。所扩大的倍数叫作分母的有理化因式。

分母中不含有根号，且被开方数没有开尽方的因式，这样的根式叫作最简根式。

$$\sqrt[n]{\frac{a}{b}}=\sqrt[n]{\frac{a\times b^{n-1}}{b\times b^{n-1}}}=\sqrt[n]{\frac{ab^{n-1}}{b^n}}=\frac{\sqrt[n]{ab^{n-1}}}{\sqrt[n]{b^n}}=\frac{\sqrt[n]{ab^{n-1}}}{b}(a\geqslant0,b>0)。$$

$$\sqrt[n]{\frac{a}{b}}=\frac{\sqrt[n]{a}}{\sqrt[n]{b}}=\frac{\sqrt[n]{a}\times\sqrt[n]{b^{n-1}}}{\sqrt[n]{b}\times\sqrt[n]{b^{n-1}}}=\frac{\sqrt[n]{ab^{n-1}}}{\sqrt[n]{b^n}}=\frac{\sqrt[n]{ab^{n-1}}}{b}(a\geqslant0,b>0)。$$

$\sqrt[n]{a^m}$与$\sqrt[n]{a^{n-m}}$互为有理化因式。$\sqrt[n]{a^m}\times\sqrt[n]{a^{n-m}}=\sqrt[n]{a^m a^{n-m}}=\sqrt[n]{a^n}=a(a>0)$。

$\sqrt{a}-\sqrt{b}$与$\sqrt{a}+\sqrt{b}$互为有理化因式。$(\sqrt{a}-\sqrt{b})(\sqrt{a}+\sqrt{b})=(\sqrt{a})^2-(\sqrt{b})^2=a-b(a\geqslant0,b\geqslant0)$。

例题精讲

例题 1-1 计算：(1)$\sqrt{24}=$________；　　(2)$\sqrt[3]{-54}=$________。

【解答】 (1)$\sqrt{24}=\sqrt{2^2\times6}=\sqrt{2^2}\times\sqrt{6}=2\sqrt{6}$；

(2)$\sqrt[3]{-54}=\sqrt[3]{(-3)^3\times2}=\sqrt[3]{(-3)^3}\times\sqrt[3]{2}=-3\sqrt[3]{2}$。

例题 1-2 计算：(1)$\sqrt{\dfrac{3}{5}}=$________；　　(2)$\sqrt[3]{\dfrac{2}{3}}=$________。

【解答】 (1)$\sqrt{\frac{3}{5}}=\sqrt{\frac{3\times5}{5\times5}}=\sqrt{\frac{15}{5^2}}=\frac{\sqrt{15}}{5}$；

(2)$\sqrt[3]{\frac{2}{3}}=\sqrt[3]{\frac{2\times3^2}{3\times3^2}}=\sqrt[3]{\frac{18}{3^3}}=\frac{\sqrt[3]{18}}{3}$。

例题 1-3 化简：(1)$\sqrt[3]{a^5b^6}\ (a\geqslant0,b\geqslant0)=$________；(2)$\sqrt{\frac{(a-b)^2}{a^3}}\ (a>0>b)=$________。

【解答】 (1)$\sqrt[3]{a^5b^6}\ (a\geqslant0,b\geqslant0)=\sqrt[3]{a^3\times a^2\times b^3\times b^3}=ab^2\sqrt[3]{a^2}$；

(2)$\sqrt{\frac{(a-b)^2}{a^3}}\ (a>0>b)=\sqrt{\frac{(a-b)^2\times a}{a^3\times a}}=\frac{\sqrt{(a-b)^2\times a}}{\sqrt{a^4}}=\frac{(a-b)\sqrt{a}}{a^2}$。

例题 2-1 计算：

(1)$\sqrt{8}\times\sqrt{54}=$________；　　(2)$\sqrt{8}\times\sqrt[3]{54}\times\sqrt[4]{81}=$________。

【解答】 (1)$\sqrt{8}\times\sqrt{54}=\sqrt{8\times54}=\sqrt{12^2\times3}=12\sqrt{3}$；

(2)$\sqrt{8}\times\sqrt[3]{54}\times\sqrt[4]{81}=2\sqrt{2}\times3\sqrt[3]{2}\times3=18\times2^{\frac{1}{2}}\times2^{\frac{1}{3}}=18\times2^{\frac{5}{6}}=18\sqrt[6]{2^5}=18\sqrt[6]{32}$。

例题 2-2 计算：(1)$\sqrt{18}\div\sqrt{30}=$________；　(2)$\sqrt{32}\div\sqrt[3]{54}\times\sqrt[4]{48}=$________。

【解答】 (1)$\sqrt{18}\div\sqrt{30}=\sqrt{\frac{18}{30}}=\sqrt{\frac{3}{5}}=\frac{\sqrt{15}}{5}$；

(2)$\sqrt{32}\div\sqrt[3]{54}\times\sqrt[4]{48}=4\sqrt{2}\div3\sqrt[3]{2}\times2\sqrt[4]{3}=\frac{8}{3}\times2^{\frac{1}{2}-\frac{1}{3}}\times\sqrt[4]{3}=\frac{8}{3}\sqrt[6]{2}\times\sqrt[4]{3}=\frac{8}{3}\sqrt[12]{108}$。

例题 2-3 分母有理化：

(1)$\frac{2\sqrt{5}}{\sqrt{6}}=$________；　　(2)$\frac{\sqrt{18}+\sqrt{12}}{\sqrt{18}-\sqrt{12}}=$________。

【解答】 (1)$\frac{2\sqrt{5}}{\sqrt{6}}=\frac{2\sqrt{5}\times\sqrt{6}}{\sqrt{6}\times\sqrt{6}}=\frac{2\sqrt{30}}{6}=\frac{\sqrt{30}}{3}$；

(2)$\frac{\sqrt{18}+\sqrt{12}}{\sqrt{18}-\sqrt{12}}=\frac{(\sqrt{18}+\sqrt{12})^2}{(\sqrt{18}-\sqrt{12})(\sqrt{18}+\sqrt{12})}$

$$=\frac{(\sqrt{18})^2+2\times\sqrt{18}\times\sqrt{12}+(\sqrt{12})^2}{(\sqrt{18})^2-(\sqrt{12})^2}$$

$$=\frac{18+2\times3\sqrt{2}\times2\sqrt{3}+12}{18-12}=\frac{30+12\sqrt{6}}{6}=5+2\sqrt{6}。$$

针对性练习

练习❶ 计算：(1)$\sqrt{48}=$________；(2)$\sqrt[3]{-192}=$________。

练习❷ 计算：(1)$\sqrt{\frac{8}{27}}=$________；(2)$\sqrt[3]{\frac{243}{25}}=$________。

练习❸ 化简：(1)$\sqrt{4a^5b^4}\ (a\geqslant0)=$________；(2)$-a\sqrt[3]{-\frac{1}{a}}\ (a>0)=$________。

练习❹ 计算：(1)$\sqrt{27}\times\sqrt{12}=$________；(2)$\sqrt{24}\times\sqrt[3]{81}\times\sqrt[4]{32}=$________。

练习❺ 计算：(1)$\sqrt{72}\div\sqrt{120}=$________；(2)$\sqrt{40}\div\sqrt[3]{25}\times\sqrt[6]{20}=$________。

练习❻ 分母有理化：(1)$\frac{5\sqrt{3}}{\sqrt{20}}=$________；(2)$\frac{2\sqrt{5}+1}{\sqrt{5}-1}=$________。

练习参考答案

练习题号	练习 1	练习 2	练习 3	练习 4
参考答案	(1)$4\sqrt{3}$，(2)$-4\sqrt[3]{3}$	(1)$\frac{2\sqrt{6}}{9}$，(2)$\frac{3\sqrt[3]{45}}{5}$	(1)$2a^2b^2\sqrt{a}$，(2)$\sqrt[3]{a^2}$	(1)18，(2)$12\sqrt[4]{72}\times\sqrt[3]{3}$
解答提示	方根化简	含分母方根化简	根式化简，注意条件	方根与乘法
练习题号	练习 5	练习 6		
参考答案	(1)$\frac{\sqrt{15}}{5}$，(2)$2\sqrt[6]{32}$	(1)$\frac{\sqrt{15}}{2}$，(2)$\frac{3\sqrt{5}+11}{4}$		
解答提示	方根乘除法	有理化因式		

JS-104 开方与加减法

神器内容	(1)$a\sqrt[n]{c}\pm b\sqrt[n]{c}=(a\pm b)\sqrt[n]{c}\ (c\geqslant 0)$； (2)$a\sqrt[n]{b}\pm a\sqrt[n]{c}=a(\sqrt[n]{b}\pm\sqrt[n]{c})\ (b\geqslant 0,c\geqslant 0)$。
要点与说明	方根如何做加减？提取公因是必然。 公因有理或无理，都可直接来提取。 如果方根开不尽，难化分数别费劲。 其实它是无理数，类比根式很清楚。

神器溯源

开方遇到一级运算加减法，运算顺序是：先算开方，再算加减。

如$\sqrt{20}+\sqrt[3]{81}=2\sqrt{5}+3\sqrt[3]{3}$。

跨越两级做运算，只有一法能简便。就是提取公因数，这个人人都清楚。

(1)$a\sqrt[n]{c}\pm b\sqrt[n]{c}=(a\pm b)\sqrt[n]{c}\ (c\geqslant 0)$；

(2)$a\sqrt[n]{b}\pm a\sqrt[n]{c}=a(\sqrt[n]{b}\pm\sqrt[n]{c})\ (b\geqslant 0,c\geqslant 0)$。

开方开不尽的数，转化为小数是无限不循环小数，叫作无理数。有理数和无理数统称为实数。有理数与无理数的区别是有理数都能化为分数形式，包括分母为1的分数（也就是整数），而无理数则不能化成分数形式。实数的分类如下：

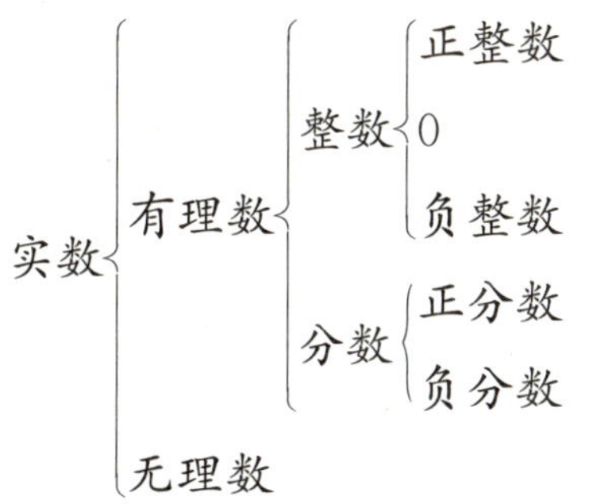

记住几个开平方开不尽的数的近似值：

$\sqrt{2}\approx 1.414$，$\sqrt{3}\approx 1.732$，$\sqrt{5}\approx 2.236$。

把一般的根式化成最简形式，这种最简形式就是最简根式。最简根式要具备的条件：

(1)被开方数不含分母。

(2)被开方数中不含能开尽方的因式或因数。

被开方数相同，且根指数也相同的根式叫作同类根式。

例题精讲

例题 1-1 计算：

(1)$\frac{\sqrt{3}}{2+\sqrt{3}}+6\sqrt{\frac{1}{3}}-\frac{\sqrt{3}+1}{\sqrt{3}-1}$；　(2)$\frac{1}{\sqrt{99}+\sqrt{97}}+\frac{1}{\sqrt{97}+\sqrt{95}}+\cdots+\frac{1}{\sqrt{3}+\sqrt{1}}$。

【解答】 (1)$\frac{\sqrt{3}}{2+\sqrt{3}}+6\sqrt{\frac{1}{3}}-\frac{\sqrt{3}+1}{\sqrt{3}-1}$

$=\frac{\sqrt{3}(2-\sqrt{3})}{2^2-(\sqrt{3})^2}+6\sqrt{\frac{1\times 3}{3^2}}-\frac{(\sqrt{3}+1)^2}{(\sqrt{3})^2-1^2}$

$=2\sqrt{3}-3+2\sqrt{3}-\frac{4+2\sqrt{3}}{2}=3\sqrt{3}-5$；

(2)$\frac{1}{\sqrt{99}+\sqrt{97}}+\frac{1}{\sqrt{97}+\sqrt{95}}+\cdots+\frac{1}{\sqrt{3}+\sqrt{1}}$

$=\frac{\sqrt{99}-\sqrt{97}}{99-97}+\frac{\sqrt{97}-\sqrt{95}}{97-95}+\cdots+\frac{\sqrt{3}-\sqrt{1}}{3-1}$

$=\frac{1}{2}(\sqrt{99}-\sqrt{97}+\sqrt{97}-\sqrt{95}+\cdots+\sqrt{3}-\sqrt{1})$

$=\frac{1}{2}(\sqrt{99}-1)=\frac{3\sqrt{11}-1}{2}$。

例题 1-2 计算：(1)$\sqrt{4+2\sqrt{3}}-\sqrt{4-2\sqrt{3}}$；

(2)$(\sqrt{30}+\sqrt{21}-3)(\sqrt{3}+\sqrt{10}-\sqrt{7})$。

【解答】 (1)$\sqrt{4+2\sqrt{3}}-\sqrt{4-2\sqrt{3}}$

$=\sqrt{(\sqrt{3})^2+2\sqrt{3}+1^2}-\sqrt{(\sqrt{3})^2-2\sqrt{3}+1^2}$

$=\sqrt{(\sqrt{3}+1)^2}-\sqrt{(\sqrt{3}-1)^2}$

$=(\sqrt{3}+1)-(\sqrt{3}-1)=2$；

(2) $(\sqrt{30}+\sqrt{21}-3)(\sqrt{3}+\sqrt{10}-\sqrt{7})$

$=\sqrt{3}(\sqrt{10}+\sqrt{7}-\sqrt{3})(\sqrt{3}+\sqrt{10}-\sqrt{7})$

$=\sqrt{3}\left[\sqrt{10}+(\sqrt{7}-\sqrt{3})\right]\left[\sqrt{10}-(\sqrt{7}-\sqrt{3})\right]$

$=\sqrt{3}\left[(\sqrt{10})^{2}-(\sqrt{7}-\sqrt{3})^{2}\right]$

$=\sqrt{3}(10-10+2\sqrt{21})=6\sqrt{7}$。

例题 1-3 (1)计算：$\dfrac{\sqrt[3]{3}}{\sqrt[3]{\dfrac{4}{9}}-\sqrt[3]{\dfrac{2}{9}}+\sqrt[3]{\dfrac{1}{9}}}$；(2)把$\sqrt{3}+2$化成无限循环连分数。

【解答】 (1) $\dfrac{\sqrt[3]{3}}{\sqrt[3]{\dfrac{4}{9}}-\sqrt[3]{\dfrac{2}{9}}+\sqrt[3]{\dfrac{1}{9}}}=\dfrac{\sqrt[3]{3}\times\sqrt[3]{9}}{\sqrt[3]{2^{2}}-\sqrt[3]{2}+1}=\dfrac{3}{\sqrt[3]{2^{2}}-\sqrt[3]{2}+1}=$

$\dfrac{3(\sqrt[3]{2}+1)}{(\sqrt[3]{2}+1)(\sqrt[3]{2^{2}}-\sqrt[3]{2}+1)}=\dfrac{3(\sqrt[3]{2}+1)}{(\sqrt[3]{2})^{3}+1^{3}}=\sqrt[3]{2}+1$；

(2) $\sqrt{3}+2=3+(\sqrt{3}-1)=3+\dfrac{(\sqrt{3}-1)(\sqrt{3}+1)}{\sqrt{3}+1}=3+\dfrac{1}{\dfrac{\sqrt{3}+1}{2}}=3+\dfrac{1}{1+\dfrac{\sqrt{3}-1}{2}}=$

$3+\dfrac{1}{1+\dfrac{1}{\sqrt{3}+1}}=3+\dfrac{1}{1+\dfrac{1}{2+(\sqrt{3}-1)}}=3+\dfrac{1}{1+\dfrac{1}{2+\dfrac{1}{\dfrac{\sqrt{3}+1}{2}}}}=3+\dfrac{1}{1+\dfrac{1}{2+\dfrac{1}{1+\dfrac{\sqrt{3}-1}{2}}}}=$

$3+\dfrac{1}{1+\dfrac{1}{2+\dfrac{1}{1+\dfrac{1}{2+\dfrac{1}{\ddots}}}}}=[3,\dot{1},\dot{2}]$。

例题 2-1 化简：

(1) $\sqrt{4+\left(a-\dfrac{1}{a}\right)^{2}}-\sqrt{4-\left(a+\dfrac{1}{a}\right)^{2}}\ (a<0)$；

(2) $\sqrt{x+2\sqrt{x-1}}+\sqrt{x-2\sqrt{x-1}}\ (1<x<2)$。

【解答】 (1)$\sqrt{4+\left(a-\frac{1}{a}\right)^2}-\sqrt{4-\left(a+\frac{1}{a}\right)^2}\ (a<0)$

$=\sqrt{a^2+2\times a\times\frac{1}{a}+\left(\frac{1}{a}\right)^2}-\sqrt{-a^2+2\times a\times\frac{1}{a}-\left(\frac{1}{a}\right)^2}$

$=\sqrt{\left(a+\frac{1}{a}\right)^2}-\sqrt{-\left(a-\frac{1}{a}\right)^2}$（必有 $a=\frac{1}{a}$，又 $a<0$，故 $a=-1$。）

$=\sqrt{\left(-1+\frac{1}{-1}\right)^2}-0=2$；

(2)$\sqrt{x+2\sqrt{x-1}}+\sqrt{x-2\sqrt{x-1}}\ (1<x<2)$

$=\sqrt{(\sqrt{x-1})^2+2\sqrt{x-1}+1^2}+\sqrt{(\sqrt{x-1})^2-2\sqrt{x-1}+1^2}$

$=\sqrt{(\sqrt{x-1}+1)^2}+\sqrt{(\sqrt{x-1}-1)^2}$

$=\sqrt{x-1}+1+(-\sqrt{x-1}+1)$（注意条件：$1<x<2$，即 $0<x-1<1$。）

$=2$。

例题 2-2 解方程：

(1)$3x^2+15x+2\sqrt{3x^2+15x+1}=2$；(2)$\sqrt{\frac{x^2+4}{x+1}}-\sqrt{\frac{x+1}{x^2+4}}=\frac{3}{2}$。

【解答】 (1)$3x^2+15x+2\sqrt{3x^2+15x+1}=2$

$(\sqrt{3x^2+15x+1})^2+2\sqrt{3x^2+15x+1}-3=0$

$(\sqrt{3x^2+15x+1}+3)(\sqrt{3x^2+15x+1}-1)=0$

$\sqrt{3x^2+15x+1}=1$

$3x^2+15x+1=1$

$x_1=0, x_2=-5$；

(2)$\sqrt{\frac{x^2+4}{x+1}}-\sqrt{\frac{x+1}{x^2+4}}=\frac{3}{2}$

设$\sqrt{\frac{x^2+4}{x+1}}=y$，则 $y-\frac{1}{y}=\frac{3}{2}$，$(y-2)(2y+1)=0$，$y_1=2$，$y_2=-\frac{1}{2}$（舍），所以 $\sqrt{\frac{x^2+4}{x+1}}=2$，经检验，$x_1=0$，$x_2=4$。

例题 2-3 推导已知三角形三边求面积的海伦公式。

已知$\triangle ABC$的三边长分别为a，b，c，其面积为S，$p=\dfrac{a+b+c}{2}$，则有$S=\sqrt{p(p-a)(p-b)(p-c)}$。

【解答】 如右图，过A作$AD\perp BC$于点D，设$BD=x$，则

$c^2-x^2=b^2-(a-x)^2$，$c^2-x^2=b^2-a^2+2ax-x^2$，$x=\dfrac{a^2+c^2-b^2}{2a}$。

A
c
b
B
x
D
a−x
C

$\triangle ABC$的面积$S=\dfrac{1}{2}a\times AD=\dfrac{1}{2}a\times\sqrt{c^2-x^2}$

$$=\frac{1}{2}a\times\sqrt{c^2-\left(\frac{a^2+c^2-b^2}{2a}\right)^2}$$

$$=\sqrt{\frac{4a^2c^2-(a^2+c^2-b^2)^2}{16}}=\sqrt{\frac{(2ac+a^2+c^2-b^2)(2ac-a^2-c^2+b^2)}{16}}$$

$$=\sqrt{\frac{[(a+c)^2-b^2][b^2-(a-c)^2]}{16}}$$

$$=\sqrt{\frac{(a+c+b)(a+c-b)(b-a+c)(b+a-c)}{16}}$$

$$=\sqrt{\frac{a+b+c}{2}\times\left(\frac{a+b+c}{2}-a\right)\times\left(\frac{a+b+c}{2}-b\right)\times\left(\frac{a+b+c}{2}-c\right)}$$

$=\sqrt{p(p-a)(p-b)(p-c)}$。$\left(\text{其中 } p=\dfrac{a+b+c}{2}\text{。}\right)$

针对性练习

练习❶ 计算：

(1)$4\sqrt{2}+4\sqrt{20}-\sqrt{45}-\sqrt{8}$； (2)$2\sqrt{12}+3\sqrt{1\frac{1}{3}}-\sqrt{5\frac{1}{3}}-\frac{2}{3}\sqrt{48}$。

练习❷ 计算：

(1)$(\sqrt{2}+\sqrt{3}+\sqrt{6})(\sqrt{2}+\sqrt{3}-\sqrt{6})$； (2)$\dfrac{\sqrt{3}+\sqrt{5}}{3-\sqrt{6}-\sqrt{10}+\sqrt{15}}$。

练习❸ 计算：

(1)$\sqrt{7+4\sqrt{3}}+\sqrt{7-4\sqrt{3}}$；　　　　(2)$\sqrt{8+\sqrt{63}}-\sqrt{8-\sqrt{63}}$。

练习❹ 化简：

(1)$\frac{1}{y}\sqrt{xy^3}-x^2\sqrt{\frac{y}{x}}-\sqrt{x^3y}\ (x<0,y<0)$；(2)$\frac{x\sqrt{y}-y\sqrt{x}}{x\sqrt{y}+y\sqrt{x}}-\frac{y\sqrt{x}+x\sqrt{y}}{y\sqrt{x}-x\sqrt{y}}$。

练习❺ 已知最简根式$\sqrt[2x+y]{2x-y-1}$与$\sqrt[x+2y+6]{4x+y-9}$是同类根式，那么$\sqrt[x]{y}=$________。

练习❻ 解方程：

(1)$\sqrt{2x^2-x+6}-x+2=0$；　　　　(2)$3x^2-6x-\sqrt{x^2-2x+4}+2=0$。

练习❼ 计算：$\sqrt{2028\sqrt{2027\sqrt{2026\sqrt{2025\times2023+1}+1}+1}+1}=$________。

练习❽ 已知a，b都是有理数，且满足$a+b\sqrt{3}=\sqrt{6}\times\sqrt{1+\sqrt{4+2\sqrt{3}}}$，那么$\frac{a+b+\sqrt{ab}}{a+b-\sqrt{ab}}$的计算结果的整数部分为________。

练习参考答案

练习题号	练习 1	练习 2	练习 3	练习 4
参考答案	(1)$5\sqrt{5}+2\sqrt{2}$， (2)$2\sqrt{3}$	(1)$2\sqrt{6}-1$， (2)$\sqrt{3}+\sqrt{2}$	(1)4，(2)$\sqrt{14}$	(1)$(2x-1)\sqrt{xy}$， (2)$\frac{2x+2y}{x-y}$
解答提示	先化成最简根式，再加减	(1)平方差公式， (2)分母分解因式	被开方式要配方，观察交叉项	(1)化成最简根式， (2)分母有理化
练习题号	练习 5	练习 6	练习 7	练习 8
参考答案	-1	(1)无解， (2)$x_1=0,x_2=2$	2027	2
解答提示	$x=5,y=-1$	平方可能产生增根，要验根	使用平方差	$a=3,b=1$， 缩放$1<\sqrt{3}<2$

JS-105　第七则运算

神器内容	对数：求乘方式中指数的运算。 $a^b=c \Rightarrow b=\log_a c\,(a>0$，且 $a\neq1, c>0)$。
要点与说明	乘方逆算不唯一，求底开方已学习。 逆算指数咋求出？七则运算是对数。 三个一团互表达，熟能生巧来解答。 对数一定看清底，真数非负要牢记。 常用对数底是 10，自然对数底是 e。

神器溯源

乘方式：$2^4=16$。

在乘方式里面有三个数：2，4，16，组成一个小团体（2，4，16）。当缺少底数 2 时，用 4 和 16 来表达 2，则有乘方的逆运算开方式：$2=\sqrt[4]{16}$；当缺少指数 4 时，用 2 和 16 来表达 4，则有乘方的逆运算，第七则运算——对数，对数式：$4=\log_2 16$。

一般地，三级运算的三个算式可以相互转化，如图 1。

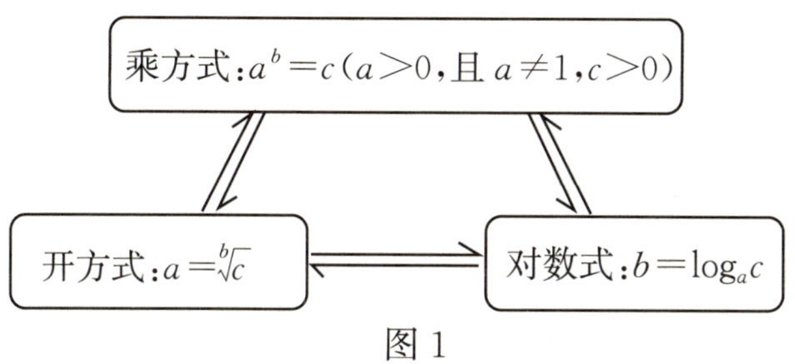

图 1

在乘方式与对数式互化中，乘方式中的底数，在对数式中仍是底数，指数更名为对数，幂更名为真数。

在 $4=\log_2 16$ 中，2 是底数，16 是真数，4 是对数，如图 2。

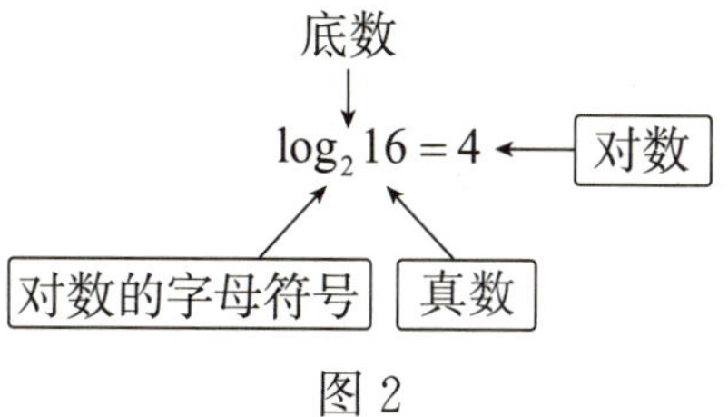

图 2

对数是求指数的运算，排序为第七则运算，运算的结果叫作对数（与运算同名）。

对数$\log_a c$的读法：log 以 a 为底 c 的对数，可理解为"a 的几次方是 c?"。

在对数定义$\log_a c$的条件中，由于 1 的任意次方都是 1，则有$\log_1 1$的结果不确定，故设定 $a \neq 1$。

同样，0 的任意次方都是 0，负数的偶次方为正数，奇次方为负数，需要分类讨论。为了避免麻烦，再设定 $a>0$，从而得到底数 a 的条件为 $a>0$ 且 $a \neq 1$。

由于正数的任意次方都是正数，对应于对数的真数都是正数，得到真数 c 的取值范围是正数，即 $c>0$。进一步得到 c 是 0 和负数时，对数没有意义，也就认为没有对数。

对数符号由三部分组成：

字母 log（对数的拉丁文单词 logarithm 的缩写），底数 a，真数 c，三者缺一不可。

以 10 为底数的对数叫作常用对数，符号简化为$\log_{10} c=\lg c$。有了常用对数值，就可以把一些很大的数转化为多位数，得到多位数的位数。提前计算出常用对数值，以备后面直接使用。

$\lg 2 \approx 0.3010$，$\lg 3 \approx 0.4771$，$\lg 5 \approx 0.6990$，$\lg 7 \approx 0.8451$。

以无理数 $e=2.718284\cdots$ 为底数的对数叫作自然对数，符号简化为$\log_e c=\ln c$。它在今后学习的物理学和生物学方面应用较多。

对数的基本性质：

(1)$\log_a 1=0(a>0$ 且 $a \neq 1)$；　　(2)$\log_a a=1(a>0$ 且 $a \neq 1)$。

以上两个式子显然成立，它们对应于乘方式：$a^0=1(a>0)$，$a^1=a(a>0)$。

例题精讲

例题 1-1 把乘方式改成对数式。

(1)$3^4=81$；　　(2)$5^3=125$。

【解答】 (1)$3^4=81$
$\log_3 81=4$；
(2)$5^3=125$
$\log_5 125=3$。

例题 1-2 把开方式改成对数式。

(1)$\sqrt[3]{64}=4$；　　(2)$\sqrt[8]{256}=2$。

【解答】 (1)$\sqrt[3]{64}=4$
$\log_4 64=3$；
(2)$\sqrt[8]{256}=2$
$\log_2 256=8$。

例题 1-3 把对数式改成开方式和乘方式。

(1) $\log_2 128=7$；　　(2) $\log_5 0.008=-3$。

【解答】 (1) $\log_2 128=7$

$\sqrt[7]{128}=2$

$2^7=128$；

(2) $\log_5 0.008=-3$

$\sqrt[-3]{0.008}=5$

$5^{-3}=0.008$。

例题 2-1 计算：(1) $\log_6 1=$________；　　(2) $\log_{11} 11=$________。

【解答】 (1) $\log_6 1=0$；　　(2) $\log_{11} 11=1$。

例题 2-2 计算：(1) $\log_4 1024=$________；　　(2) $\log_{0.3} 0.027=$________。

【解答】 (1) $\log_4 1024=5$；　　(2) $\log_{0.3} 0.027=3$。

例题 2-3 计算：

(1) $\lg 10000=$________；　　(2) $\ln e^4=$________。

【解答】 (1) $\lg 10000=4$；　　(2) $\ln e^4=4$。

针对性练习

练习❶ 把乘方式改成对数式。

(1) $5^4=625$；　　(2) $8^3=512$。

练习❷ 把开方式改成对数式。

(1) $\sqrt[3]{1000}=10$；　　(2) $\sqrt[3]{0.343}=0.7$。

练习3 把对数式改成开方式和乘方式。

(1) $\log_6 216=3$；　　　　(2) $\log_{0.5} 16=-4$。

练习4 计算：(1) $\log_8 1=$ ________；　(2) $\log_{12} 12=$ ________。

练习5 计算：(1) $\log_2 128=$ ________；(2) $\log_{0.1} 0.00001=$ ________。

练习6 计算：(1) $\lg 10=$ ________；　(2) $\lg 0.01=$ ________。

练习参考答案

练习题号	练习1	练习2	练习3	练习4
参考答案	(1) $\log_5 625=4$，(2) $\log_8 512=3$	(1) $\log_{10} 1000=3$，(2) $\log_{0.7} 0.343=3$	(1) $\sqrt[3]{216}=6, 6^3=216$，(2) $\sqrt[-4]{16}\left(即\frac{1}{\sqrt[4]{16}}\right)=0.5$，$0.5^{-4}=16$	(1)0，(2)1
解答提示	乘方式与对数式	开方式与对数式	三级运算的三个算式互相转化	1的对数是0，底数的对数是1
练习题号	练习5	练习6		
参考答案	(1)7，(2)5	(1)1，(2)−2		
解答提示	对数计算	常用对数计算		

JS-106　对数与乘方

神器内容	对数遇见乘方，运算顺序：对数之中有乘方，先算乘方；乘方之中有对数，先算对数。 与乘方有关的对数运算法则： (1)$a^{\log_a N}=N(a>0$，且 $a\neq1)$。 (2)$\log_{a^m}c^n=\frac{n}{m}\log_a c(a>0$，且 $a\neq1,c>0)$。
要点与说明	对数之中有乘方，指数提取没商量。 真数底数指数去，放到前面看仔细。 乘方之中有对数，同底去掉真数出。

神器溯源

乘方之中有对数，对数之中有乘方，谁是嵌入者就先算谁。

1. 乘方之中有对数

乘方之中有对数，先算对数，后算乘方。如 $2^{\log_3 81}=2^4=16$。

同底的乘方之中有对数，有运算技巧：

$$a^{\log_a N}=N(a>0,\text{且 }a\neq1,N>0)$$

证明：设 $a^x=N(a>0$，且 $a\neq1,N>0)$，则 $x=\log_a N$，所以 $a^{\log_a N}=N$。

2. 对数之中有乘方

对数之中有乘方，先算乘方，后算对数。如$\log_2 4^3=\log_2 64=6$。

在对数式中，底数和真数的幂指数可以提取到前面，具体运算技巧如下：

$$\log_{a^m}c^n=\frac{n}{m}\log_a c(a>0,\text{且 }a\neq1,c>0)$$

证明：设$\log_a c=b(a>0$，且 $a\neq1,c>0)$，则 $a^b=c,a^{nb}=c^n,(a^m)^{\frac{n}{m}b}=c^n$，从而 $\log_{a^m}c^n=\frac{n}{m}b$，所以$\log_{a^m}c^n=\frac{n}{m}\log_a c$。

例题精讲

例题 1-1 计算：(1)$\log_2 4^2=$________；　　(2)$\log_{25}125=$________。

【解答】 (1)$\log_2 4^2=\log_2 2^4=4\log_2 2=4\times1=4$；

(2)$\log_{25}125=\log_{5^2}5^3=\frac{3}{2}\log_5 5=\frac{3}{2}\times1=\frac{3}{2}$。

例题 1-2 计算：(1)$\lg7^5=$________；　　(2)$\ln e^3=$________。

【解答】 (1)$\lg7^5=5\lg7$；　　(2)$\ln e^3=3\ln e=3\times1=3$。

例题 1-3 计算：

(1)$\log_{36}\frac{1}{6}=$________；　　(2)$\log_{0.125}\sqrt[6]{32}=$________。

【解答】 (1)$\log_{36}\frac{1}{6}=\log_{6^2}6^{-1}=\frac{-1}{2}\log_6 6=-\frac{1}{2}$；

(2)$\log_{0.125}\sqrt[6]{32}=\log_{2^{-3}}2^{\frac{5}{6}}=\frac{\frac{5}{6}}{-3}\log_2 2=-\frac{5}{18}$。

例题 2-1 计算：

(1)$2^{\log_2 10}=$________；　　(2)$6^{\log_5 25}=$________。

【解答】 (1)$2^{\log_2 10}=10$；　　(2)$6^{\log_5 25}=6^{\log_5 5^2}=6^{2\log_5 5}=6^2=36$。

例题 2-2 已知$\log_a 2=m$，$\log_a 3=n$，那么$a^{2m+n}=$________。

【解答】 $\log_a 2=m$，$\log_a 3=n$，则有$a^m=2$，$a^n=3$。

$a^{2m+n}=(a^m)^2\times a^n=2^2\times3=12$。

例题 2-3 把3^{50}写成多位数形式，这个多位数共有________位。($\lg3\approx0.4771$)

【解答】 设$x=3^{50}$，则$\lg x=\lg3^{50}$，$\lg x=50\lg3$，$\lg x=50\times0.4771=23.855$，

$x=10^{23.855}=10^{0.855}\times1\underbrace{00\cdots0}_{23个0}$。

又知$10^0<10^{0.855}<10^1$，$1<10^{0.855}<10$，所以x共有$23+1=24$位。

针对性练习

练习❶ 计算：(1)$\log_3 9^5=$________；　(2)$\log_{16} 8^3=$________。

练习❷ 计算：(1)$\lg 3^8=$________；　(2)$3\log_{27^2} 9^{\frac{4}{3}}=$________。

练习❸ 计算：(1)$\log_{125}\dfrac{1}{5}=$________；　(2)$\log_{0.25^2}\sqrt[6]{4}=$________。

练习❹ 计算：(1)$5^{\log_5 6}=$________；　(2)$7^{\log_8 16^3}=$________。

练习❺ 已知$\log_5 3=m$，$\log_5 7=n$，那么 $5^{3m+2n}=$________。

练习❻ 把 2^{2000} 写成多位数形式，这个多位数共有________位。($\lg 2\approx 0.3010$)

练习参考答案

练习题号	练习 1	练习 2	练习 3	练习 4
参考答案	(1)10，(2)$\frac{9}{4}$	(1)8lg3，(2)$\frac{4}{3}$	(1)$-\frac{1}{3}$，(2)$-\frac{1}{6}$	(1)6，(2)2401
解答提示	对数计算	对数与乘方计算	对数与乘方计算	乘方之中有对数
练习题号	练习 5	练习 6		
参考答案	1323	603		
解答提示	对数式转化为乘方式	$[2000\times0.3010]+1=603$		

JS-107　对数与乘除法

神器内容	对数遇见乘除法，运算顺序：先算对数，后算乘除法。 对数与乘除法巧算法则： (1) $\log_a b\times\log_b c=\log_a c$（$a>0$，且 $a\neq1$，$b>0$，且 $b\neq1$，$c>0$）； (2) $\log_a b\div\log_a c=\log_c b$（$a>0$，且 $a\neq1$，$b>0$，$c>0$ 且 $c\neq1$）。
要点与说明	对数遇到乘除法，对数优先计算它。 两者之间有巧算，经常把底换一换。 常用对数来做底，熟练计算点赞你。 真底互换对数积，结果赶快写上 1。

神器溯源

对数遇见乘除法，运算顺序：先算对数，后算乘除法。

1. 对数与乘法

对数遇见乘法，先算对数，后算乘法。如 $\log_2 8\times\log_3 27=3\times3=9$。

两个对数相乘，如果一个对数的真数与另一个对数的底数相同，可以对底数和真数进行"约分"。如 $\log_2 5\times\log_5 3=\log_2 3$。

$$\boxed{\log_a b\times\log_b c=\log_a c\ (a>0,\text{且 }a\neq1,b>0,\text{且 }b\neq1,c>0)}$$

证明：设 $\log_a b=x$，$\log_b c=y$，则 $a^x=b$，$b^y=c$，$(a^x)^y=c$，$a^{xy}=c$，

$\log_a c=xy=\log_a b\times\log_b c$。

特别地，$\log_a b\times\log_b a=1$（$a>0$，且 $a\neq1$，$b>0$，且 $b\neq1$）。

2. 对数与除法

对数遇见除法，先算对数，后算除法。如 $\log_2 4\div\log_3 9=2\div2=1$。

两个对数相除，且它们的底数相同，或者真数相同，可以对底数或真数进行"约分"，从此得到除法巧算法则，经常被称为换底公式。如 $\log_2 5\div\log_2 7=\log_7 5$。

$$\boxed{\log_a b\div\log_a c=\log_c b\ (a>0,\text{且 }a\neq1,b>0,c>0,\text{且 }c\neq1)}$$

证明：设 $\log_a b=x$，$\log_a c=y$，则 $a^x=b$，$a^y=c$，$a=c^{\frac{1}{y}}$，$(c^{\frac{1}{y}})^x=b$，$c^{\frac{x}{y}}=b$，

$\log_c b=\dfrac{x}{y}=x\div y=\log_a b\div\log_a c$。

从而可以得到换底公式：$\dfrac{\log_a b}{\log_a c}=\log_c b(a>0$，且 $a\neq1,b>0,c>0$，且 $c\neq1)$。

当 $a=10$ 时，则有$\dfrac{\lg b}{\lg c}=\log_c b(c>0$，且 $c\neq1,b>0)$。

例题精讲

例题 1-1 计算：

(1)$\log_2 8^5\times\log_{25}5=$________；　　(2)$\log_{27}3\div\log_7 49=$________。

【解答】 (1)$\log_2 8^5\times\log_{25}5=\log_2 2^{15}\times\log_{5^2}5=15\log_2 2\times\dfrac{1}{2}\log_5 5=15\times\dfrac{1}{2}=\dfrac{15}{2}$；

(2)$\log_{27}3\div\log_7 49=\log_{3^3}3\div\log_7 7^2=\dfrac{1}{3}\log_3 3\div2\log_7 7=\dfrac{1}{3}\div2=\dfrac{1}{6}$。

例题 1-2 计算：

(1)$\log_{15}8\times\log_8 5=$________；　　(2)$\log_4 81\div\log_4 27=$________。

【解答】 (1)$\log_{15}8\times\log_8 5=\dfrac{\lg8}{\lg15}\times\dfrac{\lg5}{\lg8}=\dfrac{\lg5}{\lg15}=\log_{15}5$；

(2)$\log_4 81\div\log_4 27=\dfrac{\lg81}{\lg4}\times\dfrac{\lg4}{\lg27}=\dfrac{\lg81}{\lg27}=\dfrac{4\lg3}{3\lg3}=\dfrac{4}{3}$，

或$\log_4 81\div\log_4 27=\log_{27}81=\log_{3^3}3^4=\dfrac{4}{3}\log_3 3=\dfrac{4}{3}$。

例题 1-3 计算：

(1)$\log_2\dfrac{1}{25}\times\log_3\dfrac{1}{8}\times\log_5\dfrac{1}{9}=$________；(2)$\log_4 e^5\times\lg16\div\ln100=$________。

【解答】

(1)$\log_2\dfrac{1}{25}\times\log_3\dfrac{1}{8}\times\log_5\dfrac{1}{9}$

$=\log_2 5^{-2}\times\log_3 2^{-3}\times\log_5 3^{-2}$

$=(-2)\times(-3)\times(-2)\times\log_2 5\times\log_3 2\times\log_5 3$

$=(-2)\times(-3)\times(-2)$

$=-12$；

(2)$\log_4 e^5\times\lg16\div\ln100$

$=\dfrac{5}{2}\log_2 e\times4\lg2\div2\ln10$

$=\dfrac{5}{2}\times4\div2\times\lg e\times\lg e$

$=5(\lg e)^2$。

例题 2-1 已知 $a>0, a^{\frac{2}{3}}=\frac{25}{64}$，那么$\log_{2.5}a^{3}=$________。

【解答】 $\because a>0, a^{\frac{2}{3}}=\frac{25}{64}, a=\left(\frac{25}{64}\right)^{\frac{3}{2}}=\frac{125}{512}$，

$\therefore \log_{2.5}a^{3}=3\ \log_{2.5}\frac{5^{3}}{2^{9}}=3\times\frac{\lg\frac{5^{3}}{2^{9}}}{\lg 2.5}=3\times\frac{3\lg 5-9\lg 2}{\lg 5-\lg 2}=\frac{9-36\lg 2}{1-2\lg 2}$。

例题 2-2 已知 $a>1, b>1, c>1, N>0$，且有$\log_{a}N=24, \log_{b}N=40, \log_{abc}N=12$，那么$\log_{c}N=$________。

【解法一】 $\because a>1, b>1, c>1, N>0, a^{24}=N, b^{40}=N, (abc)^{12}=N$，即 $a^{12}b^{12}c^{12}=N$，

$c^{12}=\frac{N}{a^{12}b^{12}}=\frac{N}{(a^{24})^{\frac{1}{2}}(b^{40})^{\frac{3}{10}}}=\frac{N}{N^{\frac{1}{2}}\times N^{\frac{3}{10}}}=N^{1-\frac{1}{2}-\frac{3}{10}}=N^{\frac{1}{5}}, c^{12}=N^{\frac{1}{5}}, c^{60}=N$，

$\therefore \log_{c}N=60$。

【解法二】 $\lg a=\frac{\lg N}{24}, \lg b=\frac{\lg N}{40}, \lg a+\lg b+\lg c=\frac{\lg N}{12}$，

$\lg c=\frac{\lg N}{12}-\frac{\lg N}{24}-\frac{\lg N}{40}=\frac{1}{60}\lg N, \frac{\lg N}{\lg c}=60, \log_{c}N=60$。

针对性练习

练习❶ 计算：

(1)$\log_{3}9^{6}\times\log_{6}\frac{1}{36}=$________； (2)$\log_{64}3\times\log_{3}32=$________。

练习❷ 计算：

(1)$\log_{7}11\times\log_{11}7=$________； (2)$\log_{8}25\div\log_{16}125=$________。

练习❸　计算：

(1)$\log_2\frac{1}{9}\times\log_3\frac{1}{25}\times\log_5\frac{1}{16}=$________；

(2)$\lg49\times\lg16\div\lg\frac{1}{7}\div\lg32=$________。

练习❹　已知 $a>0$，$a^{\frac{2}{3}}=\frac{4}{9}$，那么$\log_a\frac{2}{3}=$________。

练习❺　已知 $a>1$，$b>1$，$c>1$，且有$\log_a x=20$，$\log_b x=12$，$\log_c x=15$，那么$\log_{abc}x=$________。

练习❻　已知$\log_3 4\times\log_4 7\times\log_7 x=\log_{27}5$，那么 $x=$________。

练习参考答案

练习题号	练习 1	练习 2	练习 3	练习 4
参考答案	(1)-24，(2)$\frac{5}{6}$	(1)1，(2)$\frac{8}{9}$	(1)-16，(2)$-\frac{8}{5}$	$\frac{1}{3}$
解答提示	先化简对数，再做乘除	对数与乘除运算	对数与乘除运算	乘方式改成对数式
练习题号	练习 5	练习 6		
参考答案	5	$5^{\frac{1}{3}}$		
解答提示	$abc=x^{\frac{1}{20}+\frac{1}{12}+\frac{1}{15}}$，$(abc)^5=x$	换底计算		

JS-108　对数与加减法

神器内容	对数遇见加减法，运算顺序：先算对数，后算加减。 对数与加减法巧算法则： (1) $\log_a N+\log_a M=\log_a NM(a>0,且\ a\neq1,N>0,M>0)$。 (2) $\log_a N-\log_a M=\log_a \frac{N}{M}(a>0,且\ a\neq1,N>0,M>0)$。
要点与说明	对数遇到加减法，对数优先计算它。 两者之间要看清，要想巧算底相同。 同底对数来相加，真数相乘很得法。 同底对数来相减，真数相除是要点。 七则运算到此完，本质就是仨一团。

神器溯源

对数遇见加减法，运算顺序：先算对数，后算加减。

1. 对数与加法

对数遇见加法，先算对数，后算加法。如$\log_2 8+\log_3 27=3+3=6$。

两个同底对数相加，可以巧算：底数不变，真数相乘。如$\log_2 5+\log_2 3=\log_2(5\times3)=\log_2 15$。

$$\boxed{\log_a N+\log_a M=\log_a NM(a>0,且\ a\neq1,N>0,M>0)}$$

证明：设$\log_a N=x,\log_a M=y$，则$a^x=N,a^y=M$，

$a^x\times a^y=N\times M,a^{x+y}=NM,\log_a NM=x+y=\log_a N+\log_a M$。

2. 对数与减法

对数遇见减法，先算对数，后算减法。如$\log_2 8-\log_3 27=3-3=0$。

两个同底对数相减，可以巧算：底数不变，真数相除。如$\log_2 5-\log_2 3=\log_2 \frac{5}{3}$。

$$\boxed{\log_a N-\log_a M=\log_a \frac{N}{M}(a>0,且\ a\neq1,N>0,M>0)}$$

证明：设$\log_a N=x$，$\log_a M=y$，则 $a^x=N$，$a^y=M$，

$\frac{a^x}{a^y}=\frac{N}{M}$，$a^{x-y}=\frac{N}{M}$，$\log_a\frac{N}{M}=x-y=\log_a N-\log_a M$。

到此，七则运算已经学完，运算分则、分级关系如下图所示。

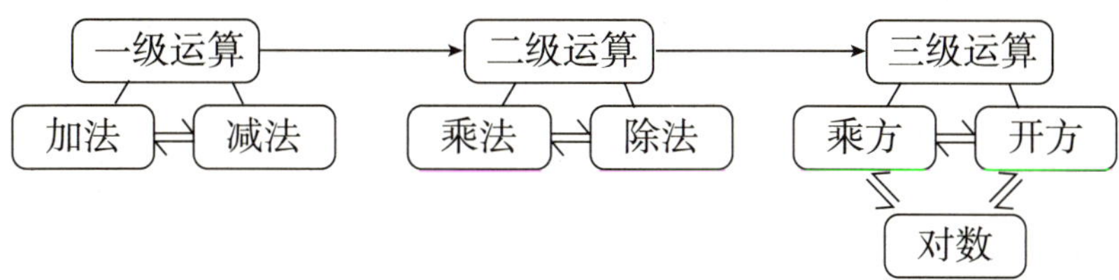

例题精讲

例题 1-1 计算：

(1)$\lg14-2\lg\frac{7}{3}+\lg7-\lg18$；(2)$(\log_{15}3)^2+(\log_{15}5)^2-\log_{15}\frac{1}{9}\times\log_{15}5$。

【解答】

(1)$\lg14-2\lg\frac{7}{3}+\lg7-\lg18$

$=\lg14-\lg\frac{49}{9}+\lg7-\lg18$

$=\lg\frac{14\times7}{\frac{49}{9}\times18}=\lg1=0$；

(2)$(\log_{15}3)^2+(\log_{15}5)^2-\log_{15}\frac{1}{9}\times\log_{15}5$

$=(\log_{15}3)^2+(\log_{15}5)^2+2\log_{15}3\times\log_{15}5$

$=(\log_{15}3+\log_{15}5)^2=(\log_{15}3\times5)^2=1$。

例题 1-2 计算：$\sqrt{(\log_3 5)^2+2\log_{\frac{1}{3}}25+4}-\frac{1}{\log_{\frac{1}{5}}3}$。

【解答】 $\sqrt{(\log_3 5)^2+2\log_{\frac{1}{3}}25+4}-\frac{1}{\log_{\frac{1}{5}}3}=\sqrt{(\log_3 5)^2-4\log_3 5+4}-\frac{1}{-\log_5 3}$

$=\sqrt{(\log_3 5-2)^2}+\log_3 5=2-\log_3 5+\log_3 5=2$。

例题 2-1 已知$\log_{14}7=a$，$\log_{14}5=b$，那么$\log_{35}28=$________。(用含 a，b 的式子表达。)

【解答】 $\log_{14}7=a$，则 $1-\log_{14}2=a$，$\log_{14}2=1-a$，$\log_{14}5=b$。

$\log_{35}28=\frac{\log_{14}28}{\log_{14}35}=\frac{\log_{14}(14\times2)}{\log_{14}(14\times5\div2)}=\frac{1+\log_{14}2}{1+\log_{14}5-\log_{14}2}=\frac{1+1-a}{1+b-1+a}=\frac{2-a}{a+b}$。

例题 2-2 已知 $3^a=5^b=c$，且$\frac{1}{a}+\frac{1}{b}=2$，则 $c^2-2c-10=$________。

【解答】 $3^a=5^b=c$，$\log_3 c=a$，$\log_5 c=b$，$c>0$。

$\frac{1}{a}+\frac{1}{b}=2$，$\frac{1}{\log_3 c}+\frac{1}{\log_5 c}=2$，$\log_c 3+\log_c 5=2$，$\log_c 15=2$，$c^2=15$，$c=\sqrt{15}$。

$c^2-2c-10=(\sqrt{15})^2-2\sqrt{15}-10=5-2\sqrt{15}$。

针对性练习

练习❶ 计算：(1) $\lg15-2\lg\frac{3}{2}+\lg9-\lg5$；(2) $(\log_{21}3)^2+(\log_{21}7)^2+\log_{21}9\times\log_{21}7$。

练习❷ 计算：$(\log_4 3+\log_8 3)(\log_3 2+\log_9 2)=$________。

练习❸ 已知$\log_3 2=a$，那么$\log_3 8-2\log_3 6=$________。（用含 a 的式子表示。）

练习❹ 已知$\log_2(\log_3 x)=\log_3(\log_4 y)=\log_4(\log_2 z)=0$，那么 $x+2y-3z=$________。

练习❺ 已知$\log_5 7=a$，$\log_5 3=b$，那么$\log_{63}45=$________。（用含 a，b 的式子表达。）

练习❻ 已知$\log_3(8-2\times3^{x+1})=2x+2$，那么 $x=$________。

练习参考答案

练习题号	练习 1	练习 2	练习 3	练习 4	练习 5	练习 6
参考答案	(1) lg12，(2) 1	$\frac{5}{4}$	$a-2$	5	$\frac{1+2b}{a+2b}$	$\log_3 2-1$
解答提示	对数加减法运算	多项乘法或换底	整体代入	$x=3$，$y=4$，$z=2$	换底运算及对数加减	转化为指数方程，十字相乘法